Eveline Schulze

Kindsmord

Authentische Kriminalfälle aus der DDR

Das Neue Berlin

Bildnachweis

Archiv der Autorin (S. 8, 15, 38, 46, 74, 90, 91, 100, 102, 118, 129, 132, 139, 157, 168, 171, 172, 181, 196, 199,203, 217, 222, 224), Robert Allertz (S. 119). Nicht in allen Fällen konnten die Rechte-Inhaber ermittelt werden. Berechtigte Honoraransprüche bleiben gewahrt.

ISBN 978-3-360-01976-9

Umschlaggestaltung: Buchgut, Berlin
unter Verwendung eines Fotos von picture alliance/ZB
Druck und Bindung: CPI Moravia Books GmbH

Ein Verlagsverzeichnis schicken wir Ihnen gern:
Das Neue Berlin Verlagsgesellschaft mbH
Neue Grünstr. 18, 10179 Berlin
Tel. 01805/30 99 99
(0,14 Euro/min. aus dem deutschen Festnetz, Mobil abweichend)

Die Bücher des Verlags Das Neue Berlin
erscheinen in der Eulenspiegel Verlagsgruppe.

www.das-neue-berlin.de

Vorbemerkung

Babyleichen in Tiefkühltruhen, mumifiziert im Dach einer Garage, vergraben im Garten, versteckt in Blumenkübeln, versenkt in Dorftümpeln, verwahrloste Kleinkinder, verdurstete Säuglinge, erschlagen, gegen die Wand geschleudert, aus dem Fenster geworfen ... Es vergeht kaum eine Woche, in der in den Medien nicht über einen grausamen Fall von Kindesmisshandlung oder -tötung berichtet wird. Im Sommer 2005 erschütterte die Meldung die Republik, dass in Frankfurt an der Oder eine Mutter neun Kinder geboren, getötet und in Blumentöpfen auf ihrem Balkon vergraben hatte. Entdeckt wurde das Verbrechen von Verwandten, bei denen die Frau nach der Zwangsräumung ihrer Wohnung Blumentöpfe und Pflanzenbehälter vorübergehend untergestellt hatte. Als diese sie leerten, fanden sie winzige Skelette.

Die Presse schrieb von einem »privaten Friedhof«, und nachdem publik wurde, dass dieser zwischen 1988 und 1998 von der Mörderin angelegt worden war, traten wie stets auch die Interpreten auf den Plan. Der Innenminister des Landes Brandenburg, in welchem der Fall angesiedelte war, provozierte mit seiner Deutung zwar heftigen Widerspruch auch bei den eigenen Parteifreunden – schließlich standen Bundestagswahlen ins Haus –, allerdings fand er mit seiner Haltung auch viel Zustimmung, insbesondere im Westen. Jörg Schönbohm (CDU), vor seiner Politikerkarriere Bundeswehrgeneral, hatte in einem Interview erklärt: »Jetzt werden natürlich wieder viele sagen, der Wessi tritt uns Ossis ins Kreuz. Aber ich glaube, dass die von der SED erzwungene Proletarisierung eine der wesentlichen Ursachen ist für Verwahrlosung und Gewaltbereitschaft.«

Der in der deutschen Kriminalgeschichte beispiellose Fall einer sehr wahrscheinlich psychisch kranken Frau wurde in ein ideologisch determiniertes Deutungsmuster gepresst. Diese Praxis war namentlich den Ostdeutschen durchaus vertraut. Dort wurde bis 1989 jede Erscheinung ebenfalls auf diese Weise erklärt. Und wenn die Wirklichkeit sich dem vorgegebenen Erklärungsmuster entzog, verschwieg man sie. So verhielt es sich beispielsweise auch mit jenen nachfolgenden drei Kriminalfällen, die sich in den 60er und 70er Jahren in Görlitz zutrugen. Eine Frau tötet unmittelbar nach der Geburt ihr Kind, ertränkte es im Eimer wie eine junge Katze; zwei Jahre später besorgte es der Vater, indem er das Neugeborene mehrmals gegen die Tür eines Kühlschranks schlug. Die Barbarei wurde aufgeklärt, juristisch verfolgt und – unter den Teppich gekehrt. Sie passte nicht ins gesellschaftliche Bild, richtiger: in das Bild, von dem man meinte, dass die Gesellschaft auszusehen habe.

Sie passt auch nicht in Schönbohms Bild.

Jener Totschläger aus Görlitz war keineswegs proletarischer, sondern gutbürgerlicher Herkunft. Mehr als zwei Drittel seines Lebens verbrachte er vor der DDR-Zeit.

Bei genauerem Hinsehen wird offenbar, dass viele Verbrechen wenig bis nichts mit den gesellschaftlichen Umständen zu tun haben, unter den sie stattfinden. Wir haben es oft mit psychischen Defekten oder mit Ursachen zu tun, die in konkreten Lebensumständen wurzeln und fernab der politischen Gegebenheiten liegen. Symptomatisch dafür die zweite Geschichte in diesem Buch. Mit 14 wird Karin S. in einem fränkischen Dorf erstmals von ihrem Onkel vergewaltigt, der Missbrauch geht über Jahre, und als sie, mit 18, schwanger wird, flüchtet sie zur Großmutter nach Görlitz, also in den Osten. Sie heiratet, bekommt zwei weitere Kinder. Doch ihr ganzer Hass richtet sich gegen das Erstgeborene. Wenn sie das Mädchen sieht, erkennt sie ihren einstigen Peiniger. Und darum lässt sie sich an dem unschuldigen Kind aus. Eine solche abscheuliche Tat passt in jedes Psychologielehrbuch, es passt aber nicht ins Raster kurzschlüssiger Politpropaganda.

Nahezu klassisch die dritte Geschichte. Bekanntlich führt Euripides mit »Medea« den Kindermord in die Literatur ein: Medea, Königstochter aus Kolchis, verlässt für ihren Mann Jason die Heimat und folgt ihm nach Korinth. Dort angekommen, möchte er eine Jüngere zur Frau nehmen. Aus Rache tötet Medea die beiden gemeinsamen Kinder. Medea heißt im vorliegenden Fall Maruth und ist eine lebenshungrige, junge Frau aus Görlitz, deren erste Ehe, aus der zwei Kinder hervorgingen, scheiterte. Sie trifft einen anderen Mann, den sie geradezu anhimmelt, er ist die Inkarnation all ihrer Träume, doch die Partnerschaft hat keine gemeinsame Basis, und Maruths Versuch, den Mann mit einem Kind an sich zu binden, scheitert folgerichtig. Sie fühlt sich verschmäht und abgewiesen und richtet ihren Hass zunehmend gegen dieses Kind. Als ein neuer Mann in ihr Leben tritt und sie wieder schwanger wird, beschließt sie die von ihr inzwischen seit zwei Jahren drangsalierte Tochter zu töten: Sie rächt sich an dem Mann, der sie abwies, indem sie dessen Tochter beseitigt und damit Platz für eine neue Liebe schafft .

Eveline Schulze hat vor zwei Jahren schon einmal über Kriminalfälle aus ihrer Görlitzer Heimat berichtet, an deren Aufklärung sie seinerzeit direkt oder indirekt mitgearbeitet hatte. Ihre »Mordakte Angelika M.« wurde zum Bestseller, was weder von ihr noch vom Verlag so erwartet worden war. Vermutlich gründete sich der Erfolg auf die Tatsache, dass die von ihr geschilderten Fälle sich tatsächlich zugetragen hatten, also authentisch waren. In einer Welt, in der das meiste künstlich, konstruiert, erfunden und ausgedacht ist, nimmt das Interesse an Echtem und Unverfälschtem offenbar zu. Zumal das wahre Leben mitunter derart absonderlich ist, wie es sich kein noch so phantasiebegabtes Hirn ausdenken kann. Nichts ist so unglaublich wie die Wirklichkeit.

Die in Görlitz lebende Autorin vom Jahrgang 1950 ist fünffache Mutter und bei diesem Thema besonders sensibilisiert. Sie hat angesichts der Debatte, die sich am Fall von Sabine H. aus Frankfurt an der Oder entzündete, drei Kriminalfälle aus ihrer Heimat dargestellt. Diese widerlegen de facto alle politischen und akademischen Deutungen. So hatte seinerzeit ein häufig zitierter Kriminologe aus Niedersachsen, der im kollektiven Topfen in den DDR-Kinderkrippen die Ursache für eine erhöhte Gewaltbereitschaft bei Ostdeutschen erkannte, nach Sabine H. ermittelt: Die Statistik für die Jahre 1995 bis 2004 weist im Westen durchschnittlich 1,08 Totschlagsopfer unter sechs Jahren pro 100.000 Einwohner dieser Altersgruppe aus, im Osten liegt die Zahl fast dreimal so hoch, bei 2,9. Bei Mordfällen an Kindern unter sechs Jahren liegt die Durchschnittsquote der Jahre 1995 bis 2004 bei 0,46 im Westen und bei 0,72 je 100.000 Kinder unter

Eveline Schulze

sechs Jahren im Osten, also auch hier deutlich höher. (*Die Zeit* 33/2005)

Nicht nur die abstrakten Zahlenspielereien nervten Eveline Schulze, schließlich stand hinter jeder Ziffer, selbst hinterm Komma, ein Menschenschicksal. Sie wehrte sich auch gegen das offensichtliche Bestreben, aktuelle Kindstötungen in eine postum geführte Auseinandersetzung mit der DDR einzubinden und einen Ost-West-Konflikt zu inszenieren. Dafür taugte das Thema nun wahrlich nicht.

So sind die von ihr geschilderten drei Kriminalfälle weder typisch noch atypisch für die DDR. Sie hätten damals oder heute, so oder so ähnlich, auch anderswo stattfinden können, und sie finden ja auch statt, leider. In Köln, Chemnitz, Hamburg, Schwerin, überall dort, wo Mütter mit ihrem Los überfordert sind, wo charakterliche Defizite und psychische Deformationen in den Vordergrund drängen, wo es kein Mit-, sondern nur ein Gegeneinander gibt. Wo man die Augen vor der Wirklichkeit verschließt und lieber weg als hin schaut.

Der Verlag

Wenn ich mich richtig erinnere,
fing alles auf einem Spielplatz an,
auf den ich eine Freundin,
die vor eineinhalb Jahren Mutter geworden war,
begleitet habe, und das Kind hatte
grad wieder seine absolute Nervphase
und irgendwann sagte diese Freundin,
den, wie ich fand, sehr bedeutsamen Satz:
Ach, manchmal ist der Grat zwischen – ich liebe mein Kind
und ich schmeiß es zum Fenster raus – verdammt schmal!

Thea Dorn,
in: Die Brut, München 2004

Kindsmord

Ach, denkt Franz, der Freizeitphilosoph, was für ein Tag – und was für eine Scheißarbeit. Kanalmeister nennt sich die Funktion. Er hat die Ausscheidungen ganzer Görlitzer Generationen an sich vorüberziehen sehen, na und, aber klüger ist er davon nicht geworden. Solch Blick ins Leben bildet nicht. Er schärft nicht mal die Sinne.

Hensels Augen schauen in die Ferne, über den Fluss, der seit '45 die Stadt trennt und Grenze ist. Für Politik hat sich der Kanalmeister nie interessiert. Früher lag dort Schlesien, jetzt Polen. Das haben sich die Siegermächte so ausgedacht. In Potsdam, wo sie das Fell des Bären zerlegten, hatte einer bei Stalin nachgefragt, welche »Neiße« er in Jalta gemeint habe, die die künftige Ostgrenze von Deutschland bilden werde. Und dieser soll dem Vernehmen nach einen Bleistiftstummel genommen und jenen blauen Strich nachgezeichnet haben, der in die Oder mündete. So trennte man am Ende eines Krieges mitten in Europa die Völkerschaften und verschob deren Heimat auf der Landkarte.

Franz Hensel also lässt seinen Blick schweifen. In Polen, jenseits der Neiße, lodern die ersten Kartoffelfeuer. Er sieht den hellen Rauch in den blauen Septemberhimmel steigen. Das Kraut ist trocken. Der Spätsommer hat den letzten Saft getrunken. Auch diesseits des Flusses macht man sich an die Kartoffelernte. Doch hierzulande rattern Kartoffelkombines über die großen LPG-Äcker, der »sozialistische Frühling« hatte auch im Kreis Görlitz vor einigen Jahren gesiegt. Hensel weiß nicht, ob es gut oder schlecht ist, wenn die Bauern ihren Klumpatsch zusammenwerfen und die Äcker gemeinsam bestellen. Er ist Städter, kein Landwirt. Er ist mit der letzten und nicht mit der ersten Stufe der Nahrungskette befasst. Ihn interessiert nur, ob er nach der Schicht eine ordentliche Scheibe Wurst auf der Stulle hat oder nicht. Nach den Jahren des Hungers und des Mangels hat er sie jetzt. Man schreibt das Jahr '65.

Franz Hensel verdient sein Brot im Städtischen Klärwerk. Nicht viel. Aber zum Leben reicht's. Er macht die Arbeit, weil sie gemacht werden muss. Eine andere hatte er nach Krieg und Gefangenschaft nicht gefunden. Also war er froh, sie bekommen zu haben. Inzwischen gehört er hier zu den Alten. Alljährlich, zum 1. Mai oder am 7. Oktober, wenn sich dieses Land feiert, gibt es eine Prämie für die Treue. Und natürlich für die Arbeit. Mal reicht der Betriebsleiter dazu Blech, wie man den »Aktivisten« oder anderes schmückendes Geschmeide nennt. Was, denkt Hensel bei solchen Anlässen, schon wieder ein Jahr vorüber? Und wieder nichts passiert.

Was sollte auch groß passieren zwischen all diesem menschlichen Abfall, den sie hier sammeln? Tag für Tag, Woche für Woche, Monat um Monat. Die Abwässer wurden nicht anders, nur weil auf der Suppe jetzt ein paar Fettaugen mehr schwammen.

So philosophiert Franz vor sich hin, als er seinem Tagwerk nachgeht. Er schaute auf die Uhr. Bald Mittag und Feierabend. 13 Uhr ist Schichtschluss. Klara wartet mit dem Mittagessen daheim.

Das Klärwerk ist so alt wie er, wenn nicht gar älter. Die Kanalisation fließt seit Jahrzehnten. Bevor die städtische Jauche auf den Rieselfeldern versickert, muss sie durchs sogenannte Rechenhaus. An den Gittern bleibt Grobes hängen, was nicht hinaus in die freie Natur entlassen werden soll. Mechanisch, also maschinell, wird der Müll entfernt. Da man nicht weiß, was des Nachts alles so anschwemmt, und zudem wenig Vertrauen in die altersschwache Technik hat, schaltet man diese vorsichtshalber aus, wenn der Mond über Görlitz hängt. In dieser Zeit öffnet man einen Umlaufkanal. So nimmt denn nachts das Abwasser seinen Weg nicht durch die Gitter in der Halle. Das »Dicke« wird auch nicht automatisch entsorgt. Wer dann am nächsten Tag dies per Hand am Umlaufkanal besorgen muss, hat in des Wortes eigentlicher Bedeutung einen Scheißjob. Auch wenn Hensel ihn ausübt, kennt er den Begriff nicht: Der soll erst später in Mode kommen. Und nahezu jeder reklamiert wird dann für sich reklamieren, einen solchen zu haben. Selbst Arbeitslose.

Als ihm heute morgen diese Tätigkeit zugewiesen wurde, rümpfte Hensel gewohnheitsmäßig die Nase. Das macht jeder, wenn ihn die Kugel in Gestalt eines Wortes traf. Das letzte spricht stets der Chef. »Franz, Außenrunde«, sagte er. »Du weißt, wir sind noch urlaubsgeschwächt – da muss auch mal der Kanalmeister ran.« Na schön, dachte Hensel und kräuselte pflichtschuldig die Nase. Aber nur, wenn 13 Uhr Schluss sei.

Der Meister winkte ab. Na was denn sonst. Um eins ist Pumpe, Franz. Und keine Minute drüber.

Hensel hat also den Säuberungsrechen im Kanal von Lumpen, Papier, toten Ratten und anderem stinkenden Unrat befreit, der sich dort staute. Er hat ihn in eine Kipplore geworfen und diese dort entleert, wo und wie sie es seit Jahren tun. Der Zahn der Zeit, Wind und Wetter besorgten den Rest. Hensel ekelt die Verrichtung nicht. Er hat sich daran gewöhnt. Gut, es gibt auch für einen Kanalmeister angenehmere Dinge, als in der Scheiße Zehntausender Menschen zu rühren. Aber wenn er zum Alltag wird, verliert selbst der Ekel seine Widerlichkeit. Er wird normal.

Nach dem Kontrollgang über die Außenanlagen war Hensel wieder in sein Büro zurückgekehrt, jenem Kabuff, das hinsichtlich Aussehen und Geruch durchaus stimmig in die Landschaft passt. Er hatte in die Kladden die entsprechenden Eintragungen vorgenommen. Alles i. O., nichts Besonderes.

Nun also die letzte Runde. Franz Hensel zählt die Minuten und Schritte. Er lenkt sie hinüber zur Halle, um beim Kollegen Paul noch einmal nach dem Rechten zu schauen. Die schwere Metalltür quietscht unangenehm, als sie aufschwingt. Müsste mal geölt werden, denkt Hensel. Das denkt er jedesmal, wenn er sie öffnet, doch sobald sie ins Schloss wummert, hat er diesen Gedanken auch schon vergessen.

In der Halle riecht es streng. Und es ist ziemlich ruhig. Im Wesentlichen besteht das Gebäude aus zwei Klärbecken, die durch ein Gitter getrennt sind. Hier sinkt zu Boden, was dann regelmäßig außerhalb entsorgt wird. Oberhalb ist eine Bühne, den sie »Befehlsstand« nennen. Zu kommandieren gibt es nichts, aber man hat die Übersicht. Dort müsste Paul stehen. Doch Paul ist nicht zu sehen.

Zwei Loren sind mit Unrat gefüllt, die der Maschinenrechen aus der Brühe geschöpft und auf die Rutsche gekippt hat. Die Feldbahnloren hätte Paul längst nach draußen schieben und entleeren müssen. Hensel folgt dem Gleis und tritt wieder ins Freie.

Das Gleis endet auf einer Halde. Die Loren werden dort abgekippt. Es ist schon erstaunlich, was die Görlitzer alles durch ihr Klos entsorgen, denkt Hensel. Als gäbe es keine Mülltonnen. Gut, einiges fällt auch durch die Gullys. Manche Katze findet unfreiwillig ihr Grab in der Kanalisation. Aber vieles endet hier, weil man zu faul war, es in die runden Blechtonnen zu stopfen, die sich auf dem Hof jedes Mietshauses finden. Die Menschen sind halt bequem.

Hensels prüfender Blick gleitet über den Müllhang. Er bleibt an einem größeren Klumpen hängen, der sich deutlich von Schlick und Dreck abhebt. Er nimmt die Forke, die er stets beim Rundgang mit sich führt, und angelt danach. Langsam, ganz langsam zieht er den Klumpen zu sich heran. Könnte eine fette Katze oder ein toter Hund sein, denkt Hensel. Doch als der schmierige Klumpen zu seinen Füßen liegt, muss er sich korrigieren. Er hat schon Absonderliches hier gefunden, so etwas aber noch nicht. Ihm wird, was sonst nie geschieht, übel. Brechreiz steigt in ihm auf, der Magen scheint sich umzustülpen und den Inhalt ins Freie zu katapultieren.

Zu seinen Füßen liegt – ein totes Kind.

Trotz des Drecks ist die Nabelschnur noch zu erkennen. Es muss ein Neugeborenes sein. Aber wie gelangte es hierher?

Für Hensel ist sofort klar, dass es nur über die Kanalisation gekommen, im Rechenhaus mechanisch über die Rutsche in die Lore befördert und an diesem Ort heute abgekippt worden sein muss. Das hätte doch Paul sehen müssen! Hat der heute getrieft oder was?

In Hensels Hirn rasen die Gedanken. Er weiß, das gibt Ärger. Was soll er tun? Ignorieren und in einer halben Stunde nach Hause gehen, als habe er nichts gesehen?

Kipplore des Städtischen Klärwerks von Görlitz, mit der nicht nur der Klärschlamm befördert wurde

Kann er mit diesem Wissen weiter ruhig leben, ein totes Kind wie Unrat liegengelassen zu haben? Das ist doch ein Mensch. Sollte er den Fund auch Klara verschweigen? Die sich, gleich ihm, Kinder wünschte, aber keine bekommen kann, wie die Ärzte befanden. Ach, warum muss ausgerechnet er diese Entdeckung machen, kurz vor Schichtschluss, die ihn zwangsläufig aus dem Gleichmaß seines überschaubaren Lebens wirft.

Hensel ist verwirrt, kann nicht mehr logisch denken. Was soll er tun? Na klar, die Polizei rufen. Aber kann er den toten Säugling hier in der Scheiße liegenlassen? Das hat doch nichts mit Pietät zu tun. Das ist doch doppelt widerlich. Tot und obendrein in der Kloake. Es schüttelt ihn, der Brechreiz ist noch immer nicht gewichen.

Was mache ich nur, hämmert es in seinem Schädel.

Er zieht seine verwaschene Arbeitsjacke aus und legt das Kind in den blassblauen Drillich. Er hebt das Bündel auf, drückt es an die Brust. Quatsch, sagt er sich, und wenn die Polizei kommt und nach dem Fundort fragt? Die wollen doch genau wissen, wann und wo und wie …

Vorsichtig legt er den Leichnam wieder ab.

In der Ferne sieht er die dicke Elsa stampfen. Die Küchenfrau aus der Versorgungsbaracke schickt der Himmel.

»Elsa«, ruft Hensel und rudert aufgeregt mit den Armen, »Elsa, komm' mal her!«

Die tut so, als würde sie ihn nicht hören. Der ist Kanalmeister, aber nicht ihr Chef.

»Elsa, hier ist ein totes Kind. Komm' doch, bitte.« Fast fleht Hensel, damit die Dicke ihre Schritte zu ihm lenkt. Sie wechselt jetzt tatsächlich ihre Richtung und trampelt ihm entgegen.

»Was gibt's«, herrscht sie ihn an. Ihr Selbstbewusstsein entspricht dem Umfang ihres Leibes.

»Ich habe einen Säugling gefunden.« Der blasse Hensel weist auf das Bündel zu seinen Füßen.

Elsa verharrt. Dann bricht es aus ihr raus. »Das musst du nicht mir, sondern der Polizei sagen.«

»Das weiß ich. Aber sollen wir es hier liegen lassen oder mitnehmen?«

Elsa ist nicht die Hellste. Sie hebt die Schultern.

Hensel beginnt sich zu sammeln. Langsam kann er wieder klar denken. »Gut, wir lassen das Kind hier. Ich gehe in die Buchhaltung und rufe die Kripo an. Du suchst Paul drüben im Rechenhaus. Wenn du ihn gefunden hast, kommt ihr beide hierher und wartet.«

»Auf was?«

Hensel reagiert unwirrsch auf die dämliche Frage. »Auf mich und die Polizei.«

Die Küchenfrau schwenkt beleidigt ihre breite Hüfte und setzt sich in Bewegung. Hensel hastet in die Verwaltung hinüber. Mit jagendem Atem reißt er die Tür in der Buchhaltung auf, dort steht das einzige Telefon im ganzen Objekt. Grußlos lässt er sich auf einen Stuhl fallen. Die Frau hinterm Schreibtisch schaut gleichermaßen erstaunt wie verärgert über den Rand ihrer Hornbrille. »Was ist, Franz? Brauchst du einen Arzt.«

Hensel nickt. »Und nicht nur den. Ruf die 110.«

»Die Polizei?«

Hensel nickt. »Draußen liegt ein toter Säugling.«

»Damit scherzt man nicht«, sagt die Frau.

»Ich mache keine Witze.«

Ungläubig greift die Frau zum Telefon, dreht die Wählerscheibe dreimal und reicht den Hörer an der schwarzen Kordel über den Tisch. »Sprechen musst du. Ich spiele da nicht mit.« Sie glaubt offenbar noch immer, dass der Kanalmeister sie foppe.

Franz Hensel erhebt sich und nimmt den Hörer. Er hört das Freizeichen, dann eine männliche Stimme. »Volkspolizeikreisamt Görlitz.«

»Ja, ich wollte den Fund eines toten Säuglings melden.«

»Wer sind Sie denn? Und von wo rufen Sie an? Machen Sie eine klare Meldung, wie Sie es in der Arbeitsschutzbelehrung gesagt bekommen haben.«

»Hören Sie, Genosse, in unserer Arbeitsschutzbelehrung kamen tote Kinder nicht vor.«

Hensel spürt, wie seine Lebensgeister wieder erwachen. So ein Schnösel. Frisch von der Schule und fühlt sich schon berufen, die halbe Welt zu belehren.

Der Diensthabende am anderen Ende der Leitung schaltet einen Gang zurück. »Teilnehmer, bitte sagen Sie, wie Sie heißen, was sie gefunden haben und wo der Fundort ist. Ich werde dann alles Weitere veranlassen.«

So und so. Hensel berichtet ohne Schnörkel. Dann legt er auf und kehrt, wie ihm geheißen, zum Fundort zurück.

An der Tür hält ihn die Buchhalterin auf. »Das stimmt also doch«, sagt sie.

Hensel nickt.

»Was das bedeutet, ist dir doch klar. Den Titelgewinn können wir in die Esse schreiben. In vier Wochen sollte der Betrieb ausgezeichnet werden.«

»Tickst du noch ganz richtig? Da draußen liegt ein toter Mensch in der Scheiße, und du hast nur deine Scheißprämie im Kopp!« Wütend entweicht aller Unmut aus Hensel. Dann knallt er die Tür hinter sich zu.

An der Abkippe warten bereits drei Personen. Zu Elsa und Paul hat sich noch eine weitere Küchenkraft gesellt. Die Neugier hat flinke Füße wie die unerhörte Nachricht.

Hensel grantelt. »Schön, dass man dich auch mal sieht«, herrscht er Paul an. »Ich habe dich vorhin gesucht wie ein Blöder.«

»Ich war auf dem Klo. Ist das verboten? Und warum hast du mich gesucht?«

»Du kannst vielleicht Fragen stellen.« Hensel weist auf seine Jacke. »Wegen dem da.« Er weiß, dass er ein wenig schwindelt, denn als er Paul suchte, wusste er noch nicht, was er wenig später auf der Kippe finden würde.

»Ja, und? Was habe ich damit zu schaffen?«

»Mensch, das Kind musst du doch auf die Lore geschüttet und abgekippt haben. Wie soll es sonst hierher gelangt sein.«

Paul zuckt mir der Achsel. »Keine Ahnung.«

»Nichts gesehn? Überhaupt nichts?« Der Kanalmeister gibt keine Ruhe.

»Spielst du jetzt Kripo oder was?« giftet Paul genervt zurück.

»Nein, natürlich nicht. Aber ich stelle nur die Fragen, die sie dir dann stellen werden. Vielleicht sortierst du dich ein wenig im Kopf.«

»Was gibt es da zu sortieren? Ich habe nichts gesehen und damit basta.«

»Wir haben auch nichts gesehen«, versichert Elsa ungefragt.

»Das ist logisch.«

»Eben«, sagt die andere. »Wir haben in der Küche nur unsere Arbeit gemacht.«

Aus der Ferne sind Martinshörner zu hören.

»Müssen die denn gleich so einen Aufriss machen«, sagt Paul verärgert. »Mit dem ganzen Orchester und Blaulicht obendrein. Das macht das Kind auch nicht wieder lebendig. Aber morgen weiß es die ganze Stadt, dass bei uns was los gewesen sein muss.«

»Die erfährt es auch so.« Hensel ist sich bewusst, dass man den Fall nicht unter der Decke halten kann, wie es bei anderen Vorfällen hin und wieder vorkam. Noch immer glauben ein paar Schlaumeier in Berlin, dass im Sozialismus die Kriminalität und die Kriminellen ausstürben. Wenn es allen Menschen gut gehe, müsste niemand mehr stehlen. Schöner Kinderglaube. Und was ist mit den Ängsten, mit Hass und den anderen Trieben, die Menschen zu Verbrechern werden ließen? Und wie ist das mit dem toten Kind? Das ist doch nicht von allein auf die Kippe gekommen und hat sich selbst umgebracht. Das ist doch eine solch abscheuliche Tat: Die wird man nicht unter Ausschluss der Öffentlichkeit aufklären können, da ist sich Hensel ganz sicher. Auch wenn sie überhaupt nicht in das Bild der sozialistischen Menschengemeinschaft passt.

Die drei Fahrzeuge mit Blaulicht stoppen unmittelbar vor der Gruppe. Das nervige Tatütata verstummt mit den Motoren. Uniformierte und Zivilisten steigen aus den PKW, einer im weißen Kittel, vermutlich ein Arzt, quält sich vom Beifahrersitz des Barkas der Schnellen Medizinischen Hilfe. So schnell konnte in diesem Falle selbst sie nicht sein, denkt Hensel.

»Hauptmann Wörner, Leiter der K«, sagt der in Zivil, er ist offenkundig der Chef. »Wer hat uns angerufen?«

»Ich«, meldet sich Hensel. »Ich bin der Kanalmeister hier.«

»Und Sie?«

Paul hebt abwährend die Hände, Elsa und ihre Kollegen schütteln den Kopf. »Wir haben damit nichts zu tun. Wir haben nichts gesehn.«

»Wir nehmen trotzdem Ihre Namen auf«, sagt Wörner und nickt einem in Uniform zu, der umgehend einen Notizblock zückt.

Unterdessen hat sich der schwergewichtige Mediziner schnaufend über die Kindsleiche gebeugt. Die Kriminaltechniker hantieren bereits mit ihren Gerätschaften. Kamera, Nummernschildchen, Bandmaß – was sie eben so einsetzen.

»Und, schon was zu erkennen?« Wörner zündet sich eine Zigarette an. Vermutlich steigt ihm der Geruch der Fäkalienkippe derart in die Nase, dass er ihn mit Qualm überdecken will. Vielleicht will er auch nur seine Nerven beruhigen. Ein totes Neugeborenes gab es in seiner Laufbahn bisher noch nicht. Und schon gar nicht an einem solchen Ort.

»Ein Junge«, antwortet kurzatmig der Arzt, »ohne erkennbare Missbildungen oder Verwundungen. Der

Schädel könnte leicht deformiert sein. Aber das müssen die Gerichtsmediziner in Dresden feststellen.« Er richtet sich auf. »Schrecklich.«

»Hm«, sagt Wörner und nimmt einen tiefen Zug. »Irgendeine Ahnung?«

»Du bist doch bei der Polizei. Ich bin Arzt.«

»Hm«, sagt Wörner wieder. »Ich meine: Hast du schon mal so was gesehen? Wie kann so was passieren?«

»Passieren, passieren … Da gibt es verschiedene Möglichkeiten.«

»Die gibt es immer.« Wörner kratzt sich fahrig und ratlos am Kopf. Das Haar ist grau und schütter. Es wird, so fürchtet Wörner, in den nächsten Tagen und Wochen noch ein wenig grauer und lichter werden. Wo soll er anfangen?

»Kollege Hensel, Sie haben den Leichnam gefunden. An dieser Stelle?«

Hensel nickt. »Ja, dort ungefähr. Ich habe gedacht, dass das eine tote Katze wäre und habe mit der Forke danach gelangt.«

Wörner blickt zum Mediziner. »Könnte also sein, das eventuelle äußere Verletzungen von daher rühren.«

»Ja was sollte ich denn machen? Ich habe doch nur nachsehen wollen, was dieser Klumpen war.« Hensel braust leicht auf.

»Sie müssen sich nicht verteidigen. Ich habe das ohne jeden Vorwurf gesagt. War nur eine Feststellung, ein Detail, was nachher bei der Sektion berücksichtigt werden muss.«

Die Kriminaltechniker fotografieren den Leichnam aus verschiedenen Perspektiven. Rollen ihre Bandmaße aus und fuchteln mit den Zollstöcken. »Wo genau lag das Kind?«, will einer von ihnen wissen. Es ist derjenige, der die Nummernschilder verteilt.

Hensel weist auf den Berg von Unrat, der heute im Laufe des Vormittags abgekippt wurde und feucht glänzt.

Der Techniker schaut auf seine Halbschuhe und auf den Schlamm.

»Nee, lass mal«, sagt Wörner, »darauf können wir verzichten. Fundort ist die Kippe. Das Kind ist mit hoher Wahrscheinlichkeit mit der Lore hierher gelangt. Kollege Hensel, zeigen Sie uns mal den Weg des Abwassers und der, der …«, der Hauptmann sucht nach einem Begriff. »Wie nennen Sie das, was Sie hier abkippen.«

Hensel zuckt die Achsel. »Grobmüll, Scheiße, Fäkalreste, sagen Sie, was Sie wollen.«

Wörner blickt gleichermaßen pikiert wie entschuldigend. »Das ist wichtig fürs Protokoll. Es sollte nicht allzu anstößig sein. Sie kennen doch die Sesselpupser oben. Alles etepetete. Und dabei sitzt selbst der höchste Herrscher nur mit seinem Blanken auf dem Thron und muss dorthin, wo jeder seiner Untertanen auch geht.«

»Naja, und in der Klärgrube sind sie alle vereint. Das ist wahre Demokratie«, grient der Philosoph Hensel und wendet sich zum Gehen. »Kommen Sie mit, ich zeige Ihnen den letzten Weg.«

Am nächsten Morgen, kurz nach Dienstbeginn, findet im Konferenzraum der K die erste Lagebesprechung statt. Wörner hatte noch am Vortag die MUK, die Morduntersuchungskommission der Dresdner Bezirksbehörde, informiert. Der Leiter nahm die Meldung nicht ohne Häme zur Kenntnis. »Sag mal, gelten bei euch in Görlitz die Parteibeschlüsse nicht mehr? Überall stirbt die Kriminalität aus – und ihr habt binnen vier Wochen gleich zwei Mordfälle …«

»Noch ist ja gar nicht raus, ob es sich um Mord handelt«, hielt Wörner dagegen. »Kann ja auch ein anderes Tötungsdelikt oder ein Unfall gewesen sein?«

»In einer Klärgrube? Junge, nun bleib mal auf dem Teppich. Und schon wieder Görlitz. Das häuft sich bei dir.«

Wörner wollte die Anspielung überhören. Anfang August, mitten in den Ferien, war eine Elfjährige in Görlitz missbraucht und anschließend erwürgt worden. Nach wenigen Tagen war der Täter ermittelt. Unter Mithilfe der Bevölkerung, wie es hieß. Was auch zutraf. Es hatte viele Hinweise gegeben, die rasch zur Aufklärung und zum Abschluss des Falles führten.

»Ich bin ja nicht daran schuld, Genosse Oberstleutnant.« Er hatte nun doch auf die Frozzelei reagiert. »Und ich kenne die Parteibeschlüsse sehr wohl. Aber offenkundig kennt sie nicht jeder in unserer Stadt«, sagt Wörner und denkt: Du Arsch, das Leben ist das eine, und was das *Neue Deutschland* schreibt, das andere. Das Blatt füllte täglich seine Spalten mit Erfolgsnachrichten, wie sich angeblich alle 17 Millionen DDR-Bürger mit erfüllten Plänen und guten Taten auf die Kommunalwahlen im nächsten Monat vorbereiteten. Und die *Sächsische Zeitung* trötete alles lautmalerisch nach, was man ihr so vorgab …

»Genossen«, hebt also Wörner an und weist auf die Fotos, die auf dem Tisch liegen, »wir haben es mit einem bislang einzigartigen Fall zu tun, der an Abscheulichkeit kaum zu überbieten ist. Was ist aufzuklären? Erstens: Wer ist die Kindsmutter? Zweitens: Wie kommt das Neugeborene in die Kanalisationen, und drittens: warum? Daraus leitet sich alles andere ab: Handelte sie allein oder gemeinschaftlich? Oder, wenn es nicht die Mutter war: Wer handelte dann? Ehemann, Fremder, Freund?«

Der Leiter der K macht eine Pause und schaut in die Runde. Die Männer sind unterschiedlichen Alters, eine Frau ist nicht darunter. Die fehlt, wird ihm schlagartig bewusst. Ein Mann kann allenfalls theoretisch nachvollziehen, was in und mit einer werdenden Mutter geschieht. Das ist vielleicht nicht so unwichtig zu wissen. Da hängt vieles an der Psyche. In diesem Falle wird Psychologie ohnehin eine wesentliche Rolle spielen. Welche Mutter versenkt ihr Kind, selbst wenn sie es hasst und loswerden will, in der Kloake? Ist eine Mutter dazu überhaupt fähig, es ist doch ihr eigen Fleisch und Blut, wie man so sagt? Vielleicht war es doch ein Mann? Wörner hat darüber bereits die ganze Nacht gegrübelt. Es wird nicht die letzte sein.

Sein Blick bleibt an einer erhobenen Hand hängen.

»Ja, Genosse Raschke?«

»Gibt es wieder Urlaubssperre wie im August? Ich meine … Einige hatten damals ihren Ferienplatz sausen lassen müssen.«

»Soll ich deine Frage so verstehen, dass du gern deinen Jahresurlaub jetzt antreten wolltest?«

Der Fragesteller senkt stumm den Kopf.

»Also nicht.« Wörner blickt neugierig umher. »Wollte noch jemand *keinen* Urlaub machen.«

Die Ironie, darauf deutet das Schweigen, kommt nicht an. »Also ordne ich offiziell an: Urlaubssperre bis zur Klärung des Falles.«

Unterleutnant Raschke meldet nun doch Protest an. »Wir haben einen Ostsee-Platz und wollten heute abend mit dem Bäderzug fahren.«

»Muss deine Frau und deine Tochter eben allein reisen. Du fährst dann hinterher. Je schneller wir den Fall gelöst haben, desto eher kommst du an die Ostsee. Also, Genossen, beeilt euch. Ihr arbeitet für Genossen Raschke und dessen Familie.«

Wörner weiß, dass seine Bemerkung zynisch ist. Ferienplätze an der Ostsee sind rar wie Goldstaub, egal, ob mit FDGB oder privat. Die meisten reisen mit Leinwandvilla, doch auch die Campingplätze sind knapp. Selbst sie muss man zu Beginn des Jahres beantragen, und wenn man Glück hat, trudelt im Frühjahr das Kärtchen mit der Bestätigung oder einer Absage ein. Das Problem sind nicht einmal die Stellflächen. Es ist die Versorgung der Urlauber. Im Land gibt es eine Pro-Kopf-Versorgung, das heißt jeder Kreis, jede Kommune wird planmäßig mit

Lebensmitteln entsprechend der Bevölkerungszahl beliefert. Das funktioniert, solange nicht mehr Esser einfallen. Theoretisch würde das selbst in der Hochsaison unproblematisch sein, wenn in jede Region nur so viele Urlauber *ein*reisten, wie Einheimische von dort *ver*reisten. Aber die Neigung, etwa im Kreis Bitterfeld die Ferien zu verbringen, ist erwartungsgemäß nicht so ausgeprägt wie das Verlangen, sich auf der Insel Rügen oder im Harz zu erholen. So kommt es, dass sich im Sommer in den sogenannten Urlauberzentren alljährlich die Versorgungslage zuspitzt, weil der Handel nicht umdisponiert. Oder richtiger: nicht umdisponieren kann. Womit soll er den erhöhten Bedarf decken, wenn er nicht mehr zugeteilt bekommt?

Trotzdem verhungert niemand: Die Betriebsferienheime werden von ihren Trägerbetrieben aus der Heimat versorgt. Und die Camper bringen Nudeln, Reis und Konserven von daheim mit dem Trabant mit. Nicht wenige wecken im Winter Rouladen, Schnitzel, Eisbeine und Broiler ein, die sie sommers in Boltenhagen, Bansin und Baabe verzehren. So muss man sich als Urlauber nur dann einreihen, wenn frische Brötchen, Bier und Kartoffeln angeliefert werden.

»Wo soll es denn hingehen«, lenkt Wörner ein.

»Nach Sellin. Meine Frau hat von der Volksbildung einen Bungalow gekriegt.« Raschke greift dankbar den Strohhalm. »Wir haben seit Jahren darauf warten müssen.«

Wörner nickt. Ihm ist das Thema vertraut. »Also ran an die Arbeit. Machen wir einen Untersuchungsplan.«

Rasch sind die Fragen formuliert und die Schritte fixiert, die gegangen werden sollen. Dann werden Arbeitsgruppen gebildet, die jeweils ein Thema bearbeiten sollen. Unterleutnant Raschke bekommt drei junge Kriminalisten zugewiesen, die gerade von der Fachschule kamen. Es ist ihr erster Fall, sie haben noch Biss und Neugier. Und drei Schutzpolizisten werden ihm ebenfalls zugeteilt.

Diese sieben Mann sind ausschließlich abgestellt, die Kindesmutter zu ermitteln.

»Was ist mit der Presse?«

Wörner winkt ab. Er sprach bereits mit dem Leiter des VPKA darüber. Der hatte wie erwartet die Hände über den Kopf zusammengeschlagen und abgewehrt. Ob Wörner verrückt sei, nach vier Wochen schon wieder ein ermordetes Kind zu vermelden und um Mithilfe zu bitten. Die Görlitzer würden ihre Kinder einsperren aus Angst, als nächstes könnte es das eigene Kind treffen. Das löse doch Panik aus. Und uns, der Polizei, würde man vorwerfen, nichts für die Sicherheit der Heranwachsenden zu tun. Die Kreisleitung der Partei, die sich für alles zuständig fühlt, würde sofort in die gleiche Trompete blasen. Schon um der geharnischten Kritik der Bezirksleitung zuvor zu kommen, die garantiert einen Vorwurf in Gestalt der Frage formulieren dürfte: Sagt mal, Genossen, was ist da bei euch im Kreis los? Habt ihr die Lage nicht mehr im Griff? Was läuft da aus dem Ruder? Das ist doch ein ernstes ideologisches Problem, wenn Kinder gewaltsam sterben. Da muss man doch nach den tieferen Ursachen forschen …

Jaja, dachte Wörner, wenn man nicht weiter wusste, lag immer ein ideologisches Problem vor. Kein menschliches oder gar psychologisches. Marx statt Freud. Der Mensch als Ensemble gesellschaftlicher Verhältnisse. Wenn die Verhältnisse menschlich sind, wird der Mensch zum Menschen. Wir haben menschliche Verhältnisse – folglich ist alles in bester Ordnung. Wenn jemand gegen die Gesetze verstößt, hat er das nur noch nicht begriffen. Er hat ein ideologisches Problem, da muss was getan werden. – So einfach aber ist der Mensch nicht gestrickt, weiß Wörner. Doch er schweigt. Vielleicht hat der Chef ja Recht. Mit einer Zeitungsanzeige weckte man schlafende Hunde. Aber wie lange könnte man den Leichenfund geheim halten? Mittags wussten es alle Kollegen in den

Städtischen Klärwerken, abends deren Familien. Am nächsten Tag die Schulen, in denen die Kinder aus diesen Familien gingen und die Belegschaften der Betriebe, in denen die Ehepartner arbeiteten. Spätestens am dritten Tag wüsste es jeder Görlitzer auch ohne Zeitung. Und deren Redakteure müssten sich wieder den Vorwurf anhören, von nichts gewusst zu haben, denn sie hatten nicht darüber geschrieben. Ach, es ist schon vertrackt. Vielleicht gibt es diesen goldenen Mittelweg zwischen Panikmache, Sensationshascherei und seriöser Berichterstattung überhaupt nicht.

»Mit einer Pressenotiz wollen wir erst einmal warten«, antwortet Wörner auf die berechtigte Frage. »Vielleicht kommen wir bei den Ermittlungen rasch voran, so dass es nicht nötig wird, die Bevölkerung um Mithilfe zu bitten.«

Er wendet sich an Raschke. »Genosse Unterleutnant der K, wie gehen Sie vor?«

Der Angesprochene sammelt sich kurz. »Wir werden alle Hebammen, Mütterberatungsstellen, das Bezirkskrankenhaus und die Poliklinik aufsuchen und als erstes recherchieren, wer entbunden hat oder entbinden sollte.«

»Richtig«, sagt Wörner, »das setzt aber erstens voraus, dass die Kindsmutter aus der Stadt ist und zweitens, dass ihre Schwangerschaft auch offiziell registriert worden ist. Wass, wenn sie diese nie angemeldet hat?«

Ein der jungen Fachschulabsolventen schnippt wie in der Schule mit dem Finger.

»Bitte«, sagt Wörner.

»Eine Schwangerschaft kann man ja kaum verbergen. Zumindest nicht in den letzten Monaten. Wir könnten in der Pädagogischen und in der Medizinischen Fachschule nachfragen, ob es dort Schwangere gab, die es jetzt nicht mehr sind.«

»Gute Idee«, sagt Raschke. »Die Semesterpause ist vorbei, da fällt es doch auf, wenn eine ohne Bauch erscheint, die vorher einen hatte.«

»Und wenn nicht? Dann fällt überhaupt nichts auf«, wirft Wörner ein. »Aber versuchen sollten wir es auf jeden Fall. Wir suchen ehemalige Schwangere mit Auffälligkeiten.«

»Ja, und dann gibt es noch sehr viele Frauenbetriebe in der Stadt. Die sollten wir uns auch vornehmen«, ergänzt ein Dritter aus der Runde.

Wörner nickt. Dort wisse man auch ohne Zeitung, weshalb sich die Kriminalpolizei für Schwangere interessiere. Es müsse nicht verdeckt oder mit Legende ermittelt werden. Die K sucht eine Frau, die in der letzten Zeit entbunden hat. Klare Ansage.

Und wenn die Gegenfrage kommt: warum?

»Wir haben das Kind – und brauchen die Mutter.« Wörner blickt in die Runde. Die meisten nicken Zustimmung. »Wenn wir im ersten Zugriff nicht weiterkommen, müssen wir den Radius der Ermittlungen weiter ziehen.«

Stück um Stück tragen die Männer der K ihre Ermittlungsstrategie zusammen. Als sie gegen Mittag auseinandergehen, steht das Konzept. Wörner ist zufrieden. Nichts gegen einen ordentlichen Plan. Wenn am Nachmittag, wie erwartet, die MUK aus Dresden eintrifft, ist er hinlänglich vorbereitet.

Obgleich es Raschkes Part gewesen wäre, die beiden Kliniken in der Stadt aufzusuchen, hat Wörner sich diese Gänge selbst vorbehalten. Neben dem Görlitzer Bezirkskrankenhaus gibt es noch eine kleine Privatklinik eines frei praktizierenden Gynäkologen. Der Hauptmann entschließt sich, zunächst dem Chefarzt der Frauenklinik im Bezirkskrankenhaus seine Aufwartung zu machen.

Das Bezirkskrankenhaus gleicht einem militärischen Lazarett. Es wurde um die Jahrhundertwende auch zu diesem Zweck errichtet. Mehrere Gebäude aus rotem Backstein, ausgerichtet mit dem Lineal auf dem Reißbrett wie preußische Grenadiere auf dem Exerzierplatz, reihen sich die Häuser aneinander. Mittendrin die Frauenklinik. Das

Zimmer des Chefarztes befindet sich im ersten Stock. Wörner nimmt zwei Stufen auf einmal und stoppt vor einer verschlossenen Glastür. Er findet einen Klingelknopf, den er betätigt. Augenblicke später wird die Tür mit einem solchen Ruck geöffnet, dass Wörner gleich zwei Schritt zurückweicht.

Der Zerberus in Schwesterngarderobe mustert ihn kritisch von oben bis unten. »Sie wünschen?«

»Ich will Ihren Chef sprechen.«

»Haben Sie einen Termin?«

»Ja, ich bin angemeldet.« Wörner fingert seinen Dienstausweis aus dem Jackett.

Die Matrone unterm Schwesternhäubchen schließt ihre Augen bis auf einen Spalt. »Kriminalpolizei?«

»So ist es«, entgegnet Wörner.

»Um was geht es?«

»Das«, sagt Wörner und dehnt das Wörtchen über Gebühr, »würde ich dem Herrn Chefarzt gern selbst vortragen wollen«.

Die Schwester tritt beiseite und gibt den Weg frei mit einem kurzen »Bitte!«. Wörner tritt ein und schaut sich neugierig auf dem Gang um.

»Folgen Sie mir!«

Er folgt der wogenden Hüfte wie ihm geheißen. Die Welle erstarrt vor einer Tür, an der auf einem Schild zu lesen ist: Dr. Johannes Bleyl, Chefarzt. Auf das Klopfen wird drinnen mit einem herrischen »Ja« reagiert. Erstaunlich, wie man mit einem so kleinen Wort gleichzeitig so viel Unmut, Ablehnung und Gereiztheit zum Ausdruck bringen kann, denkt Wörner.

Ungerührt öffnet die Schwester und kündigt ihn an. »Der Herr von der Kriminalpolizei.«

Wörner tritt ein, hinter ihm schließt sich geräuschlos die Tür. Er befindet sich in der Höhle des Löwen. Der thront hinter einem schweren Schreibtisch aus Eiche und lässt sich nicht stören.

Bleyl blickt kurz auf. »Sie wünschen? Ich habe nicht viel Zeit.«

Wörner trägt vor. Und tatsächlich: Ins Gesicht des Chefarztes zieht erkennbar innere Bewegung. Er richtet sich auf, legt seine Stirn in Falten und sagt ein ums andere Mal: »Schrecklich, so was«, und reagiert unerwartet entgegenkommend und hilfsbereit. Nein, sagt er, er könne für die Frauenklinik wie auch für die Gynäkologische Praxis der Poliklinik verbindlich erklären, dass dort alle registrierten und betreuten Mütter ordentlich entbunden hätten. Es habe bei ihnen keinerlei Auffälligkeiten gegeben. Selbstverständlich würde er ihn informieren, wenn ihm etwas zur Kenntnis käme.

Wörner ist überzeugt, dass dies so wenig eine Floskel ist wie die Aussage, in Bleyls Zuständigkeitsbereich habe es nichts Ungewöhnliches gegeben. Er spürt es, ob jemand sein Nest sauberhalten will, um Ruhe vor der Polizei zu haben, oder ob einer die Wahrheit sagt.

Hauptmann Wörner verabschiedet sich und wendet sich zum Gehen. »Ach, noch etwas. Wie wahrscheinlich ist es, dass jemand bei uns unbemerkt eine Schwangerschaft austragen und entbinden kann?«

»Sehr gering, aber möglich. Wenn eine schwangere Frau kein Kind haben will, aus welchen Gründen auch immer, wird sie nicht neun Monate bis zur Geburt warten. Sie bricht die Schwangerschaft ab. Legal oder illegal.«

»Das klingt logisch. Aber handeln Menschen immer logisch?«

Chefarzt Dr. Bleyl dreht seine Handflächen nach oben und verzieht das Gesicht. »Natürlich nicht. Zwischen Himmel und Erde passieren Dinge, die in keinem Lehrbuch und keinem Kommunistischen Manifest stehen, Herr Genosse.«

Aha, Bleyl findet in seine Rolle zurück, wegen der er von etlichen in dieser Stadt nicht sonderlich gemocht wird, denkt Wörner.

»Und für dieses Unwägbare und Unvorhersehbare haben Sie dann Ihren Herrgott, Herr Doktor.«

Bleyl grinst. »Genau.«

»Uns hilft er jedoch in diesem Falle nicht weiter.«

Das Grienen bleibt. »Ach, da machen Sie sich mal keine Sorgen. Er greift zuweilen auch Atheisten unter die Arme. Das ist ja das Großartige am Allmächtigen. Der schaut nicht aufs Parteibuch.«

»Bevor wir unseren theologischen Disput vertiefen, würde ich es vorziehen, dass ich meine irdischen Ermittlungen fortsetze und mich verabschiede.« Wörner hat bereits die Klinke in der Hand und öffnet. Im Rücken vernimmt er Heiterkeit. Ein komischer Mensch, denkt er, und schließt die Tür von außen.

Die nächste Station heißt Schreiber. Der Frauenarzt hat sich in einer ruhigen Straße in der Innenstadt niedergelassen. Seine Praxis nennt sich ein wenig hochtrabend »Privatklinik«, und offenkundig hatte die Abteilung Gesundheitswesen im Rat der Stadt oder wer immer dafür zuständig war, nichts dagegen. Ärzte werden mit Samthandschuhen angefasst. Sie genießen Rechte und Privilegien wie kaum eine zweite Berufsgruppe im Lande. Das begann gleich nach dem Krieg. Die Besatzungsmacht zeigte sich bei belasteten Ärzten sehr nachsichtig. Wer nicht gerade an Euthanasie- und anderen medizinischen Verbrechen beteiligt war, durfte problemlos weiter praktizieren. Das hatte weniger mit der russischen Seele als mit der Notwendigkeit zu tun, die medizinische Versorgung in der Zone sicherzustellen. Später dann, nach Gründung der DDR und bei offener Grenze zu Westberlin, musste man die Ärzte unbedingt halten. Viele flatterten davon, weil man im Westen mehr verdiente und überdies mit den politischen Verhältnissen im Osten nicht einverstanden war. Der Berufsstand galt traditionell als konservativ, wenn nicht sogar als reaktionär. Mediziner und Juristen gehörten mehrheitlich zu den Stützen des NS-Staates.

Nach 1945 versuchte man dem in der sowjetischen Besatzungszone dadurch beizukommen, indem die dynastischen Erbhöfe unter anderem mit einer demokratischen Bildungsreform stillgelegt wurden. Man versuchte die Töchter und Söhne aus Arztfamilien von einem Studium, mindestens aber von einem Medizinstudium fernzuhalten und suchte sich stattdessen auch den medizinischen Nachwuchs in anderen sozialen Klassen und Schichten. Viele schickte man nach dem Besuch einer Arbeiter- und Bauernfakultät zu einem Medizinstudium in die Sowjetunion. Auf diese Weise sollte ein neuer Stamm von Medizinern gewonnen werden, der fortschrittlich im Sinne der der Partei war, jedoch mindestens politisch loyal gegenüber der Staatsmacht.

Wörner klingelt am Portal der Privatklinik. Aber zwanzig Jahre nach Kriegsende praktizieren nicht wenige Ärzte von einst noch immer. Obgleich die Grenze zu Westberlin inzwischen dicht ist, packt man Mediziner unverändert in Watte. Ja, Herr Doktor, Sie brauchen ein neues Auto? Bitte sehr, dafür haben wir ja ein Sonderkontingent? Sie wollen ein Haus, weil für ihre Familie die Mietwohnung zu eng ist? Bitte sehr, da ist gerade eine Villa am Stadtrand freigeworden? Sie möchten zu einem Medizinerkongress nach Basel? Warum nicht. Aber Vertrauen gegen Vertrauen – Sie treten vorher in die Partei ein und berichten anschließend vor den Kollegen über die im westlichen Ausland gemachten Erfahrungen. Und obendrein gibt es nach einiger Zeit und guter Führung noch den Verdienten Arzt des Volkes ... Wörner kennt einige dieser opportunistischen Parvenues. Mit politischer Notwendigkeit und sozialer Gerechtigkeit hat das wenig zu tun. Es schwingt darin diese antiquierte Bewunderung für die Medizinmänner mit. Aus den vorchristlichen Schamanen waren die neuzeitlichen Götter in Weiß geworden.

Von welcher Sorte dieser Dr. Schreiber ist, entzieht sich Wörners Kenntnis. Er weiß nur von Gerüchten, die ihn als Frauenheld oder -schwarm beschreiben, es gab immer wieder »Weibergeschichten«.

Aber was heißt »Weibergeschichten«? Die Legende scheint unausrottbar, dass Gynäkologen besonders scharf seien, und mancher sei auch nur deshalb Frauenarzt geworden, damit er ständig nackte Frauen sehen könne. Käse. Ihm hatte mal einer gesagt, und für Wörner war das überzeugend: Hätten Sie abends noch Appetit auf Schokolade, wenn Sie täglich acht Stunden in einer Schokoladenfabrik arbeiten müssen? Nein, natürlich nicht.

Auch beim zweiten energischen Klingeln tut sich nichts hinter der Tür. Wörner spürt Unmut in sich aufsteigen. Er neigt gelegentlich zu cholerischen Ausbrüchen, wenn es nicht so läuft, wie er es erwartet. Wenn er schellt, erwartet er, dass ihm aufgetan wird. Hat er ein Schild übersehen? Betriebsferien oder so? Er läutet jetzt Sturm.

Endlich öffnet sich die Tür. Eine weiße Kittelschürze erscheint im Türrahmen.

»Guten Tag, mein Name ist Wörner, ich komme von der Kriminalpolizei.« Wörner hält der ansehnlichen Schwester den Dienstausweis unter die Nase. »Ich hätte gern mit Herrn Dr. Schreiber gesprochen.«

»Der Chef ist nicht da.«

»Ist er ›nicht da‹ oder wirklich aus dem Haus?«

Die Hübsche setzt ein hübsches Lächeln auf, die Augenbrauen gehen in die Höhe, aus der Tiefe ihrer Kehle rollt ein Lachen. »Na, Sie sind ja ein ganz Schlauer.« Und nach einem kurzen Innehalten: »Nein, er ist wirklich unterwegs. Macht Hausbesuche. Ist es dringend, soll ich einen Termin für Sie machen? Oder vielleicht kann ich Ihnen auch helfen?«

»Vielleicht«, sagt Wörner. »Wir suchen eine Frau, die dieser Tage entbunden hat.«

»Wir sind keine Geburtsklinik.«

»Das weiß ich. Aber wenn ein Gynäkologe eine Schwangerschaft feststellt, was geschieht dann?«

»Er bestimmt den Geburtstermin, stellt einen Schwangerenausweis aus und überweist an die Schwangerenberatung des staatlichen Gesundheitswesens.«

»Auch Sie machen das?«

»Natürlich.«

»Und wenn dort Unregelmäßigkeiten festgestellt werden, also wenn es Probleme gibt, was geschieht dann?«

»In die Schwangerenberatung ist immer ein Arzt oder eine Ärztin involviert. Nur wenn es Komplikationen oder andere gesundliche Probleme gibt, wird ein Facharzt konsultiert. Das System ist lückenlos.«

»Das heißt: Sobald ein Arzt bei einer Frau eine Schwangerschaft feststellt, ist sie erfasst.«

Die Schwester nickt. »Wenn. Wenn nicht, dann nicht.«

»Halten Sie es für möglich, das man heutzutage ein Kind zur Welt bringen kann, ohne dass davon jemand etwas mitbekommt?«

»Schon möglich, aber eher unwahrscheinlich.«

»Könnten Sie mir Ihre Patientinnen nennen, bei denen Ihr Chef Anfang des Jahres ein Schwangerschaft festgestellt hat und die jetzt hätte entbinden müssen?«

»Können könnte ich schon, aber ich darf nicht.«

»Die ärztliche Schweigepflicht endet dort, wo es um die Aufdeckung eines Verbrechens geht.«

»Ich berufe mich auch nicht auf die ärztliche Schweigepflicht, zumal ich kein Arzt bin, sondern auf meinen Arbeitsvertrag. Ich bin nicht befugt, Daten über Patienten an Dritte weiterzugeben. Im Übrigen«, sie verzieht ihr Gesicht zu einem mokanten Lächeln, »sind die meisten unserer Patientinnen in einem Alter, wo Falten und Cellulite eine größere Rolle spielen als eine mögliche Schwangerschaft. Sie verstehen?«

Nein, Wörner versteht nicht.

Die Schwester verdreht die Augen. »Mann, die sind einfach zu alt zum Kinderkriegen. War's das?«

»Für heute schon. Aber schauen Sie mal in den Kalender Ihres Chefs. Ich würde trotzdem gern ein Gespräch mit ihm führen wollen.«

Täglich finden sich die mit dem Fall Beschäftigten am Morgen im Dienstbesprechungsraum zum Rapport ein. Raschke berichtet über die Ermittlungen seiner Leute in den Fachschulen und im VEB Volltuchwerke, dem größten Frauenbetrieb der Stadt. Nirgendwo hatte es eine auffällige Schwangere gegeben, die eine Fehl- oder Frühgeburt angezeigt hätte. In den Sekretariaten der Schulen wurde ebenfalls über jede einzelne Schwangere unter den Studentinnen akribisch Buch geführt, keine junge Frau wurde ihrem Schicksal überlassen. Man erarbeitete Sonderstudienpläne für die werdende Mutter, damit der Lernausfall nicht zu groß würde, und sorgte sich nach der Geburt um einen Krippenplatz. Kinder während des Studiums stellten natürlich eine Belastung dar, insbesondere für die Mutter, aber sie waren eben nicht Ballast. Ähnlich hilfreich verhielt man sich im Werk. Dort gab es zudem eine Betriebskinderkrippe und einen -kindergarten. Die Mütter sollten ihre Kleinen versorgt wissen, wenn sie an den Maschinen standen und produzierten.

»Nichts?«

»Absolut nichts.« Raschke sieht sich nach zwei Tagen mit seinem Latein am Ende. Und auch die anderen Ermittler haben bislang keine verwertbare Spur gefunden.

Wörner weiß, was dies bedeutet. Er muss zum Chef und dessen Zustimmung für eine Pressenotiz einholen. Ohne die Unterstützung der Bevölkerung und die Mitwirkung der vielen Freiwilligen Helfer der Volkspolizei kämen sie nicht weiter.

»Und, Genosse Lechter, was sagen die Dresdner? Sie waren doch bei den Gerichtsmedizinern.«

Der Angesprochene nickt und klappt seine Kladde auf. Ja, er sei in der Medizinischen Akademie »Carl

Gustav Carus« gewesen, wo seit ewigen Zeiten die Gerichtsmediziner untergebracht sind, und habe an der Sektion teilgenommen. Die sei von einer Gerichtsmedizinerin im Beisein des Chefs der Frauenklinik der Medizinischen Akademie und einigen Assistenten vorgenommen worden.

»Also erste Garnitur«, unterbricht Wörner.

»Na, nicht nur das. Usprünglich sollte die Obduktion vor Studenten erfolgen, doch darauf habe man aus verschiedenen Gründen verzichtet.«

»Und, was haben die Fachleute herausbekommen?«

»Es handelt sich um einen voll ausgetragenen Jungen. Er ist 56 Zentimeter lang und wiegt 3.725 Gramm. Das Kind war noch im erheblichen Maße mit ›Käseschmiere‹ bedeckt, was die Mediziner als untrügerisches Zeichen deuten, dass das Neugeborene nicht versorgt worden sei. Sein Kopf war bereits mit dichtem mittelbraunem Haar bedeckt. Bei den inneren Organen stellte man keine Anomalien fest. Die Nabelschnur wurde laienhaft durchtrennt.«

»Was heißt das?«, fragt Wörner, obgleich er sich selbst die Antwort geben kann.

»Dass das Kind weder in einer Klinik noch von einer Hebamme in einer Wohnung zur Welt gebracht wurde«, sagt Lechter und bestätigt damit die Vermutung, die Wörner schon von Anfamg an hegt.

»Und sonst? Keine äußeren Hinweise? Verletzungen?«

»Die Mediziner stellten mehrere Schürfverletzungen der Haut sowie ›Treib- und Anstoßverletzungen‹ fest, woraus sie schlossen, dass das Kind mit hoher Wahrscheinlichkeit über eine längere Strecke in einem Abflussrohr getrieben habe.« Lechter hat auf jede Frage eine Antwort.

»Sie unterstellen also, dass das Kind in der Kanalisation war?« Wörner ist ein wenig ungehalten über die Position. Woraus schließen sie das? Aus den »Treib- und Anstoßverletzungen«? Sie nehmen den Fundort als lineare Verlängerung der städtischen Kanalisation. Ist das jedoch zwingend? Logisch gewiss, aber nicht sicher. Viel mehr aber interessiert Wörner die Antwort auf die Frage: »Hat das Kind gelebt?«

»Die Gerichtsmediziner gingen vom Grundsatz aus: Hat das Kind geatmet, dann hat es auch gelebt. Und dieses Kind hat nach der Geburt gelebt, wie Konsistenz und Farbe der Lunge beweisen. Wie lange es gelebt hat, konnten sie jedoch nicht sagen«, antwortet Lechter.

»Aber sie konnten feststellen, ob es bereits tot war, als es in die Kanalisation gelangte.«

»Das mit Sicherheit: Es war kein Wasser in der Lunge.«

»Woran ist es nun gestorben?«

»Wahrscheinlich durch stumpfe Gewalteinwirkung auf beide Seiten des Kopfes.«

»Heißt es das, was wir alle vermuten?«

Lechter nickt und zitiert aus seiner Kladde: »Die Schädelzertrümmerung kann nur durch mehrfaches Auf- bzw. Anschlagen des Kopfes auf eine Fläche entstanden sein. Ob das Kind sofort nach der Geburt zu Tode gekommen ist oder noch Stunden gelebt hat, bedarf der genaueren Untersuchung. Definitiv ausgeschlossen wird Tod durch Ersticken oder Ertrinken.«

»Haben sie den Zeitpunkt des Todes bestimmen können?«

Lechter schlägt sein Notizheft zu. »Die Gerichtsmediziner gehen von zwei Tagen aus.«

»Was meinen sie damit?«

»Der Leichnam wurde am 6. September gefunden. Länger als zwei Tage war er nicht im Abflusskanal. Weder in Mund- noch Nasenhöhle fand man Wasser, und der Leichnam besaß auch noch nicht den typischen Geruch, den er angenommen hätte, wenn er länger in der Klärgruppe getrieben wäre.«

Das bedeutet, ergänzt Wörner, dass wir von der Tatzeit 4./5. September auszugehen haben. »Aber hilft uns das

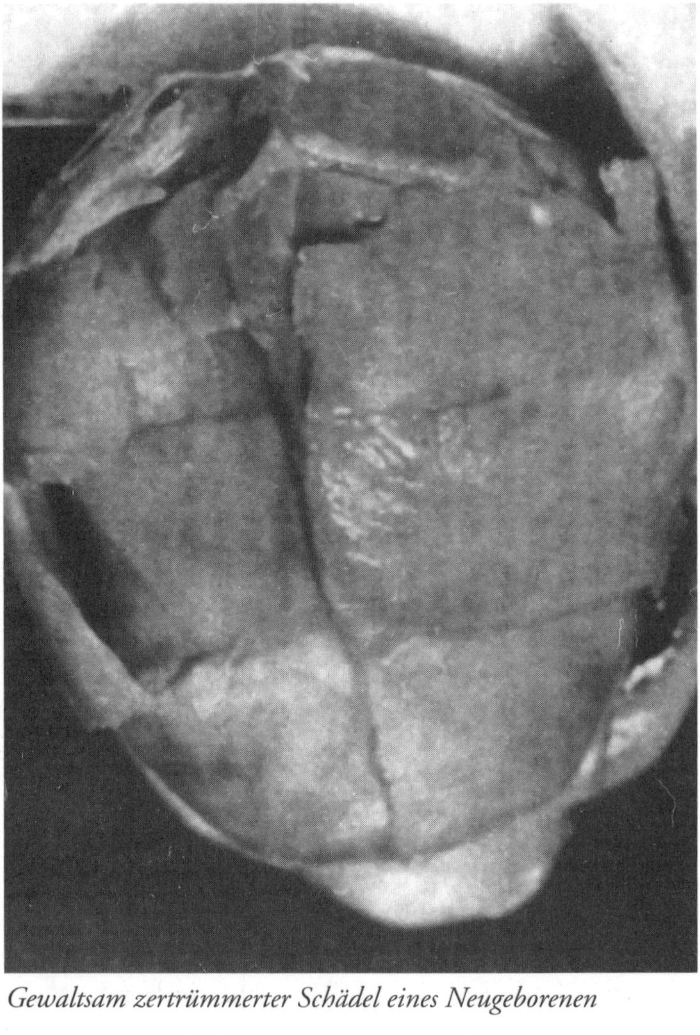

Gewaltsam zertrümmerter Schädel eines Neugeborenen

weiter? Hat jemand Vorschläge?« Er fragt ungerichtet in die Runde.

Der Kriminaltechniker meldet sich erneut zu Wort. »Ich bin für ein Experiment. Wir sollten eine Puppe in die Kanalisation werfen, um zu sehen, wie lange sie bis zur Klärgrube braucht.« Wörner und die anderen im Raum blicken skeptisch. Wie solle denn das funktionieren?

Lechter darf nun zeigen, dass er sich bereits kundig gemacht hat. Görlitz verfüge über eine Freigefälleabflussleitung. Als eine der ersten Städte habe sie auf eine aufwändige technische Anlage verzichtet, also keine Pumpstationen und dergleichen. Das Abwasser flösse von allein, natürlich in unterschiedlicher Menge, morgens und abends mehr, tagsüber käme aus den Haushalten weniger. Klar.

»Klar«, sagt Wörner, »dann macht mal«. Er müsse jetzt zum Chef, um den Text für die *Sächsische Zeitung* abzustimmen.

»Wasserwaage nicht vergessen«, ruft Raschke hinterher. Er weiß wie die meisten im Raum, dass jetzt wieder um Punkt und Komma gerungen wird. Was aber letztlich überflüssig und unsinnig ist wie sonst irgendwas. Durch die Feilerei soll dem Verbrechen die Abscheulichkeit genommen, es gleichsam unauffällig und kompabitel gemacht werden. Nur nichts Negatives, nur nichts dem Sozialismus »Wesensfremdes« popularisieren. Dieses offizielle Verschließen des Blicks für die Wirklichkeit bleibt bis zum Ende des Landes Praxis. Als reichlich zwanzig Jahre später der Enkel des Ersten Mannes mit zwei Jahren sterben und im Politbüro darüber notgedrungen gesprochen werden wird, kommt erstmals dort zur Sprache, dass es keine Kindersärge gibt. Am Ende löst die Tischlerei des Zentralkomitees Honeckers Problem individuell.

Der Leiter des Volkspolizeikreisamtes wirkt ungehalten, als Wörner ihn nun zu einer verbindlichen Entscheidung drängt. Er ist schon sauer genug, dass bei ihm, in seinem Verantwortungsbereich, so etwas überhaupt passierte. Warum ausgerechnet in Görlitz? Warum nicht in Niesky? Wörner, dieser kleine Scheißer, hat doch keine Ahnung wie das ist, wenn man im Jagdkollektiv angemacht wird. Da sind die Honoratioren des Kreis vertreten – der 1. Sekretär der Kreis- und der der Stadtleitung, der Vorsitzende des Rates des Kreises, der OB, der Kreisstaatsanwalt, der Kreistierarzt und der Chef der Arbeiter- und Bauerninspektion, der Standortkommandant der NVA, die erste Garnitur von Görlitz, zu der er gemäß Funktion natürlich auch gehört. Deren Häme kennt er, die schmerzt fast noch mehr als ein Anschiss aus Dresden. Na, so richtig kommt ihr bei euren Ermittlungen nicht voran, was? Dieser Hohn, er hat ihn wiederholt schon kosten dürfen.

»Wörner, ich brauche Erfolge, keine Presse.«

»Ohne Presse haben wir aber keine Erfolge.«

Der Oberstleutnant zuckt hinter seinem Schreibtisch. Fast meinte man das Konterfei des Ersten Mannes des Staates, das vorschriftsmäßig hinter ihm an der Wand hängt, wackeln zu sehen. »Gibt es keinen anderen Weg?«

Wörner schüttelt den Kopf. Nein, wir müssen die Öffentlichkeit einschalten, erklärt er nicht zum ersten Male.

»Da melden sich doch bloß wieder Wichtigtuer und Aufschneider.«

»Nicht nur. Im August konnten wir dadurch den Täter ermitteln.«

Der VPKA-Chef winkt ab. »Mag ja sein. Aber ist das nicht Missbrauch der Presse, wenn wir jeden Monat veröffentlichen lassen: ›Gesucht wird …‹?«

Wörner könnte sich ausschütten vor Lachen. So ein blödes Argument hat er noch nie gehört, nicht mal hier. Doch das kann er seinem Gegenüber nicht sagen. Jetzt schon gar nicht, so angefressen wie der momentan ist.

Er schiebt ihm ein Blatt mit der vorbereiteten Meldung über den Tisch. Der Oberstleutnant wirft einen flüchtigen Blick darauf und greift schließlich zum Rotstift. Er hat angebissen. Hier und da streicht er ein Wort oder fügt ein neues ein. Man bastelt an einem ausgewogenen Kommuniqué zur Lage der Nation in Görlitz am Vorabend der Kommunalwahlen. Hauptmann Wörner ist das schnurz. Hauptsache, die Leser erfahren, dass eine Frau gesucht wird, die am 4./5. September von einem Jungen entbunden wurde, welcher nun tot ist. Sachdienliche Hinweise nimmt jede Dienststelle der VP entgegen.

Erleichtert nimmt er zur Kenntnis, wie schließlich der VPKA-Leiter mit breitlaufender Schrift seinen Namen unter die Meldung setzt. Damit ist sie freigegeben.

Unterdessen macht sich Lechter an die Simulation des Falles. Weshalb er dazu ein Bündel Stroh verwendet, das er auf die Größe eines Säuglings zusammenschnürt, weiß nur er allein. Vielleicht glaubt er, dass die Attrappe besser schwimmt, wenn sie aus Stroh ist. Gemeinsam mit dem Kanalmeister suchen sie sich ein Haus in der Innenstadt aus. Dort steigen sie in den Keller, öffnen den sogenannten Revisionsschacht und werfen die Strohpuppe in den Kanal. Franz Hensel ist skeptisch, dass das Experiment gelingt.

»Das Ding löst sich auf, ehe es in der Klärgruppe ankommt«, brubbelt er.

Lechter sieht das, natürlich, ein wenig anders.

Hensel soll recht behalten. In der Altstadt gibt es nach zwei Tagen eine Verstopfung. Dort, wo die Freigefällleitung besonders eng ist, hat sich das Stohbündel quer gelegt. Das, was danach kam, konnte nicht abfließen. So staute sich alles zurück, bis man es bemerkte und das Hindernis beseitigte.

Der Vorgang löst eine heftige Diskussion in Wörners Runde aus. Es mehren sich die Stimmen, die das alles für Quatsch und auch für eine Sackgasse halten. Das bringt doch nichts, wirft dieser und jener ein. Und als Lechter sich nicht nur verteidigt, sondern gar vorschlägt, das Experiment zu wiederholen, und zwar mit einem toten Ferkel, bricht die Hölle los. Ob er nun völlig spinne, heißt es. Das sei doch albern.

Wörner versucht zu beschwichtigen. Er rudert mit den Armen. Er sähe das nicht ganz so, sagt er. Was er allerdings nicht sagt: Der Grund für seine Intervention ist nicht die Erwartung besonderer Erkenntnisse, sondern die Tatsache, dass er – unablässig von den Vorgesetzten nach Fortschritten befragt – zumindest diesen Test als aktive Handlung vorweisen kann.

Denn eigentlich treten sie auf der Stelle. Auch die ersten Meldungen auf das Hilfeersuchen in der Zeitung haben nichts gebracht. Es handelt sich um die befürchteten Ahnungen und Anschuldigungen: Die Frau X ist so merkwürdig … Frau Y habe ich lange nicht gesehen … Und die Frau Z könnte durchaus schwanger gewesen sein … Alles Müll. Dennoch geht man jedem Hinweis nach. Das heißt sie haben viel zu tun, und die Nadel im Heuhaufen lässt sich ja doch finden, wenn man nur jeden Halm in die Hand nimmt und genau betrachtet. Warum nicht doch das Schweineexperiment?

Wörner erteilt dem Kriminaltechniker Prokura, sich in der Schweinemastanlage vor den Toren der Stadt ein totes Ferkel zu besorgen. Dort fallen immer welche an, die Mortalitätsrate ist beachtlich. Und ehe die Kadaver auf den Schindanger landen, kann man sich dort ein totes Tier besorgen.

»Ich telefoniere mit dem Betriebsleiter«, sagt Wörner.

Dann informiert er noch kurz über das Gespräch mit Dr. Schreiber, das er zwischenzeitlich geführt hatte. Es war so fruchtlos wie das mit seiner Schwester.

»Insofern können wir die Ermittlungen in dieser Richtung einstellen. Die Gerichtsmediziner haben mit dem Hinweis auf eine dilettantische Trennung der Nabelschnur den entscheidenden Hinweis gegeben: Die Geburt wird außerhalb einer klinischen Einrichtung und ohne Hebamme erfolgt sein. Also vermutlich auch unbemerkt von den entsprechenden Einrichtungen des Gesundheitswesens.«

Der K-Leiter beendet die Runde. Die Männer brechen auf. »Genosse Lechter, Sie bleiben noch, bitte.«

Der Kriminaltechniker verharrt überrascht. Erst nachdem der letzte Polizist den Raum verlassen hat, hebt Wörner an. Er wisse durchaus seine unkonventionellen Methoden zu schätzen, mit denen er der Wahrheit auf die Schliche zu kommen hofft, aber dabei müsse er nicht auch die Konventionen des zivilen Umgangs verletzen.

Lechter schaut überrascht, er weiß nicht, aus welcher Richtung dieser Angriff kommt. Denn dass es sich um einen handelt, ist unschwer der Tonlage des Chefs zu entnehmen.

»Ich verstehe nicht.«

»Es gibt eine Beschwerde aus den Klärwerken.«

»Von wem?«

»Unwichtig. Entscheidend ist, dass es sie gibt.«

Lechter versteht noch immer Bahnhof.

»Sie sollen ziemlich anmaßend, um nicht zu sagen: arrogant, aufgetreten sein, als Sie die Sache mit der Strohpuppe veranstaltet haben.«

»Ich habe doch nur …«

Wörner hebt die Hand und fällt Lechter ins Wort. »Egal, wie Sie was gesagt haben und ob es aus Ihrer Sicht angemessen war: Entscheidend ist, wie es bei den anderen ankommt. Und da scheint es wohl gewisse Missverständnisse gegeben zu haben. Wären Sie dort als Privatperson aufgetreten, könnte es mir egal sein, welches Bild Sie dort abgegeben haben. Sie waren aber als Vertreter der Staatsmacht dort. Das heißt, dass Sie besonders beäugt werden. Das dürfen Sie nicht vergessen. Sie wissen doch selbst, dass dieser Staat und seine Organe nicht nur Freunde haben. Wir müssen täglich bei nicht wenigen Bürgern um deren Gunst gleichsam buhlen. Verstehen Sie?«

Lechter nickt, er hat die Lektion verstanden.

»So, damit ist die Sache für mich aus der Welt. Ich werde dem Dienststellenleiter melden, dass die Beschwerde mit dem nötigen Ernst ausgewertet worden ist. Da kann er dann im Jagdkollektiv Vollzug melden, dass dem Zuständigen auf seine Veranlassung an den Löffeln gezogen worden sei, und alle sind zufrieden, dass die Demokratie so wunderbar funktioniert.«

»In Ordnung, wenn ich mit dem Ferkel antrete, werde ich mich entsprechend devot verhalten.«

»Nicht devot. Sie sollen durchaus selbstbewusst und fordernd auftreten, aber freundlich und verbindlich. Die sollen schon merken, wer hier Herr im Hause ist, aber dabei nicht überfahren werden.«

Wörner entlässt Lechter mit einem freundlichen Lächeln. Guter Mann, denkt er, muss sich nur noch ein wenig die Hörner abstoßen. Durch die Schule der Arroganz sind wir alle gegangen. Dass ist die gängigste Vorhaltung zur Disziplinierung, seit es diese Partei gab. Vermutlich weil sie so schön schwammig, so unbestimmt ist. Wenn einer lügt, kann man ihm mit der Wahrheit beikommen. Den Dieb überführt man mit Beweisen. Die sind objektiv. Doch Arroganz ist subjektiv und weich wie Watte. Man kann immer behaupten: Der Genosse X ist arrogant – und diesem bleibt nur Hilflosigkeit. In den 50er Jahren, so entsann sich Wörner, hatte es reichlich Parteiverfahren wegen »arroganten Auftretens« auch hier im Hause gegeben. An der Basis natürlich. Jene, die sich tatsächlich überhoben, weil sie plötzlich ein Amt hatten und meinten, dieses würde sie adeln, also hätten sie auch so aufzutreten, blieben von solchem Vorwurf und anschließender Maßregelung meist ausgenommen.

Nicht unerwartet glückte das Ferkel-Experiment. Nach zwei Tagen hing der Schweinekadaver im Gitter des Klärwerkes. Paul, bestens darauf vorbereitet, hatte das Tier im Rechen bemerkt und sofort den Kanalmeister informiert. Hensel wiederum hatte die Nummer im VPKA angerufen, die ihm Wörner genannt hatte. Nach dem Telefonat waren der K-Leiter und Lechter sofort hinaus gefahren, um den Fund in Augenschein zu nehmen. Sie feierten ihn, als wären sie damit der Lösung des Falles und Raschke seinem Urlaub einen bedeutenden Schritt nähergekommen. Doch das ist natürlich Illusion. Sie haben nunmehr lediglich die Bestätigung, dass mit sehr großer Wahrscheinlichkeit das Neugeborene in die städtische Kanalisation »entsorgt« worden war, die Mutter also im Stadtgebiet zu suchen ist. Mehr nicht. Aber auch nicht weniger.

In diesen Tagen der Suche nach der Nadel im Heuhaufen tritt Kommissar Zufall ins Leben auch dieser Untersuchungsgruppe.

Unterleutnant Raschke eilt am Morgen in die Dienststelle. Es ist bereits nach sieben, der Dienst beginnt halb acht, doch es macht immer einen guten Eindruck, wenn man einige Minuten zuvor dem Diensthabenden am Eingang den Ausweis vorweisen kann. Pünktlichkeit ist nicht nur eine Zier, sondern Ausdruck von Parteidisziplin. Polizeiarbeit ist Parteiarbeit, hat man ihnen beigebracht auf der Schule, ist politische Arbeit im Dienste des Gemeinwohls. Jeder Schritt will bedacht sein.

Die Schritte von Raschke gehen in den Morgennebel. Der Herbst kündet sich mit Kühle an. Die Strahlen der Sonne brauchen morgens ein wenig länger, um die Stadt zu erwärmen. Raschke eilt, er schlendert nicht. Dennoch hat er ein Auge und zwei Ohren für die Umgebung. Er mustert die feuchtglänzenden Katzenköppe des Straßenpflasters ebenso aufmerksam wie die wenigen Autos am Bordstein und die Menschen, die ihm entgegenkommen. Oder von der Seite an ihn herantreten.

Die korpulente Frau ist vielleicht um die Vierzig, die ihm freundlich einen »Guten Morgen« wünscht. Er blickt überrascht auf sie nieder, denn selbst mit Kopftuch reicht sie ihm allenfalls bis in Brusthöhe. Es ist nicht unbedingt üblich, auf der Straße angesprochen zu werden.

»Sie sind doch bei der Kripo?«

Raschke ist irritiert. Woher weiß sie das? Er kennt diese Person überhaupt nicht.

OBERLAUSITZER Bilderbogen

Die zehn Besten ermitteln

GÖRLITZ. Der Kreisvorstand der Gesellschaft für Sport und Technik sucht vom 15. September bis 12. Dezember die 10 besten Schützen des Jahres 1965 im Luftgewehrschießen. Zur Teilnahme sind alle Bürger ab 10. Lebensjahr berechtigt. Bei sechs Schuß stehend frei entscheidet die höchste Ringzahl. Der Sieger erhält einen Pokal, eine Urkunde und 100 MDN. Bis zum 10. Platz stehen weitere Urkunden und Geldpreise zur Verfügung. Außerdem werden zwei Sonderprämien (bei 60 erreichten Ringen 50 MDN und bei 59 erreichten Ringen 25 MDN) sofort – aber nur einmal an den jeweiligen Schützen – ausgezahlt. Das Schießen, dessen Wertung außerhalb des Rechtsweges erfolgt, findet auf dem Elisabethplatz statt. Die Gewinne werden vom 15. bis 17. Dezember von 9 bis 16 Uhr im Kreisvorstand der GST ausgezahlt.

In flagranti

GROSSSCHÖNAU. Auf frischer Tat ertappte die Volkspolizei einen Jugendlichen, der schon mehrmals in Automaten eingebrochen hatte.

Kindesmutter gesucht

GÖRLITZ. Am Mittwoch, dem 8. September, ist in der Kläranlage an der Rothenburger Straße ein neugeborenes Kind gefunden worden. Die Volkspolizei bittet die Bevölkerung, mitzuhelfen, die Kindesmutter zu ermitteln. Wer kann Hinweise geben über weibliche Personen, die in anderen Umständen waren und das entbundene Kind nicht mehr besitzen? Bei wem haben sich schwangere Frauen besuchsweise aufgehalten? Sachdienliche Angaben, die auf Wunsch vertraulich behandelt werden, nimmt das Volkspolizei-Kreisamt Görlitz, Gobbinstraße 5/6, Abt. Kriminalpolizei, entgegen.

Leningrad und Stanislaw Wa witsch Sergejew, Sekretär Parteikomitees einer Sowchose sichtigten die LPG „Friedensgr in Zodel. Auch hier wurde de wjetischen Genossen ein herz Empfang bereitet. Der Vorsit der Genossenschaft Ge Schwonneck machte die ningrader Gäste mit der neu Errungenschaft, der Gemeinsc einrichtung Trocknungswerk „ schritt" bekannt, worüber sich nosse Koslow sehr lobend sprach. Großes Interesse fand die Berieselungsanlage. Bei e kleinen Erfahrungsaustausch

Sprechstunden der Abgeordnete

Heute, Wohngebiet I, 17 bis 18 die Abgeordneten Heinz Lösch Konrad Model und Rudolf W mann in den Räumen der nungsverwaltung I, Zittauer S

Wohngebiet II, 17 bis 18 Uh Abgeordneten Günter Streit Liesbeth Fiedler und G Bayer in den Räumen der nungsverwaltung II, Jauern Straße 39.

Wohngebiet V, 17 bis 18 Uh Abgeordneten Regina Krötig Heinz Kießlich in den Rä der Kommunalen Wohnungsve tung, Konsulstraße 65/66.

Wohngebiet VI, 17 bis 18 Uh geordneter Walter Schachtm in den Räumen der Wohnung waltung VI, Leninplatz 26; ordneter Siegfried Ortman LPG-Büro, Klingewalde.

Dank an Reiseleiterin

Von K. Steudel

Dem Reisebüro unseren Dan die Sonderfahrt am 11./12. A nach Berlin/Potsdam. Herz Dank auch der Reiseleiterin Kleinert. Ob politische F oder historische Sehenswürdigk ob perspektivische Bauvorhaben andere wissenswerte Dinge z klären waren, über alles beri sie ausführlich und interessant.

»Kindesmutter gesucht« – an 17. September 1965, versteckt auf der letzten Seite, erschien in der Sächsischen Zeitung *die polizeiliche Suchmeldung*

Die Frau lächelt. Er müsse nicht grübeln. Sie habe ihn im Betrieb gesehen, als er in der Kaderabteilung war. Er ermittle doch in diese Kindersache, von der auch in der Zeitung gestanden habe.

»Ja, das stimmt«, entgegnet Raschke, und es schwingt in seiner Antwort die Frage mit, warum sie ihn anspreche.

Als könne sie Gedanken lesen, sagt die Frau, dass sie ihn jeden Morgen hier vorübergehen sehe, sie wohne dort und weist zur Bekräftigung mit dem Finger auf ein Gebäude in der Berliner Straße. Jetzt habe sie sich aber ein Herz gefasst und ihn angesprochen.

»Und? Worum geht es?«

Nun ja, sagt sie, in ihrem Hause wohne der Klempnermeister mit seiner Frau und einer zweiten. Die führe ihm den Haushalt oder die Bücher, das wisse sie nicht so genau, aber verheiratet sei er nur mit einer.

»Bigamie ist bei uns verboten.« Raschke glaubt, eine von diesen Wichtigtuern vor sich zu haben, die ihren Nachbarn anschwärzen wollen. Er schaut demonstrativ auf die Uhr. »Ach, Frau …«

»Frau Schröder, Iris Schröder ist mein Name.«

»Frau Schröder, es ist nicht strafbar, wenn ein Mann und zwei Frauen gemeinsam in einer Wohnung leben.«

Die Dralle lacht auf. Deshalb spreche sie ihn nicht an. Sondern wegen einer Beobachtung, die vielleicht von Belang für die Polizei ist.

»Nämlich?«

»Vor zwei, drei Monaten hat die jüngere Frau planmäßig die Treppe gescheuert. Und da fiel mir auf, dass sie schwanger war. Ich habe gratuliert, denn die Frau geht bereits auf die 30 zu, da hat man schon längst Kinder. Wer bis dahin keine hat, will keine oder kriegt keine. Ich habe also auf den Bauch geschaut und sie beglückwünscht, dass es nun endlich geklappt habe. Ich sagte das ohne Arg, einfach so, weil ich meinte, sie freue sich über ihr spätes Mutterglück. Was soll ich Ihnen sagen: Da faucht sie mich doch an, als hätte ich ihr die Pest an den Hals gewünscht. Sie sei nicht schwanger, sondern krank. Sie habe es an der Leber, von daher rühre ihr hoher Leib.«

Nun könne es sich ja durchaus so verhalten, fährt Frau Schröder fort. Aber die Heftigkeit der Reaktion habe sie denn doch etwas überrascht. Aber sie sei sich absolut sicher: Das war keine Leberverhärtung, wie behauptet, sondern eindeutig eine Schwangerschaft. Sie selbst habe zwei Kinder zur Welt gebracht und wisse, wie ein schwangerer Leib ausschaue. Ihr könne man da nichts vormachen. »So, und nun ist sie weg.«

»Wer?«

»Die Frau. Nach meiner Einschätzung müsste sie längst entbunden haben, aber ich habe sie seit einigen Tagen nicht mehr gesehn.«

Hm, sagt Raschke nachdenklich. Da könne etwas dran sein. »Kommen Sie doch bitte nachher ins Volkspolizeikreisamt. Wir nehmen ein Protokoll auf und gehen der Sache anschließend nach.« Meist hat eine solch Aufforderung abschreckende Wirkung. Wer sich nur wichtig tun will, bleibt weg. Die Furcht, sich mit einer Unterschrift festlegen zu müssen, ist größer als die Aufmerksamkeit, die man für kurze Zeit erfährt.

Die Frau nickt jedoch zustimmend. Selbstverständlich käme sie in die Gobbinstraße zum Volkspolizeikreisamt. So gegen 10 Uhr, wenn es ihm recht sei.

Raschke ist es selbstverständlich recht. »Bis dann«, sagt er und drückt ihr zum Abschied die Hand. Es wird erst in Jahrzehnten auch in diesem Landstrich üblich werden, solcherart körperlichen Kontakt zu meiden.

Während der morgendlichen Konferenz beim K-Leiter erwähnt Raschke diese überraschende Begegnung. Wörner pfeift vernehmlich durch die Zähne.

»Was haben Sie für einen Eindruck von der Frau?«

»Seriös. Ich glaube, wir sollten dem Hinweis nachgehen.«

»Alexander, Alexander …« Wörner durchforstet sein Gehirn. Den Namen hat er schon einmal gehört, er weiß nur nicht mehr den Zusammenhang. »Kennt jemand von Ihnen den Mann?«

»Das war doch der Klempnermeister, der die Kuppeln des Bahnhofs und der Hauptpost repariert hat. Die Zeitung hat ein paarmal darüber berichtet. Er hat die Hauben sehr ordentlich ausgeflickt. Scheint handwerklich sehr versiert zu sein. Schrieb jedenfalls die Zeitung«, wirft einer aus der Runde ein.

Auch bei Wörner dämmert es langsam. »Hatte der nicht zu Beginn des Jahres einen Diebstahl in der Werkstatt angezeigt?«

Raschke erinnert sich jetzt auch. Es ging um Kupferrohr und Handwerkszeug.

»Er hatte seine Stifte in Verdacht«, meint Lechter, »dass die sich mit dem Buntmetall das Taschengeld aufbessern wollten. Wir haben damals nichts gefunden.«

»Stimmt.« Wörner hat nun diesen Fall auch präsent, er erinnert sich an den großgewachsenen, breitschultrigen Mann um die 60 mit den welligen Haar, um das er ihn beneidete. Die Anzeige war bearbeitet und das Ermittlungsverfahren jedoch ergebnislos vorläufig eingestellt worden. »Ich lasse mir die Vorgangsakte noch einmal bringen«, sagt der Hauptmann der K. »Vielleicht brauchen wir sie noch. Irgendwie hängt ja alles mit allem zusammen.«

Wie angekündigt, erscheint Iris Schröder im Amt und wiederholt, was sie auf der Straße erklärt hat. Raschke tippt ihre Aussagen mit zwei Durchschlägen in die Maschine. Dann setzt sie, wie vorgeschrieben, auf den rechten unteren Rand jedes Blattes ihre Unterschrift. Sie tut dies erkennbar energisch, nachdem sie den Text zuvor aufmerksam studiert hat. Nein, sie zögert nicht im Geringsten. Nunmehr wird aus der Information ein kriminalpolizeilicher Vorgang.

Ihre schriftliche Aussage und die Akte des Ermittlungsverfahrens Alexander liegen wenig später auf Wörners Schreibtisch. Er studiert alles sehr aufmerksam und mit in Jahrzehnten trainiertem Blick. Das kostet ihn vier Zigaretten. Oder anders gesagt: Nach vier Zigarettenlängen hat er alle Papiere gleichsam inhaliert.

Das von der Ermittlungsakte gezeichnete Bild ist ziemlich schlüssig. Da ist ein alteingesessener Familienbetrieb in der dritten Generation. Seinem Alter entspricht auch die Betriebsstruktur. An der Spitze thront unangefochten der Meister, der Patriarch. Dann gibt es noch die beiden Gesellen und zwei Lehrlinge. Und zum Betrieb gehören zwei Frauen: Alexanders Ehefrau Ilse, die für die Auftragannahme und die Buchhaltung zuständig ist, sowie die Bürohilfe Ruth Köhler. Sie besorgt die innere Verwaltung: Arbeitsblätter schreiben, Botengänge besorgen, Papierkram erledigen.

Die Zeugenaussagen offenbaren die innere Organisation des Unternehmens wie auch das vorherrschende Betriebsklima. Das scheint gesund und harmonisch. Man hält zusammen. Es gibt bei den Zeugenaussagen keine abfälligen Bemerkungen oder Urteile über Kollegen, nichts Distanzierendes oder gar Diffamierendes. Selbst das Verhältnis der beiden Frauen scheint frei von Spannungen, was vergleichsweise unüblich ist. Meist gibt es unterschwellig Rivalitäten und Eifersüchteleien, wenn es einen von allen geschätzten und verehrten Boss gibt. Man kennt ja den Stutenbiss … Hier aber schienen eitel Sonnenschein und Friede zu herrschen. Vielleicht ungewöhnlich, aber nicht unmöglich.

Wörner stellt überrascht fest, das Ruth Köhler unter der gleichen Adresse geführt wird wie die Alexanders. Sie wohnt mit ihrem Arbeitgeber in der Berliner Straße 3. Der Sache maß man damals keine Bedeutung zu, weil sie kaum von Relevanz bezüglich des Diebstahls war. Das könnte jedoch jetzt anders sein. Denn wie aus der aktuellen Aussage von Iris Schröder hervorgeht, leben Chef und Angestellte nicht nur unter einem Dach, sondern auch hinter einer gemeinsamen Wohnungstür. Nun, Wohnungen sind unverändert knapp in der Stadt, oft teilen sich zwei Familien eine große Wohnung. Es ist also zunächst nichts Unanständiges dabei, wenn eine Frau wie Ruth Köhler als Untermieterin bei den Alexanders wohnt.

Ist auch eine ménage à trois möglich, eine Dreierbeziehung? Denkbar ist alles, sagt sich Wörner, na und? Was hinter einer Wohnungtür geschieht, hat die Staatsmacht nicht zu interessieren. Er weiß, dass das einige seiner Kollegen anders sehen. Sie sagen, es gebe keinen rechtsfreien Raum, also müsse der Staat, der über die Einhaltung der Gesetze wache, auch jeden Raum kennen. Hinter diesem Ansatz steckt der Generalverdacht, dass jeder prinzipiell die Gesetze ignoriert und bricht, was ihm unablässig nachgewiesen werden muss. Diese Überlegung kollidierte objektiv mit dem vorherrschenden Gesellschaftsverständnis, wonach der Mensch gut sei, wenn es die Verhältnisse zuließen.

Wenn es sich so verhielte, woran Wörner nicht grundsätzlich zweifelte, muss man auch nicht in jeder Person einen potenziellen Gesetzesbrecher sehen. Zunächst hat für alle die Unschuldsvermutung zu gelten.

Ach, das ist schon ein weites Feld zwischen Anspruch und Wirklichkeit, zwischen Ideal und Praxis, denkt Wörner und zündet sich erneut eine Zigarette an.

Wer mit wem ins Bett ging, ist ihm egal. Die Polizei hat nicht päpstlicher zu sein als der Papst und die Bettdecke zu lüpfen, wenn etwas ungewohnt erscheint wie in diesem Falle, dass also ein Firmeninhaber mit seiner Frau und einer Angestellten in einer Wohnung leben.

Und dennoch: Der Gedanke ist geweckt, die kriminalistische Neugier lugt um die Ecke, der Verdacht, dass da »etwas« sein könne, lässt sich nicht mehr unterdrücken, er beginn zu wuchern.

Wörner ruft über das interne Telefonnetz Unterleutnant Raschke zu sich. Der nimmt schon nach wenigen Minuten vor Wörners Schreibtisch Platz.

»Sagen Sie mal, Genosse Raschke, Sie haben doch damals im Fall Alexander ermittelt?« Wörner klappt die Akte zu.

»So ist es.«

»Können Sie sich noch an Details erinnern, die nicht im Protokoll stehen?«

Raschke bläst die Wangen auf. Worauf will der Chef hinaus? Er ist unschlüssig, was er berichten soll. Es liegt ja nun alles Monate zurück. Will Wörner sein Erinnerungsvermögen testen?

Tja, beginnt Raschke unbestimmt. Als er zum ersten Mal in der Werkstatt gewesen sei – es sei ein Dienstag gewesen – habe er nur den Gesellen angetroffen. Der habe ihn für einen Kunden gehalten und gleich abzuwimmeln versucht. Man habe volle Bücher und sei auf Wochen ausgebucht. Das traf gewiss zu, sagt Raschke seufzend, über die Handwerkersituation in der Stadt müsse er wohl keine weiteren Ausführungen machen.

Wörner pflichtet ihm bei. Die Litanei ist ihm persönlich leider vertraut.

Nachdem er dem Gesellen seinen Ausweis gezeigt und sein Anliegen vorgetragen habe, hätte der erklärt, der Meister sei in der Stadt, und auch er müsse gleich los, sobald ihm Ruth die Rechnungskopien gegeben habe.

Und zum Beweis habe er ihm einen Zettel gezeigt. Dort waren einige Kneipen aufgeführt. Heute sei nämlich Markttag, da kämen Bauern und Kunden in die Stadt, die träfen sich dort zum Gedankenaustausch. Der Meister mache seine Tour, hole Aufträge an Land …

Wörner unterbricht Raschkes Redefluss. »Ich denke, der hat volle Auftragsbücher?«

»Ohne Akquise läuft da auch nichts. Und die Bauern verlangen meist mehr als nur die Reparatur eines Wasserhahns. Der Geselle hat mir jedenfalls die Rechnungen gezeigt, das handelte sich oft nur um Beträge im einstelligen Bereich.«

»Welche Rechnungen?«

Raschke repetierte weiter über Alexanders Masche, die durchaus pfiffig war. Der Geselle kannte Alexanders Route und stieß dann »zufällig« dazu, um dort säumige Zahler zu mahnen. Der Meister tat das nicht, es war nicht sein Part. Natürlich hatte der Geselle ein fingiertes Bewerbchen, das er dem Meister steckte, um dann – welch Zufall – sich der offenen Rechnung eines der Beisitzer zu erinnern. Um sich der Peinlichkeit zu entheben, zahlte der Angesprochene seine Schulden gleich.

»Ziemlich clever.«

Raschke nickt. »Der Alexander ist ein ziemlich ausgeschlafener Bursche. Und deshalb spuren die auch alle in der Firma. Der ist eine Autorität.«

»Und die Frau?«

»Etwas jünger als er, gepflegt, ganz Chefin. Hätte möglicherweise mehr aus sich machen können, aber sie hat nun mal die Firma ihres Vaters übernehmen müssen und sich offenkundig in ihr Los gefügt.«

»Haben Sie auch die Köhler zu Gesicht bekommen?«

»Nur kurz. Ist so eine Unauffällige mit Brille, spillrig, herbes Gesicht. Obwohl sie mindestens zehn Jahre jünger ist als die Chefin, wirkte sie älter als diese. Sie gab in meinem Beisein dem Gesellen den Quittungsblock und verschwand auch gleich wieder.«

»Ich habe gelesen, dass Sie alle Kneipen und Destillen nach diesen Quittungen abgeklappert haben. Die Aussagen der Befragten bestätigten genau das, was der Geselle beschrieb und was Sie eben erzählt haben. Mein Gott, was wir alles für Zeug ermitteln müssen.« Wörner scheint sich selbst zu erschrecken, wenn er sich einmal bewusst macht, aus welch Krümelkackerei mitunter Polizeiarbeit besteht. Dutzende Kneipen abklappern, den Wirt befragen, Zeugen konsultieren, Hinz und Kunz ermitteln – und am Ende ist das alles für die Akten, also für den Papierkorb, da für den Fall unerheblich. Es ist so wie mit der Goldgewinnung: Auf zig Tonnen Abraum kommen nur wenige Gramm Edelmetall. Im Falle des Werkstatt-Diebstahls war die Ausbeute sogar gleich Null.

»Kinder?«

»Wer?

»Die Alexanders. Haben die Alexanders Kinder?« fragt Wörner nach. »Aus den Unterlagen ist das nicht ersichtlich.«

»Nein«, sagt Raschke. »Ich glaube, die Ehe ist kinderlos.«

»Glauben Sie oder wissen Sie es?« Wörner ist kein Freund von Vermutungen, er will eine präzise Aussage.

»Sie haben keine Kinder«, antwortet Raschke.

»Was schlagen Sie vor, Genosse Unterleutnant?«

»Unauffällige Befragungen im Umfeld von den Alexanders und zur Köhler.«

Wörner nickt. »Die sollen nichts merken. Stellen Sie es geschickt an. Morgen zur Dienstbesprechung erwarte ich Ihren Bericht. Die Zeit sitzt uns im Nacken. Der Alte drängelt, und der ganze Rattenschwanz, der an ihm dranhängt. Naja, Sie wissen schon, Ihnen muss ich das nicht erklären.« An Raschkes Urlaub denkt er schon längst nicht mehr. Und auch der hat ihn längst abgeschrieben.

Die verdeckten Erkundigungen bestätigen das, was die Zeugin Schröder bereits zu Protokoll gegeben hatte. Ruth Köhler wohnt bei den Alexanders und sei sowohl deren Haushälterin wie auch ihre Bürokraft. Sie unterstütze die kränkelnde Chefin, die oft ausfalle, hieß es zur Begründung. Vormittags putzt und kocht die Köhler in der Wohnung, macht Besorgungen und erledigt Behördengänge. Am Nachmittag kommt sie in die Werkstatt und hilft dort. Manchmal auch schon vormittags.

»Männer?« fragt Wörner.

Raschke schüttelt den Kopf. »Keine. Man hat sie noch nie mit einem gesehen.«

»Was reden die Leute sonst so?«

»Erstaunlich wenig. Es gibt nicht einen, der dort ein Verhältnis wittert. Die einzige, die das thematisiert hat, ist die Nachbarin Schröder. Alexander hat einen erstaunlich guten Leumund, obgleich er gelegentlich mal einen über den Durst trinkt und Frauen keineswegs abhold ist. Gerüchteweise wird von dieser oder jener Weibergeschichte berichtet, aber nichts Konkretes, nur immer vages Zeug. Ich würde darauf nicht viel geben wollen. Geschwätz halt.«

»Doch!« Raschke hat sich das Beste bis zum Schluss aufgehoben. »Alle Aussagen decken sich in einem Punkt mit der Feststellung der Zeugin Schröder: Ruth Köhler ist seit Wochen nicht mehr gesehen worden.«

Wörner pfeift durch die Zähne. »Männer, nun aber ran. Ich glaube, das ist die erste heiße Spur in diesem Fall. Unsere Zielperson heißt Ruth Köhler. Genosse Raschke: Sie und ihre Leute nehmen sich die Werkstatt vor, die anderen ermitteln in der Berliner Straße. Finden Sie Ruth Köhler!«

Raschke macht sich unmittelbar nach der Dienstbesprechung auf den Weg in die Klempnerei. Alexander ist allein in der aufgeräumten Halle. Hier herrscht Ordnung, das sieht man sofort. In den Regalen an den Wänden stapeln sich Rohre, Flansche, Trapse, Nieten, Schrauben, Bleche, Winkel – das ganze Programm für »Gas, Wasser, Scheiße«, wie der Volksmund die Klempnerei nennt.

»Sie mal wieder«, sagt Alexander teilnahmslos. »Haben Sie nun endlich den Dieb gefasst, der mir die Kupferrohre geklaut hat?«

»Nein. Ich bin mehr privat hier. Es geht um eine Rechnung, die Frau Köhler meiner Mutter ausgestellt hat. Ihr ist da etwas unklar. Seien Sie unbesorgt, ich will

Sie damit nicht belästigen. Ich bespreche das mit Ihrer Bürokraft.«

»Wird nicht gehen«, reagiert Alexander unwirsch. »Die ist nicht da.«

»Wann ist sie denn im Büro? Dann komme ich noch mal wieder. Kein Problem.«

»Vormittags ist unser Büro nicht besetzt. Besprechen Sie die Rechnung mit meiner Frau. Die macht am Nachmittag Stallwache.«

»Und Frau Köhler? Ich denke, wenn sie die Rechnung geschrieben hat, wird sie sich auch damit auskennen.«

Alexander unterbricht ihn. »Frau Köhler arbeitet nur zu. Meine Frau führt die Bücher.«

»Ist Frau Köhler verreist? Hat sie Urlaub?« Raschke lässt nicht nach.

»Das ist doch wurscht, finden Sie nicht? Aber ich will Ihre auffällige Neugier befriedigen, damit Sie nicht zu falschen Schlüssen kommen. Bei der Kriminalpolizei, auch wenn sie privat unterwegs ist, muss man ja wie ein Schießhund aufpassen, nicht wahr.« Ein gequält anmutendes Gekicher entweicht Alexanders Mund. »Frau Köhler ist krankgeschrieben.«

»Was Ernstes?«

»Irgendwas am Magen oder so. Das wird schon wieder. Die ist zäh.«

Er wendet sich wieder seinen Rohren zu, für ihn ist das Gespräch mit dem unangenehmen Besucher abgeschlossen. »Kommen Sie nach 2 und besprechen die Sache mit meiner Frau. Ich muss jetzt noch etwas Geld verdienen, um die Steuern bezahlen zu können, mit denen auch die Polizei finanziert wird.«

Raschke deutet den Hinweis als Rauswurf und verabschiedet sich bis zum Nachmittag. Auf dem Hof trifft er die beiden Gesellen. Sie hocken in einer Ecke und rauchen.

»Ach, der Herr Kommissar«, ruft der eine. »Mal wieder auf Verbrecherjagd?«

Raschke nimmt den Ball gern auf. »Nee, in privater Mission. Ich wollte eine Rechnung mit Frau Köhler klären, aber die ist nicht da, wie ich vom Meister hörte.«

»Die ist krank.«

»Sagte er. Dauert es länger?«

»Ich schätze, nächste Woche ist sie wieder da und topfit.«

»Bist du ihr Arzt?«

»Das nicht. Aber sie nimmt ab und zu eine Auszeit.«

»Hat sie die Magengeschichte öfter?«

Der Geselle prustet los. »Magen? Wer sagt denn so was? Die sucht einen Mann.«

»Erzähl mal«, erwidert Raschke, der sehr wohl registriert, dass der zweite Geselle schweigend an der Zigarette zieht und sich nicht an ihrem Dialog beteiligt. Entweder interessiert es ihn nicht, oder er hält sich aus einem anderen Grund zurück, seinen Senf dazuzugeben.

»Die Bürofee ist doch nicht mehr taufrisch, für die wird es langsam eng.«

»Na komm, das muss du als Klempner doch wissen: Für jeden Topp findet sich auch ein Deckel.«

»Für diesen Topp aber verdammt schwer. Der Meister hat ihn auch uns schon angeboten und sogar noch einen Teil der Werkstatt draufgepackt.«

Raschke versteht nicht.

»Wenn einer von uns die Köhler heiratet, steigt er in die Firma mit ein, das heißt, er kriegt Geschäftsanteile übertragen, hat er letztens bei einer Betriebsfeier erklärt … Den Laden würde ich schon nehmen, aber die Köhler nicht mal geschenkt. Außerdem haben wir unsere Bräute, nicht?« Er stößt seinen Nebenmann an, der pflichtschuldig nickt.

»Läuft da was zwischen dem Meister und der Köhler?«, erkundigt sich Raschke direkt, »weil du sie nicht haben willst? Bist dir als Endverbraucher des Meisters wohl zu schade?«

Der Angesprochene legt den Kopf in den Nacken und bläst den Zigarettenrauch nachdenklich in die Luft.

»Damit hätte ich keine Probleme.«

»Läuft da was zwischen den beiden?«, wiederholt Raschke.

»Warum willst du das wissen? Interessierst du dich für sie? Willst du in die Werkstatt einsteigen? Verstehe, willst dich verbessern und weg von der Polizei.« Der Geselle feixt aufdringlich laut und vernehmlich.

Raschke macht eine unbestimmte Bewegung mit der rechten Hand und setzt ein diabolisches Grinsen auf. »Wer weiß.«

»Also das ist doch ein offenes Geheimnis, dass der Alte auch die Köhler stößt. Seine Frau hat irgendwas mit dem Unterleib, die kann oder darf nicht mehr. Darum duldet sie es, wenn Alexander fremdgeht. Wohl oder übel.« Der Geselle versucht sich als Psychologe. Er könne sich nicht vorstellen, dass der Frau Alexander das gefalle, doch sie habe sich offenkundig ihrem Schicksal ergeben und toleriere es, wenn die Haushälterin auch diesen Teil der ehelichen Pflichten übernähme.

»Hat er sie geschwängert?« Raschke fragt jetzt ganz direkt.

Das glaube er nicht, sagt der Geselle zögernd, wobei er Raschke nicht in die Augen, sondern an ihm vorbeischaut. Die Köhler wäre zwar in den letzten Wochen etwas aus dem Leim gegangen und hätte ein wenig blasser als sonst ausgeschaut, aber es wird wohl mit der Krankheit zusammengehangen haben, von der der Meister vor drei, vier Wochen sprach. Ruth müsse das Bett hüten, hatte er damals erklärt. Nun ja, ob krank oder auf Männersuche, sie sei jedenfalls nicht da. Doch er vermute, dass sie wie bei den früheren Ausfällen wieder genesen an ihren Arbeitsplatz zurückkehren würde.

Der Unterleutnant macht sich seinen Vers darauf und verlässt den Hof, wohl wissend, dass er am Nachmittag nicht mit der Frau Alexander die vermeintliche Rechnung an seine Mutter erörtern wird.

Die morgendliche Dienstbesprechung beim K-Leiter bestätigt alle Vermutungen. Die weitere Befragung in der Nachbarschaft bekräftigt die vorliegenden Aussagen, dass Frau Köhler bettlägerig sei. Frau Alexander selbst hat die Nachricht in der Straße verbreitet. Und man hatte sogar eine Person ausfindig gemacht, die die Kranke besuchen wollte, aber von Frau Alexander an der Tür abgewiesen worden sei. Frau Köhler schlafe gerade, hatte es geheißen.

»Also das wird mir jetzt langsam zu blöd«, sagt Wörner. »Wir schleichen wie die Katzen um den heißen Brei. Warum klingeln wir nicht bei den Alexanders und machen selbst einen Krankenbesuch? Dazu brauchen wir keinen Durchsuchungsbeschluss und das ganze Trallala. Da werden wir ja sehen, was los ist.«

Der Dienstapparat auf dem Schreibtisch läutet. Wörner nimmt ab und meldet sich.

»Ja, Dr. Schreiber … Selbstverständlich vertraulich … Natürlich, ich komme vorbei.« Er legt auf.

In die fragenden Gesichter der Kriminalisten sagt Wörner. »Der Hausbesuch wird zunächst verschoben. Das war der Chef der Privatklinik. Ich fahre schnell mal vorbei.«

Die Runde löst sich auf. »Halten Sie sich zur Verfügung. Sobald ich zurück bin, will ich Sie alle wieder hier sehen!«

Die Eile, mit der Wörner aufbricht, vermittelt den Eindruck einer sensationellen Wende. Aber in Wirklichkeit will Schreiber nur ins verlängerte Wochenende. Morgen ist Tag der Republik, der 7. Oktober ist arbeitsfrei. Und bevor sich der Klinikchef auf seine Datsche begibt, will er, so scheint es, sein Gewissen entlasten. »Herr Wörner, Sie hatten mich doch gebeten, Sie zu informieren, wenn mir etwas Auffälliges zu Ohren käme oder wenn mir etwas auffiele.«

Wörner nickt und greift nach der Zigarette.

»Vielleicht ist das so eine Merkwürdigkeit …«

Das Klacken des Feuerzeugs füllt die Pause.

»Gestern hat mich eine langjährige Privatpatientin aufgesucht. Ihr fehlte nichts. Sie bat mich jedoch um ein Medikament für ihre Angestellte, die unter einer starken Regelblutung litte.« Er habe daraufhin erklärt, dass sich die Frau bei ihm vorstellen solle. Er könne schließlich keine Ferndiagnose stellen. Das habe die Frau durchaus verstanden und zugesichert, dass sie mit ihr zu ihm käme, sobald die Blutung nachgelassen oder gar aufgehört habe.

»Und«, sagt Wörner, »haben Sie ihr etwas gegeben?«

Schreiber druckst. »Wissen Sie, es ist eine langjährige Patientin von mir …«

»Also ja.«

»Ja.«

»Den Namen.«

Dr. Schreiber zögert. »Ich weiß nicht …«

Wörner ist ungehalten. »Die Frau heißt Alexander. Sie müssen nur nicken oder den Kopf schütteln. Damit verstoßen Sie nicht gegen die ärztliche Schweigepflicht.«

Wörner hofft, dass er mit seiner Vermutung richtig liegt und mustert sein Gegenüber aufmerksam.

Endlich fällt dessen Kinn auf die Brust.

Treffer, jubiliert innerlich der Hauptmann. Er erhebt sich und wünscht dem Klinikchef ein paar angenehme und ruhige Tage. »Sie haben uns sehr geholfen, vielen Dank.«

Die Fortsetzung der Besprechung beim K-Leiter ist vergleichsweise kurz. Wörner hat bereits auf der Rückfahrt in in die Gobbinstraße die nächsten Schritte bei den Ermittlungen geplant. Er will jetzt nicht mehr lange fackeln und spult nun im Kreis der Kollegen das Programm ab.

»Erstens: Beantragung eines Durchsuchungsbefehls bei der Staatsanwaltschaft für die Wohnung der Familie Alexander in der Berliner Straße 3.

Zweitens: Zugriff am 8. Oktober, 10 Uhr. Daran nehmen teil …« Wörner schaut in die Runde, nennt Namen. »Die Durchsuchungsaktion leitet Hauptmann Krische. Ich werde nachher noch Dr. Bleyl anrufen und ihn bitten dabeizusein. Ich möchte, dass ein Facharzt beim ersten Zugriff vor Ort ist.

Drittens: Zuführung von Wilhelm Alexander. Unterleutnant Schneider, Sie fahren gegen 10 Uhr in die Werkstatt und laden ihn ein.«

»Gibt es einen Haftbefehl?«

»Nein, dafür gibt es keinen derzeit uns bekannten Grund. Er soll Sie aufs Amt begleiten. Wir haben Buntmetall sichergestellt – er soll prüfen, ob es sich dabei um Diebesgut aus seiner Werkstatt handelt. Wenn die Hausdurchsuchung das bestätigt, was wir alle vermuten, haben wir ihn zur Vernehmung da.«

Wörner schließt mit der üblichen militärischen Formel: »Ausführungen beendet. Ich wünsche euch einen schönen Feiertag.«

Das ist, je nach Betrachtung, das Schöne oder das Ärgerliche an der atheistischen DDR: Feiertage sind heilig. Egal, was geschieht, sie werden eingehalten. Der Volksmund nennt das: Privat geht vor Katastrophe. Und während auf Volksfesten und in Schrebergartensiedlungen, in Kneipen und auf Tanzböden die meisten Menschen sich vergnügen und dem Müßiggang hingeben, arbeiten nur jene, die unbedingt müssen: Werktätige im Schichtbetrieb, Stahlwerker und Krankenschwestern, Eisenbahner und Taxifahrer, das Personal in der Gastronomie und in den Redaktionen von Zeitungen, Rundfunk und Fernsehen. Selbst die Kriminalpolizei macht Pause. Das läuft nach dem Prinzip: Haben wir so lange gesucht, kommt es auf einen Tag nun auch nicht mehr an.

Auf kurzem Dienstweg hat Wörner noch den schriftlichen Durchsuchungsbefehl erwirkt, bevor die Staatsanwaltschaft sich ebenfalls der Festtagspause hingab. Der Chefarzt der Frauenklinik ragierte am Telefon ausnehmend freundlich, als Wörner sein Ansinnen vortrug. Dr. Johannes Bleyl hätte, wofür selbst Wörner Verständnis besaß, die Aufgabe an einen Subalternen delegieren können. Doch er sagte zu, 9.45 Uhr im VPKA zu erscheinen. Selbst bedeutende Leute sind auch nur Menschen und darum neugierig. Natürlich schmeichelte es nicht nur Bleyls Eitelkeit, zur Maßnahme hinzugezogen zu werden. Die Teilnahme befriedigte auch das legitime Bedürfnis, Informationen aus erster Hand zu gewinnen. Allein das hob einen aus der Masse der Zeitungsleser heraus. Diese wurden mit zugeteilten Häppchen informiert – während man das Privileg genoss, sich selbst zu informieren. Das war ein erheblicher Unterschied. Ach, lächelte Wörner still vor sich hin, als er den Hörer auflegte, am Ende sind wir Menschen doch alle gleich.

Am Morgen nach dem Feiertag zwängen sich kurz vor 10 Uhr vier Männer in den Wartburg. Auf dem Rücksitz nehmen der Kreisstaatsanwalt und Dr. Bleyl Platz, Hauptmann Krische setzt sich auf den Beifahrersitz, während Raschke den Dienstwagen steuern muss. Das steht dem Unterleutnant dienstgradmäßig zu.

»Dienstgradmäßig« ist eine der unzähligen typischen DDR-Wortneuschöpfung. Sie ist der Vorreiter für eine ganze Reihe von Substantiven, denen man die beiden Silben »mäßig« anhängt. Der Karikaturist drückte diese alberne Neigung mit einer Zeichnung in einer Satirezeitschrift aus, worüber die ganze Republik sich vor Heiterkeit krümmte. Das Blatt zeigt ein auf einem Berg stehendes Liebespaar, der Mann trägt Uniform und weist mit großer Geste ins idyllische Tal mit den gleichermaßen umwerfenden wie verständlichen Worten: »Heimatmäßig einwandfrei!«

Heimatmäßig gesehen ist die Lage am Morgen jenes 8. Oktober 1965 in Görlitz keineswegs einwandfrei. Durch die Stadt bewegen sich zwei besetzte Dienstfahrzeuge der Polizei in die Berliner Straße Nr. 3 und einer in die Klempnerwerkstatt Alexander. Wenn die Polizei in großer Besetzung an der Tür klingelt, ist das nie angenehm. Deshalb sieht man Uniformen meist lieber von hinten als von vorn.

Hauptmann Krische steigt aus und strafft sich, als er vor der Tür in der zweiten Etage steht und den Klingelknopf drückt. Niemand ist ihnen auf der Treppe begegnet. Neben ihm steht der Staatsanwalt. Er hält den Durchsuchungsbefehl in der Hand. Das Papier ist schreiend rot.

Unmittelbar nach dem Läuten sind in der Wohnung schlurfende Schritte zu vernehmen. Langsam öffnet sich die Tür. Durch den Spalt schaut vorsichtig ein Frauengesicht.

»Frau Alexander, Ilse Alexander?«, erkundigt sich Krische.

Das Gesicht nickt. »Ja. Sie wünschen?«

»Wir sind von der Polizei«, sagt Krische und weist auf die Männer im Treppenflur. »Wir müssen bei Ihnen eine Hausdurchsuchung vornehmen. Ein Durchsuchungsbeschluss der Staatsanwaltschaft liegt vor.«

Als hätte er auf dieses Stichwort gewartet, streckt der Staatsanwalt sein Papier vor. Dort steht etwas von Steuerhinterziehung, die das Finanzamt zur Anzeige gebracht hat. Es ist die übliche Begründung, wenn man freischaffenden und selbständigen Zeitgenossen an die Karre fahren will. Sie ist so schwer belegbar wie der Vorwurf der Arroganz, aber im Unterschied zu Letzterem justitiabel.

Frau Alexander verschlägt es sichtlich die Sprache, als sie auf das rote Papier des Staatsanwalts blickt. Sie fängt sich aber rasch. »Wieso … wie kommen Sie dazu? Wir haben immer unsere Steuern bezahlt.«

Krische nickt. Er will die Sache nicht eskalieren lassen. Gewiss, sagt er, man gehe der Sache nur nach. Wenn nichts sei, dann habe sich die Sache erledigt. »Wir schauen uns nur die Wohnung an und nehmen die relevanten Unterlagen mit. Lassen Sie uns bitte rein.«

Der Hauptmann ist ausnehmend höflich. Vielleicht ist es das Geschwader in seinem Nacken, dass ihn nicht ganz so nassforsch auftreten lässt wie üblich. Mag sein, dass es auch an der zierlichen Frau liegt, die ihn ängstlich und verstört mustert. »Können wir?«, sagt er und drückt die Tür auf, hinter der eine kleine Diele mit Flurgarderobe sichtbar wird. Sie ist nicht sonderlich erleuchtet.

Die Frau eilt voraus und öffnet eine Tür. »Bitte!«

Der Männerpulk drängt nach und füllt die Diele.

Krische blickt in das gediegen eingerichtete Wohnzimmer. Das Mobiliar stammt von weit aus der Vorkriegszeit, nichts aus der Möbelfabrik, solide Handwerksarbeit. Das sieht man sofort. Auf der Couch liegt, gänzlich deplaziert, zusammengelegtes Bettzeug, als habe dort jemand über Nacht geschlafen.

Frau Alexander geht zum Schrank mit Schnitzwerk und Glastüren und öffnet den linken Flügel. Dort stehen in mehreren Reihen übereinander die Aktenordner.

Sie sagt erneut: »Bitte. Bedienen Sie sich.«

Die Aufmerksamkeit, so scheint es, ist also fokussiert. Doch Krische findet die zweiflügelige Tür mit den Bleiglasfenstern viel interessanter. Ohne die Wohnungsinhaberin zu fragen, geht er auf diese Tür zu und öffnet sie. Eine Spur zu vorsichtig vielleicht, als fürchte er, das Glas im Rahmen könnte zerbrechen. Ihm schlägt eine Wolke entgegen. Es riecht wie im Krankenhaus.

Ein kurzer Blick genügt: Ein sogenanntes Herrenzimmer mit Ledersesseln, Klubtisch, Anrichte und – ein auffälliger Fremdkörper in Gestalt eines breiten Ehebettes.

Auf dem Kopfkissen liegt ein spitzes, weißes Frauengesicht. Die Haare liegen schweißnass und wirr am Schädel, der Blick ist starr an die Decke gerichtet. Die Frau fiebert erkennbar und nimmt kaum etwas wahr.

»Dr. Bleyl«, ruft Krische, doch das ist nicht nötig, denn der Arzt steht bereits hinter ihm.

»Schicken Sie Ihre Leute vor die Tür«, fordert der ihn auf.

Krische sagt nur »Raus!«. Die Flügeltür schließt sich.

Bleyl fühlt den Puls, legt die Hand auf die Stirn und lupft die Bettdecke. Reflexartig versucht die Fiebernde mit den Händen das zu verhindern, doch sie ist zu schwach, um es zu verhindern. Der Blick der beiden Männer fällt auf eine blutige Unterlage, das Nachthemd ist rot gefärbt. Krische schaut schamhaft zur Seite. Er ist kein Mediziner, aber erwachsen genug, um zu wissen, woher das dunkle Blut kommt.

»Rufen Sie einen Rettungswagen. Sofort!« Bleyl ist erregt. Nicht zum ersten Mal in seinem Gynäkologen-Leben hat er Frauen in diesem Zustand angetroffen. Illegale Abtreibung steht noch immer unter Strafe. Zu Recht. In den 20er Jahren hatte die erschreckende Feststellung des 45. Deutschen Ärztetages, dass »die Zahl der jährlichen Abtreibungen in Deutschland auf 500.000 bis 800.000 geschätzt wird, darunter etwa 10.000 Todesfälle«, den Dichter Friedrich Wolf veranlasst, das Stück »Cyankali« zu schreiben. Erstmals war damit der Paragraph 218 des Strafgesetzbuches, der den Abbruch einer Schwangerschaft unter Strafe stellte, als gesellschaftliches Problem benannt worden.

Das dramatische Schauspiel enthielt alle Aspekte des heuchlerischen Umgangs mit diesem Thema und offenbarte die doppelbödige Moral der bürgerlichen Gesellschaft. Da gibt es den Arzt, der einer gutbetuchten, zahlenden Frau eine medizinische Begründung für einen vermeintlich notwendigen Abbruch ausstellt und der nichtzahlenden Schwangeren wegen ihres Ansinnens mit der Justiz droht. Es finden sich Geschäftemacher, die aus der Not werdender Mütter Vorteil für sich zu schlagen hoffen, eine »Engelmacherin«, die nach der gescheiterten Selbstabtreibung der jungen Frau die Tür weist, und schließlich die Mutter, die aus Liebe zu ihrem Kind der Tochter bei der Abtreibung helfen will. Sie nimmt jenes Zyankali, das die Schwangere von der sogenannten Lohnabtreiberin erhalten hatte, vertut sich aber bei der Dosierung. Der Abort geling, doch die junge Frau ist tödlich vergiftet. Am Ende des Stückes werden die Mutter und der Vater des abgetriebenen Kindes nach einem rücksichtslosen Verhör durch den ermittelnden Kommissar abgeführt, während die sterbende Frau allein in ihrem Zimmer zurückbleibt …

Bleyl kennt das Problem zur Genüge. Die DDR hatte in ihrem ersten Jahr bereits das »Gesetz über den Mutter- und Kinderschutz und die Rechte der Frau« eingeführt, in welchem fortschrittliche Traditionen der Arbeiterbewegung aufgegriffen und solche wie von Wolf dramatisierte Schicksale bedacht wurden. (Erst 1972 wird man die sogenannte Fristenlösung einführen, die es jeder Schwangeren ermöglicht, frei und selbstbestimmt in den ersten drei Monaten zu entscheiden, ob sie das Kind haben möchte oder nicht. Nach einer Übergangsfrist auf dem Territorium der einstigen DDR wird 1995 ein neues Bundesgesetz erlassen, mit dem man, wenngleich ein wenig modifiziert, zu den früheren unsäglichen Lösungen zurückkehrt.)

Dr. Bleyl weiß: Auch wenn in der DDR der Paragraph 218 nicht mehr gilt, die gesellschaftlichen Bedingungen grundsätzlich andere sind, gibt es noch immer Frauen hierzulande, die illegal abtreiben. Rational ist das nicht zu erklären. Keine Mutter wird mit ihrem Problem allein gelassen, ein Kind bedeutet keinen sozialen Abstieg oder gar den Ruin. Niemand ist gezwungen, sich strafbar zu machen. Gleichwohl geschieht es. Bleyl erinnerte sich der Instruktion des Gesundheitsministers, die er erst vor wenigen Monaten bekommen hatte, welche den ärztlichen Spielraum erweiterten. Die Instruktion war noch nicht veröffentlicht worden, um – wie ZK-Sekretär Honecker per Brief die 1. Sekretäre von SED-Bezirks- und Kreisleitungen am 26. März 1965 informierte – nicht »irrige Auffassungen« in der Bevölkerung entstehen zu lassen, dass die verfügte »erweiterte Möglichkeit zur künstlichen Schwangerschaftsunterbrechung [...] eine generelle Freigabe der Schwangerschaftsunterbrechung« bedeute. Die Schwangerschaftsverhütung war erst im Kommen. »Die Pille«, in der DDR unter der Bezeichnung Ovosiston eingeführt und auch von Bleyl seit kurzem verschrieben, erhielten derzeit gerade mal rund 25.000 Frauen.

Das jedoch ist momentan alles Theorie. Der Chefarzt der Frauenklinik hat einen konkreten Fall, der heißt Ruth Köhler. Und an der wurde herumgepfuscht. Von wem auch immer. Nachdem er eine Kanüle und die Infusion gelegt hat, öffnet er kurz die Flügeltür und winkt dem Staatsanwalt. »Kommen Sie!«

Und an Frau Alexander gewandt, fordert er diese auf, ihm eine Schüssel mit Wasser und ein Handtuch zu bringen.

Nachdem sie aus der Küche das Gewünschte geholt hat, lässt sie sich wieder in den Sessel nieder. Krische, der sie die wenigen Meter begleitet hatte, als fürchtete er, sie könnte unbeobachtet entweichen – was angesichts des aufgebotenen Personals schlechterdings möglich ist –, zückt augenblicklich Stift und Notizblock, als die Frau wieder sitzt.

»Wer ist diese Frau da in diesem Bett?«

»Ruth Köhler.«

»Und in welchem Verhältnis stehen Sie zu ihr?«

Krische trifft ein Blick, in welchem sich Erstaunen und Trotz paaren. Offenkundig hat sich Ilse Alexander gefangen. »Was hat das mit den Akten zu tun, die Sie beschlagnahmen wollen?«

Mit solchem Widerstand hat der Hauptmann nicht gerechnet. Er räuspert sich. » Na hören Sie mal ... Wir finden hier eine schwerkranke Frau, die dringend ins Krankenhaus muss.«

»Sind Sie Arzt?«

»Nein, aber der ist nebenan.«

»Ach, seit wann bringt die Polizei einen Mediziner mit, wenn sie einer Anzeige des Finanzamtes nachgeht?«

Das wird nun Krische langsam zu bunt. »Lassen wir mal die Akten beiseite. Ich wiederhole meine Frage: In welchem Verhältnis stehen Sie zu der Kranken?«

»Es ist unsere Haushälterin, die bei uns zur Untermiete wohnt. Genügt das?«

»Warum haben Sie nicht den Arzt gerufen?«

»Frau Köhler hat nicht zum ersten Mal starke Regelblutungen. Sie hat es bislang immer überstanden«, sagt Ilse Alexander kalt. Sie hat sich inzwischen völlig im Griff.

Krische erhebt sich und öffnet die Tür. Bleyl und der Staatsanwalt wenden nur kurz den Kopf, als er eintritt.

»Ich habe ihr eine Spritze gegeben und die Infusion läuft. Sie können ihr einige Fragen stellen, bis der Rettungswagen kommt.« Die Aufforderung geht sowohl an den Staatsanwalt wie an den Kriminalisten.

Krische nickt.

»Sie hat außerordentliches Glück gehabt, dass wir kamen«, sagt Bleyl. »Ich will meine damit: Es war gut, dass Sie mich informiert und gleich mitgenommen haben. Viel Zeit hatte sie nicht mehr.« Er wirft einen Blick auf die Fiebernde. »Es ging um Tage, wenn nicht gar um Stunden.«

Der Staatsanwalt erklärt, sie müsse nur kurz auf seine Fragen antworten. Ob sie sich dazu in der Lage sähe?

Die Reaktion ist ein kurzes Nicken. Ein Wimpernschlag lang. Alle Kraft und Energie sind aus ihr gewichen. Eigentlich ist es unmenschlich, was sie mit der Frau machen, denkt Krische. Vor einer Stunde noch war er randvoll mit Wut und Zorn wie seine Kollegen. Keine

Gnade für Kindermörder. Doch im Angesicht der vermutlichen Mutter und deren Leid verschiebt sich der Unmut. Es liegt nicht nur daran, dass der ungerichtete Hass nunmehr auf eine konkrete Person trifft. Jeder Mörder ist am Ende auch nur eine Kreatur, ein Mensch, der nicht durch und durch schlecht ist, wird ihm bewusst, als er auf die nahezu halbtote Frau starrt.

»Haben Sie entbunden?«

Nach einem merklichen Zögern bewegt sich der Kopf.

»Hat das Kind gelebt?«

»Nein.« Die Anwort kommt rasch. »Es war tot.«

Bleyl schreitet ein. »Ich denke, wir sollten das vorerst lassen. Sie sehen doch, was los ist.«

Krische erkundigt sich, ob die Patientin überhaupt transportfähig sei. Schließlich stünde die Frage durchaus im Raum, sie ins nächstgelegene Haftkrankenhaus zu überführen – und das befände sich nunmal in Leipzig.

»Sind Sie verrückt?« Der Chefarzt der Frauenklinik gibt sich nicht nur wütend. Er ist es auch. »Wollen Sie sie umbringen? Einen solchen Transport übersteht sie nicht. Die Frau kommt zu mir in die Klinik.«

»Dann stellen wir einen Polizisten vors Krankenzimmer.«

»Auf keinen Fall. Wir sind ein Krankenhaus, kein Knast.«

»Entschuldigen Sie, Herr Doktor: Garantieren Sie mir, dass die Frau nicht stiften geht?« Krische senkt seine Stimme. »Der Haftbefehl ist bereits ausgefertigt. Sie wird dringend der Tat verdächtigt, Sie wissen schon.«

»Wo will sie denn hin? Nach Polen durch die Neiße? In die Tschechoslowakei über die Grüne Grenze? Und was macht sie dann dort? Naja, und in Berlin steht seit vier Jahren eine Mauer … Also, viel Freilauf ist da nicht.« Er grinst Krische an. Der versteht ihn, natürlich. Doch er will sich nicht den Vorwurf machen lassen, nachlässig gehandelt zu haben. Er darf den Vogel nicht flattern lassen.

Es klingelt an der Tür, Ilse Alexander erhebt sich und geht in die Diele. Krische folgt ihr. Es sind die Rettungssanitäter, junge, aufgeweckte Leute.

»Na, wo steht das Klavier?«, erkundigt sich der erste aufgeräumt.

»Jungs, ihr seid eine Spur zu kiebig«, ruft Krische aus der Tiefe der Diele. »Haben sie euch so etwas auf der Schule beigebracht?«

Der Bursche verstummt. Der zweite Mann an der Trage setzt jedoch noch einen drauf, er lässt sich den Mund nicht verbieten. »Reicht ja wohl, wenn die Leute stumm sind, die wir raustragen. Da müssen wir nicht auch noch auf leichenbitter machen.«

Krische kapituliert. »Hier lang«, sagt er und geht voraus. Die beiden folgen ihm. Im Herrenzimmer übernimmt Dr. Bleyl das Kommando. Mit vereinten Kräften wird die Frau auf die Trage gehoben. Sie merkt von allem nichts, die Medikamente wirken, die sie bekommen hat. Vorsichtig bugsieren die Sanitäter die Trage durch die Wohnung. Krische bestimmt einen der Polizisten, der mit dem Krankenwagen in die Klinik fahren soll. Ihn interessiert die Intervention von Dr. Bleyl wenig. Er wird dafür sorgen, dass die potenzielle Kindsmörderin ihnen nicht mehr abhanden kommen wird.

Knurrig nimmt Bleyl Krisches Anweisung zur Kenntnis und folgt der Trage auf die Straße. Der Staatsanwalt trampelt hinterher. Für ihn hat sich die Sache erledigt. Die Männer von der K wissen allein, was zu tun ist. Der Durchsuchungsbeschluss liegt vor.

Unterdessen setzen die Männer in der Wohnung die Inspektion fort. Während Krische in den Wäscheschränken gezielt nach Babysachen sucht, greifen sich die anderen die Aktenordner und tragen sie stapelweise nach unten ins Auto.

Krische findet in den Schränken weder Windeln, Strampler noch andere Dinge, die darauf hindeuten, dass ein Kind erwartet wurde. Nichts, aber auch gar nichts. Kein Strampler, kein Lätzchen, kein Schnuller. Alle Räume und Schränke, Kommoden und Anrichten nimmt er unter die Lupe.

»Und Sie wollen nichts davon bemerkt haben, dass Ihre Haushälterin und Untermieterin schwanger war«, sagt Krische ungläubig über die Schulter in Richtung Ilse Alexander. Die sitzt zusammengesunken im Sessel und beobachtet nahezu teilnahmslos, wie die Eindrinlinge ihre Einrichtung durchstöbern.

»Nein, sie war nicht schwanger«, wiederholt sie ein ums andere Mal. »Ruth hatte es an der Leber.«

»Ich würde lachen, wenn es nicht so traurig wär«, höhnte der Hauptmann aus dem Schlafzimmer.

»Doch, es war die Leber. Haben Sie vielleicht irgendwelche Babysachen gefunden?«, erkundigt sie sich.

»Na eben nicht.«

»Sehen Sie. Das beweist doch, dass Sie einer fixen Idee nachjagen. Sie war an der Leber krank.«

»Und wie erklären Sie sich, dass Ruth Köhler – pardon – wie eine abgestochene Sau geblutet hat.«

Ph, macht Ilse Alexander und hebt die Schulter, die junge Frau habe nun mal Probleme, wenn sie ihre hohe Zeit hätte. Das wäre nicht zum ersten Male so. Bei der einen wäre es so, und bei der anderen eben so. Er als Mann habe ja keine Ahnung von Frauengeschichten.

Mag sein, ruft Krische durch die Tür. Er sei ja auch Kriminalist und kein Frauenarzt. Aber er sei verheiratet, und das schon seit einigen Jahren. Zwangsläufig sei er bei diesem Thema als keineswegs so unwissend wie unterstellt.

Er hebt die Stapel von Bettwäsche an, die säuberlich in den Fächern gestapelt ist. »Sagen Sie mal, Frau Alexander, hatte ihr Mann etwas mit ihrer Haushälterin? Ich meine, wenn man so Tür an Tür …«

»Muss ich darauf antworten? Ist das ein Verhör?«

»Nein.«

»Was *nein*?«

»Es ist weder ein Verhör noch müssen Sie mir auf meine Fragen antworten. Erst wenn wir zum VPKA fahren, sie mir oder einem Vernehmer gegenüber sitzen und alles protokolliert wird, was Sie sagen, ist es eine Vernehmung. Verhör gibt es nicht mehr. Ich meine das Wort. Das Wort ›Verhör‹ haben wir abgeschafft. Sie werden vernommen.« Krische schließt vernehmlich den Wäscheschrank. Dann kehrt er ins Wohnzimmer zurück. »Aber ich führe jetzt auch keine Vernehmung, sondern eine informatorische Befragung.«

Ilse Alexander winkt ab. »Quark.«

»Wie meinen?«

»Wie Sie das in Ihrem Polizistendeutsch nennen, interessiert mich nicht. Ich sehe nur, dass Sie und ihre Leute hier mit einem roten Schein eingedrungen sind, um ihre Nasen in alle Kammern und Schränke zu stecken. Ich habe Sie nicht eingeladen oder hereingebeten, sie sind einfach gekommen. Ich fühle mich von dieser Übermacht bedrängt. Zumal für mich nicht ersichtlich ist, was Sie wirklich wollen. «

Krische spürt langsam die Galle aufsteigen. »Sie haben offenkundig noch nicht den Ernst der Lage erkannt. Erstens ermitteln wir aufgrund einer Anzeige wegen Steuerhinterziehung gegen Sie. Dann, zweitens, finden wir in Ihrer Wohnung zufällig eine Halbtote …«

»Nun machen Sie aber mal einen Punkt. Ruth Köhler ist ein wenig angeschlagen, ja, aber keineswegs halbtot.«

Krische überhört die Intervention. »Da kommt unterlassene Hilfeleistung hinzu. Wenn das mal reicht.«

»Das ist doch alles Blödsinn. Vonwegen ›unterlassene Hilfeleistung‹! Ich habe mich doch rund um die Uhr um Ruth gekümmert. Bis auf die paar Tage, bei denen ich bei meiner Tante war.«

Krische merkt auf. »Sie waren verreist? Wann?«

»Anfang September, etwa eine Woche. Mein Mann hatte mich gebeten, mal nach unserer alten Tante in Thüringen zu schauen. Die geht auf die 80 und kann sich kaum selbst versorgen. Wir werden sie wohl ins Heim geben müssen. Willi will sie nicht hier haben. Ist zu eng.«

»Und als Sie zurückkamen, hat Ihre Haushälterin, na, sagen wir: gekränkelt.«

»Ja, ich glaube, da fing es an.«

Krische beginnt langsam an sich zu zweifeln. Ist die so abgebrüht und spielt die Unbedarfte – oder ist sie wirklich so bescheuert? Das kann er sich nicht vorstellen. Möglicherweise hält sie ihn für beschränkt, dass sie meint, ihn auf diese Weise hinters Licht führen zu können. Wie man es auch nimmt: Das wird eine harte Nuss, die die K zu knacken hat.

»Wissen Sie was: Sie begleiten mich aufs Amt. Dort nehmen wir erst einmal alles zu Protokoll.« Er nickt ihr aufmunternd zu.

»Genosse Krische, können Sie bitte mal kommen.«

Der Ruf aus der Küche treibt den Hauptmann aus dem Sessel. »Sie warten hier«, sagt er zur Wohnungsbesitzerin. Die lässt vernehmlich Luft durch gekräuselte Lippen entweichen, als habe jemand mit einem Messer in einen Fahrradreifen gestochen. Sie kann den leicht bourgoisen Anflug kaum unterdrücken. Das proletenhafte Herumgetrampel in ihren heiligen vier Wänden ist ihr einfach zuwider.

Einer der Kriminalisten steht am Fenster und blickt auf den Hof. Unten ist ein Anbau zu erkennen, wie sie überall auf den Innenhöfen in Görlitz zu finden sind.

»Na, was gibt's«, erkundigt sich Krische neugierig. »Haben Sie was gefunden, Genosse?«

»Ich nicht, aber die Genossen dort unten vielleicht.«

»Gehört Ihnen der Schuppen auf dem Hof?« ruft Wörner ins Wohnzimmer. Von dort kommt ein kurzes Ja.

Krische eilt die Stufen hinunter.

Der Strahl mehrerer Stabtaschenlampen erhellt nur spärlich den Raum. Obgleich in der einen Ecke auf einem Lattenrost ein beachtlicher Kartoffelberg lagert und daneben Kohlrüben und Möhren, riecht es keineswegs muffig. Das kommt vermutlich von dem Luftzug, der durch die Gazefenster weht.

»Gibt es hier kein Licht?«

»Nein, ich habe weder einen Schalter noch eine Lampe gefunden«, sagt einer der Polizisten und leuchtet wie zum Beweis den Türrahmen ab.

»Halten Sie mal die Lampe dahin.«

Der Strahl fällt auf Regale mit Eingewecktem, auf Bündel von Zeitungen, gefüllte Kohleeimer und unterschiedlich große Steingutgefäße. Krische hebt den Deckel der ersten, sich nach oben verjüngenden Kruke an. Dieser stand in einem Wasserrand, wodurch der Inhalt luftdicht abgeschlossen ist.

Berliner Straße 3, Hinterhof mit Vorratsschuppen, Zustand in den 90er Jahren, inzwischen abgerissen

»Dachte ich mir«, sagt Krische und holt eine eingelegte Gurke aus dem meterhohen Gefäß. Als er hinbeißt, knackt es vernehmlich und Wasser spritzt nach allen Seiten. Seine Kiefer mahlen. »Schmeckt sehr gut. Wollen Sie auch eine?«

»Genosse Hauptmann ...«

Der tadelnde Unterton ist nicht zu überhören.

Krische verschließt die Kruke mit dem Deckel und schüttelt, merklich verärgert über die Bemerkung des Subalternen, seinen Kopf. »Ja, schon gut. War ja kein Beweisgut, das ich vernichtet habe.«

Er tastet sich an der Batterie der Kruken und Tonfässer entlang. Die meisten sind gefüllt. Im hinteren Teil der Kammer stehen die leeren. Er leuchtet in jede hinein. In einer liegt auf dem Grund rotes Tuch. Er greift hinein, spürt den glatten Stoff und richtet sich wieder auf. Die Bandscheiben knacken. Scheiße, denkt er, ich werde alt. Vielleicht sollte er neben dem Dienstsport doch was tun. Allerdings müsste er sich dazu schon ganz schön zwingen. Auch wenn die Parole heißt: Jeder Mann an jedem Ort, zweimal in der Woche Sport, hält er es in dieser Hinsicht weniger mit Ulbricht als mit Churchill: No sports. Der Alte war 90, als er zu Beginn des Jahres von dieser Erde ging. Obgleich er doch soff und dicke Zigarren rauchte.

»Nichts«, sagte er und klatscht in die Hände, als müsse er den Staub aus den Poren schütteln. »Nur ein Inlett, Putzlappen eben.« Für ihn ist die Sache hier erledigt, er trampelt wieder hinauf. »Machen Sie weiter. Stellen Sie die Wohnung auf den Kopf.«

»Wonach sollen wir eigentlich suchen? Die Akten sind schon unten im Auto. Mehr Papier gibt es nicht.«

»Ja, klar«, reagiert Krische gedankenversunken. Wonach sollen sie auch suchen? Ruth Köhler ist gefunden, damit hat sich eigentlich ihre Mission hier erledigt. Die Akten waren doch nur die Legende. »Suchen Sie nach

Babysachen«, hört er sich sagen. »Irgendwelche Dinge, die die Vermutung nahelegen, dass sich eine werdende Mutter auf ihre Niederkunft vorbereitete. Die zentrale Frage, die auch das Gericht stellen wird, lautet doch: Wenn Ruth Köhler ihr Kind getötet hat, wovon wir alle ausgehen, geschah dies mit Vorsatz, oder war es ein Unfall? Babysachen würden für die zweite Variante sprechen. Sie verstehen?«

Krische kehrt ins Wohnzimmer zurück. »So, Frau Alexander, dann wollen wir mal. Nehmen Sie Ihren Mantel.«

»Muss ich auch meine Zahnbürste mitnehmen?«

Der Hauptmann verzieht das Gesicht. »Das müssen Sie wissen. Wenn Sie nichts zu verbergen haben und bei der Vernehmung alles sagen, was Sie wissen, ist für Sie die Sache nach zwei, drei Stunden erledigt. Immer vorausgesetzt, dass Ihr Gewissen so rein ist wie unsere Neiße.«

»Reiner. Mein Gewissen ist reiner.«

»Wenn Sie meinen.«

Krische hilft der zierlichen Person in den Übergangsmantel. Er spürt den guten Stoff. Der ist nicht von hier. Woher diese Leute immer die besseren Klamotten bekommen, ist ihm ein Rätsel. Mein Gott, wie viele Jahre nach dem Kriege haben sie noch umgeschneiderte und umgefärbte Uniformteile getragen. Seine Frau trug bei der Hochzeit ein Kleid aus Fallschirmseide, die auf dem Schwarzmarkt ein Vermögen gekostet hatte. Erst langsam kam die Textilindustrie in Gang, und dann ging der größte Teil der Produktion als Reparationsleistung in die Sowjetunion. Das ist zwar nun Geschichte, aber das Weltniveau, das zu erreichen man überall angetreten ist – zumindest künden davon die großen Losungen an den Fabrikwänden –, befindet sich noch in sehr, sehr weiter Ferne.

Auf der anderen Seite ist er zu stolz, um mit seiner Frage, woher sie den schicken Mantel habe, das Gefühl von tiefer Befriedigung bei deren Trägerin auszulösen.

Genugtuung nämlich darüber, wenigstens Neid bei anderen ausgelöst zu haben. Wobei: Krische neidet ihr das gute Stück überhaupt nicht, auch wenn er findet, dass es seiner Frau viel besser stünde. So beißt er sich denn auf die Zunge, öffnet ihr höflich die Tür und will sie vorlassen, als Ilse Alexander im Schritt verharrt.

»Wie machen wir das mit dem Abschließen? So wie ich das sehe, werden Ihre Männer zwar noch eine Weile hier schnüffeln, aber irgendwann werden auch sie gehen. Und ich werde dann wohl noch nicht zurück sein. Oder?«

»Das lösen wir ganz unkompliziert. Sie übergeben uns die Schlüssel, und die Genossen bringen sie mit ins Volkspolizeikreisamt. Dort händigen wir sie Ihnen aus.« Oder auch nicht, setzt Krische in Gedanken den Satz fort. Denn wenn sie nicht so unschuldig ist, wie sie tut, werden wir sie wohl gleich dabehalten. Da werden wir dann vorerst die Wohnung versiegeln.

Nach kurzer Fahrt nehmen beide in Krisches Dienstzimmer Platz. Der spannt Papier mit zwei Durchschlägen in die Schreibmaschine und beginnt sein Programm abzuarbeiten: Name, Vorname, Geburtsdatum, Geburtsort, Beruf …

Unterdessen dauert die Vernehmung von Wilhelm Alexander noch an. Wörner bearbeitet ihn bereits geraume Zeit, als nunmehr auch dessen Frau »zwecks Klärung eines Sachverhalts« einvernommen wird, wie es im Polizeideutsch heißt.

Zunächst hatte man Alexander im Besucherzimmer des VPKA, dann im Revier warten lassen. Schließlich holte ihn Wörner in sein Dienstzimmer, ließ Kaffee und belegte Brötchen kommen. Alexander gab sich verärgert, nannte es Unverschämtheit, ihn derart lange herumsitzen zu lassen. Schließlich sei es seine Arbeitszeit, die verlorengehe. Dafür würde keiner zahlen. Und die Arbeit, die liegen bleibe: Wer würde ihm diese abnehmen, he?

Hauptmann Wörner hatte die Vorhaltungen wie gewohnt abtropfen lassen. Er machte ein betrübtes Gesicht und zeigte Verständnis. Er wisse auch nicht, wie das geschehen konnte, er sei jedenfalls erst jetzt darüber informiert worden.

Die Aussage traf insofern zu, als Wörner erst jetzt benachrichtigt worden war, dass – wie erwartet – Ruth Köhler gefunden worden sei, noch dazu in einem lebensbedrohlichen Zustand. Mit diesem Wissen ging er in die Vernehmung. Er besaß nunmehr jenen Informationsvorsprung, den man als Vernehmer brauchte. Nicht er musste dem Täter hinterher laufen, sondern der ihm. Es war wie der berühmte Wettlauf von Hase und Igel. Er war der Igel, doch der Hase lief in der Überzeugung, er sei schneller und werde gewinnen.

Wörner lässt Alexander in diesem Glauben.

Er beginnt ganz harmlos. Ohne Protokoll. Der Hauptmann fragt nach der Werkstatt, der Auftragslage und den Geschäften. Das Gespräch kreist ums Handwerk, um Gott und die Welt, ohne das Alexander irgendwann die Frage stellt: Sagen Sie mal, was soll ich eigentlich hier? Wörner ist ein guter Psychologe. Er hofiert seinen Gegenüber, ohne dabei devot oder gar servil zu wirken. Er schmeichelt geschickt Alexanders Eitelkeit und erarbeitet sich dabei ein Psychogramm des Mannes. Ein selbstherrlicher, selbstgerechter Patriarch, denkt Wörner, der aus seinem wirtschaftlichen Können und dem damit verbundenen Erfolg das Recht ableitet, überall das Sagen zu haben. So, wie er es will, hat es zu geschehen. Ein Machtmensch, ein Egozentriker. Nicht sonderlich intelligent, aber sich seiner Wirkung auf andere durchaus bewusst. Er weiß auch, und darauf verweist er mit sichtlichem Stolz, dass die meisten Frauen ihn *als Kerl* bewundern.

»Nana«, sagt Wörner, der zwar einige Jahre älter als Alexander ist, doch er erinnert sich gut, wozu er damals noch fähig war und wozu nicht. »Bleiben Sie auf dem

Teppich, Herr Alexander, der Saft der Jugend fließt nicht mehr in unseren Adern.«

Der Klempnermeister wirft einen abschätzigen Blick über den Schreibtisch. »Ich kann sie alle haben. Alle.«

»*Haben* vielleicht. Aber das war's dann schon. Irgendwann verdorrt auch die letzte Palme.«

Alexander grient. »Meine nicht.«

»Schön für Sie«, sagt Wörner. »Erzählen Sie mir mal etwas über Ruth Köhler.« Er mustert das Gesicht seines Gegenübers. Ein kalter Hund, denkt er, da zuckt keine Wimper.

»Ach, die Ruth«, sagt Alexander. »Ein ordentliches Mädel, fleißig und still. Wir haben sie damals aufgenommen, nach dem Krieg. Sie stand allein da. Bruder gefallen, Vater verschollen, Mutter an Diphterie verstorben. Ein armes Hascherl. Meine Frau meinte, wir sollten sie an Kindes Statt annehmen, da sie selber keine kriegen würde.«

»Sie haben sie adoptiert?«

»Nein, aber wie unsere Tochter betrachtet. Naja, fast wie eine Tochter«, relativiert Alexander die Aussage. »Ich habe dafür gesorgt, dass sie eine Ausbildung bekommt, und sie dann in den Betrieb genommen. Gut, die Hellste ist sie nicht, sie greift meiner Frau bei der Buchhaltung allenfalls unter die Arme.«

»Die Schönste ist sie auch nicht«, wirft Wörner ein.

»Was heißt ›schön‹? Schönheit liegt doch immer im Auge des Betrachters. Und zur Not säuft man sich die Alte schön.« Er lässt ein gekünsteltes Lachen vernehmen. Wörner bleibt ernst.

»Haben Sie sich Ruth ›schön gesoffen‹?«

»Wie meinen?«

»So wie ich es gesagt habe: Haben Sie sich Ruth schön gesoffen? Manchmal oder regelmäßig?« Wörner schaut ihm ungerührt in die Augen. Alexander weicht dem Blick aus.

»Das habe ich doch nicht nötig. Ich kann doch jede haben, die ich will.«

»Ach, wollten Sie auch *jede*? Was sagt denn Ihre Frau dazu?«

Alexander braust auf. »Lassen Sie Ilse da raus.«

»Woraus?«

Schweigen.

Wörner setzt nach einer unendlich lang wirkenden Pause noch mal an. »Hatten Sie was mit Ruth? Sie ist seit langem volljährig und mit Ihnen nicht verwandt. Ich sehe darin kein Problem. Vielleicht hätte ich eins, wenn ich Ihre Frau wäre.«

Alexander kaut auf seiner Unterlippe. »Ilse hatte doch diese hässliche Unterleibsgeschichte. Seit der Operation ging da nichts mehr. Sie verstehn?«

»Nur Bahnhof.«

»Sie war ausgetrocknet wie ein Salzsee in der Sahara und auch so tot. Das wusste sie. Wie sie eben auch weiß, dass Männer wie ich Bedürfnisse haben. In normalen Ländern geht man in einen Puff. Hier aber wurde ja die Prostitution abgeschafft.«

»Sollten wir sie Ihretwegen wieder einführen?«

»Quatsch. Ich bekam immer etwas vor die Flinte, wenn ich abdrücken musste.«

»Haben Sie auch bei Ruth ›abgedrückt‹?«

»Hin und wieder, ja.«

»Hat das Ihre Frau gemerkt?«

»Weiber haben dafür scheinbar einen siebten Sinn. Ich weiß auch nicht, wie die so was merken. Am Geruch vielleicht? Keine Ahnung. Jedenfalls hat sie es mitgekriegt.«

»Hat sie Zirkus gemacht?«

Alexander lacht auf. »Die doch nicht.«

»War sie Ihnen untertan.«

»Verstehe ich nicht?«

»Ich meine: Hat sie Ihnen das nachgesehen? Hat sie Ihnen verziehen, um Sie nicht zu verlieren.«

Wilhelm Alexander, der Klempner, nickt nach einem längeren Zögern. »Kann man so sagen. Sie hat's akzeptiert, weil ich dadurch bei ihr blieb. In ihrem Alter kriegt sie doch keinen Mann mehr. Das weiß sie.«

»Eben haben Sie noch erklärt, dass Ruth nicht unbedingt eine Schönheit war, in die man sich verknallte und für die man Frau und Wohnung verlässt. Wieso fürchtete dann Ihre Frau, dass Sie sie verlassen könnten?«

»Ach, das ist mir alles zu kompliziert.« Alexander wühlt sich mit seinen großen Händen in den Haaren. »Ilse hat das natürlich gestört, wenn ich fortgesetzt andere Frauen ficke. Wer teilt schon gern den Mann mit anderen?«

Wenn der Mann ein Arsch ist, denkt Wörner, rasend gern. Er greift Alexander verbal unter die Arme. »Wenn ich es richtig sehe, hat ihre Frau keineswegs klaglos hingenommen, dass sie fremdgingen, aber ein gewisses Verständnis dafür entwickelt, dass Sie sich jene Befriedigung bei anderen Frauen holten, die sie Ihnen nicht mehr verschaffen konnte.«

»Das haben Sie schön gesagt. Ja, genau so ist es.«

»Und Ruth, die gleichsam zur Familie gehörte, schien ihr die beste Lösung. Es geschah ja in der eigenen Wohnung, quasi unter Aufsicht. Das war da fast kein Fremdgehen mehr. Sie waren unter sich. In Familie sozusagen.«

Alexander nickt wieder.

»Aber Sie finden doch Ruth Köhler nicht unbedingt attraktiv, besonders reizvoll oder aufregend.«

»Loch ist Loch.«

»Herr Alexander«, Wörner verzieht leicht angewidert das Gesicht.

»Ich bitte Sie: Was ist eine Frau? Letztlich ein Klumpen Fleisch mit einer Öffnung, die einem Manne Erleichterung verschafft. Da ist es wurscht, ob die Zähne schief stehen oder die Titten hängen. Was juckt es, ob sie aus dem Mund riecht oder strunzdoof ist? Und jede ist obendrein dankbar, wenn man's ihr besorgt. Die sind doch alle wie rollige Katzen. Haben Sie schon mal eine Katze gesehen, wenn sie ihr Hinterteil reckt und sich an allem reibt, weil sie besprungen werden will? Jede Bewegung ist die Einladung an alle umherstreunenden Kater: Komm fick mich, ich bin heiß.«

Wörner muss sich zusammenreißen, um nicht auszurasten. Was hat dieser Mann für ein Frauenbild? Das ist doch primitivstes Mittelalter. Die Frau ist demzufolge einzig zur Befriedigung männlicher Bedürfnisse auf der Welt.

»Na schön, wenn Sie das so sehen«, sagt Wörner mit unterdrückter Aversion. »Aber das ›Bespringen‹ ist ja nie Selbstzweck. Es geht dabei ja auch immer um Fortpflanzung.«

Die Reaktion ist eher einsilbig.

Wörner steuert zielgerichtet auf eine Frage zu. Er will Alexander locken. Er weiß, dass der in seiner selbstgefälligen Einfalt sich letztlich selbst verraten wird. Da muss er nicht drohen oder andere erpresserische Behauptungen einsetzen. Einfach nur reizen und kommen lassen. Wörner greift zur Zigarettenschachtel, schnippt mit einem leichten Schlag gegen den Boden der F6-Schachtel einige Glimmstengel an der offenen Ecke heraus. »Wollen Sie …?« Nachdem er sich selbst auch eine genommen hat, reicht er Alexander Feuer. »Ihre Frau wollte bestimmt Kinder, Sie gewiss auch. Einer aus der Familie sollte doch die Werkstatt übernehmen und die Familientradition fortführen.«

Wieder kommt nur dieses unbestimmte Hm.

»Sie sagten schon, dass Ihre Ehe kinderlos blieb, bleiben musste, weil Ihre Frau keine Kinder bekommen konnte. Hatten Sie gemeinsam darüber nachgedacht, wenn Ruth Köhler …«

Alexander sinniert. »Ich dachte, wenn einer der Gesellen sie nähme … Den hätte man dann in die Firma einbauen können. Perspektivisch. Aber die Votze wollte doch keiner von denen. Selbst das Angebot, Anteile der Werkstatt als Mitgift zu kriegen, hat die doch nicht dazu gebracht. Ich habe Ruth wie Sauerbier angeboten.«

»Während Sie mit ihr schliefen? Haben die Gesellen vielleicht bemerkt, dass zwischen dem Chef und der Bürohilfe etwas war? Das kann doch ein Hinderungsgrund gewesen sein.«

»Weiß ich nicht. Ist ja auch egal. Die wollte jedenfalls keiner. Und dann kam …« Alexander stockt. Wörner spürt, dass er jetzt genau überlegt, was er sagt. Er hat sich unter Kontrolle. Hier jedoch ist ein neuralgischer Punkt, den er geschickt umgehen muss.

»Was *kam*?«

»Die dumme Kuh hat sich in mich verknallt.« Der Satz platzt aus Alexander heraus wie eine Kaugummiblase. »Die hing an mir wie eine Klette. Träumte von einer gemeinsamen Zukunft und so. Es genügte ihr nicht, dass ich mit ihr jede Nacht im Ehebett lag und Ilse nebenan auf dem Sofa. Sie wollte von mir ein Kind.«

»Hat sie Ihnen das so gesagt, oder haben Sie das angenommen, dass sie sich ein Kind von Ihnen wünschte?« Wörner hält inne: Wie sollte das ein derart gefühlloser, ich-bezogener Klotz von sich aus spüren? Was kümmerten den die Empfindungen und Bedürfnisse anderer? Der Kerl ist doch geradezu beziehungsunfähig, der genügt sich doch selbst.

»Ja.«

»Was *ja*?«

»Die hat sich nie vorgesehen. Die legte es darauf an, schwanger zu werden.«

»Entschuldigen Sie: Daran sind immer zwei Menschen beteiligt. ›Aufpassen‹ können und sollten beide.«

»Ja, deshalb habe ich sie auch lieber in den Arsch gefickt, da konnte nichts schief gehen.«

Wörner hustet, was wohl nicht am Tabak zu liegen scheint. »Ist wohl nicht unbedingt eine besonders originelle Form der Schwangerschaftsverhütung … Sie haben also Ruth Köhler geschwängert.«

Wilhelm Alexander schweigt.

Wörner wiederholt seine Frage.

Endlich reagiert Alexander. »Ja.«

»Wann war das?«

»1958.«

»Das ist sieben Jahre her.«

»Kommt hin, ja. War gottseidank eine Fehlgeburt in den ersten Monaten. Hat keiner gemerkt. Bis auf den Arzt. Ging einfach plötzlich ab. Peng. Und wir hatten Ruhe.«

»*Sie* hatten Ruhe. Wie sah das Ruth Köhler?«

»Auch so.«

»Und in diesem Jahr ist es wieder passiert?« Jetzt ist Wörner endlich an dem Punkt, wo es zur Sache geht.

Alexander stellt sich unwissend. Er hebt die Hände: keine Ahnung.

Wörner beginnt sein Katz-und-Maus-Spiel. »Ruth Köhler wurde Ende August krank, wie Sie mir selbst sagten. Seither wurde sie nicht mehr in der Firma gesehen.«

»Ach so. Na, das ist die Leberverhärtung.«

»Leberverhärtung? Das hat sie auch einer Nachbarin gesagt, als die sie zur Schwangerschaft beglückwünschte. Der hohe Leib sei nicht zu übersehen gewesen.«

»Die Leberverhärtung hat den Bauch ein wenig aufgetrieben. Sie ist ja eine ziemlich spillrige Person. Nicht viel dran, nur Haut und Knochen. Manchmal schien mir, ich vögelte ein Skelett. Keine sehr anregende Vorstellung.«

»Wer hat das festgestellt, dass es sich um eine ›Leberverhärtung‹ handelte. Handelte es sich um eine ärztliche Diagnose?«

»Davon gehe ich aus. Gesagt hat es mir Ruth. Doch ich nehme an, dass Sie beim Arzt war.«

»Gesagt aber hat sie es Ihnen nicht. Nicht etwa: Willi, ich war beim Arzt und habe mich untersuchen lassen, weil mein Bauch so aufgedunsen ist, und der hat das und das festgestellt.«

Alexander schüttelt den Kopf. »Nein, hat sie nicht gesagt. Sie hat nur von der Leberverhärtung gesprochen.«

»Gut. Und wo hat sie diese auskuriert? Im Krankenhaus?«

»Zu Hause.«

»Und da kam regelmäßig ein Arzt vorbei und hat sie behandelt.«

»Was weiß ich. Tagsüber bin ich in der Werkstatt. Ich habe keine Ahnung, was da bei mir zu Hause geschieht.«

»Aber abends sind sie da. Und nachts. Sie können doch fragen, sofern Sie nicht sehen, was los ist.«

Alexander beginnt langsam nervös zu werden. Er knetet seine großen Hände, rutscht unruhig auf dem Stuhl hin und her. »Kann ich noch eine Zigarette haben?«

Wörner reicht die Schachtel. »Wo übrigens ist Ruth Köhler jetzt?«

»Zu Hause, wo sonst.«

»Nein.« Das Wort fällt wie ein Schuss. Trocken und kurz. Die Kugel trifft.

Alexander reißt die Augen auf.

»Ruth Köhler ist in der Notaufnahme. Wir haben sie in einem lebensbedrohlichen Zustand in Ihrer Wohnung vorgefunden.« Wörner setzt bewusst eine Pause. »Es ist nicht die Leber, Herr Alexander. Sondern der Unterleib. Ruth Köhler hat einen Abort gehabt. Was im Einzelnen passiert ist, wissen wir noch nicht. Vielleicht helfen Sie uns?«

Erregt zieht Alexander an seiner Zigarette. Erstmals zittern seine Hände. Wörner sieht, wie es hinter der Stirn arbeitet. Jetzt hat er ihn. Der Hauptmann ist sich ziemlich sicher, dass Alexander reden wird. Ob es die Wahrheit sein wird, lässt sich überprüfen. Doch er wird erst einmal singen.

»Na schön«, hebt Alexander an. »Anfang des Jahres sagte sie mir, dass sie wahrscheinlich schwanger sei. Früh müsse sie immer kotzen, und ihre Monatsblutung hat sie auch nicht gehabt. Sie sagte das so, als wenn sie darüber nicht einmal traurig wäre. Bei mir läuteten sofort die Alarmglocken. Die wollte mich wie schon mal mit einem Kind an sich ketten.« Alexander nimmt erneut einen tiefen Zug.

»Ich bin dann mit ihr zu einer alten Hebamme aufs Dorf gefahren. Die sollte die Schwangerschaft feststellen und sagen, wann es soweit sein würde. Natürlich war Ruth, die blöde Kuh, schwanger. Ende August, Anfang September würde sie niederkommen, sagte die Hebamme. Ich habe ihr dann erklärt, dass meine Frau aus verschiedenen Gründen zu Hause entbinden wolle, sie solle mir für den Fall, dass es vor der Zeit geschehen würde, einige Ratschläge geben. Vor allem aber: Worauf wir besonders achten sollten, damit es keine unvorhergesehenen Zwischenfälle oder gar eine Frühgeburt geben würde.«

»Sie wollten nun also das Kind?«

»Unsinn. Wir wollten es nicht.«

»*Sie* wollten es nicht. Ruth Köhler wollte es schon.«

»Die wurde nicht gefragt. Und ihr war klar: Wenn sie das Kind austragen will, schmeiße ich sie raus. Dann wäre alles aus. Es ging schließlich um meinen guten Ruf, um mein Ansehen. Mit einem solchen Bastard am Halse wäre ich runiert gewesen. Sie kennen doch die Leute und das Getuschel. Außerdem: wohin mit der Blage? Dieses dauernde Gegreine, die vollgeschissenen Windeln, das ewige Gebrabbel. Nee, danke, ich will meine Ruhe haben, wenn ich abends nach Hause komme. Kinder sind lästig, sie nerven. Haben Sie Kinder?«

Wörner reagiert nicht.

»Uns war von vornherein klar, dass sie das Kind nicht austragen würde. Sie hat verschiedentlich versucht abzutreiben. Aber die Leibesfrucht saß wie festgeschraubt in ihrer Votze, die rührte und wackelte nicht. Im Juli, da war sie schon im siebten Monat und trug enge Korsagen, damit man den dicken Bauch nicht sah, machte sie mehrere Einläufe mit Seifenlauge. Warm, kalt, stärker, schwächer. Nichts. Es war zum Verzweifeln. Können Sie sich das vorstellen?«

»Ich kann mir vieles vorstellen – das nicht.«

Alexander macht eine wegwerfende Handbewegung. »Ich bin dann noch mal aufs Dorf, um mir von der Landhebamme ein paar Hausmittelchen für den ›Notfall‹ geben zu lassen. Doch die war inzwischen verstorben. Schöne Scheiße. Also Plan B.«

»Plan B? Was meinen Sie damit?«

»Wir sind davon ausgegangen, dass das Kind vor der Geburt abgehen würde. Sie sprang vom Küchentisch, stieg Treppen, hob schwere Kisten, nahm heiße Bäder, beim Rammeln trieben wir's brutal – nichts. Also mussten wir davon ausgehen, dass der Balg nach neun Monaten regulär zur Welt kommen würde. Und darauf mussten wir uns vorbereiten. In der Werkstatt meldete sie sich Ende August krank. Meine Frau schickte ich nach Thüringen zu unserer Tante.«

»Wusste Ihre Frau etwas von der Schwangerschaft?«

»Keine Ahnung. Wahrscheinlich nicht. Sie glaubte auch an die Leberverhärtung.«

Wörner vermag nicht zu beurteilen, ob Alexander seine Frau bewusst heraushalten will oder ob Ilse Alexander tatsächlich unwissend war. Wenn der Mann fremdgeht, wird es sofort bemerkt, doch es fällt nicht auf, wenn eine Geschlechtsgenossin, mit der man fast 24 Stunden am Tag zusammen ist, schwanger wird? Das hält er für sehr unwahrscheinlich. Doch vielleicht hat es Ilse Alexander auch bewusst verdrängt. Der Mensch nimmt mitunter nur das wahr, was er auch wahrnehmen will. »Das also war Ihr Plan B: sturmfreie Bude und Legende für Dritte.«

»Genau. Ich habe Ilse noch zur Bahn gebracht. Sie sollte ein, zwei Wochen der Tante unter die Arme greifen.

Ich bin dann nach Hause. Ruth lief ohne Korsage durch die Wohnung. Fühlte sich geradezu befreit. Sie hätten Sie mal so sehen sollen. Ekelhaft. Dieser aufgetriebene Leib, der wie ein Fremdkörper an dieser spillrigen Figur hing, durchzogen von hellen Schwangerschaftsnarben und den dunklen Einschnürungen der Korsagen. Geradezu widerlich. Aber erstaunlich, genau diese Abscheu erregte mich zugleich.« Alexander verdreht leicht die Augen, als durchlebe er diesen Moment ekstasischer Verzückung erneut. »Ich habe sie aufs Bett geknallt und mich auf diese Kugel geworfen, das es nur so krachte. Sie fing sofort an zu heulen, ihr täte das weh, sie wolle nicht. Aber das hat mich nur noch wilder gemacht. Ich habe ihr meinen Schwanz in den Blähbauch gerammt, wieder und wieder. Gewiss auch in der Hoffnung, dass dadurch die Wehen ausgelöst werden würden. Doch es passiert nichts. Nur dieses Gewimmer von Ruth. Es war unerträglich. Nachdem ich abgespritzt hatte, zog ich sie ins Bad und ließ heißes Wasser in die Wanne.«

Wörner merkt den Knoten in seinem Hals, ihm droht schlecht zu werden. Er möchte diesem, diesem Barbaren am liebsten ins Gesicht langen, ihn prügeln, bis diesem rohen Idioten das Blut aus Nase und Mund stürzte. Und so etwas läuft frei rum! Nun, gewiss nicht mehr lange. Aber wie viele von dieser Sorte gibt es da draußen noch? Unerkannt und unauffällig. Sie quälen hinter verschlossenen Türen ihre Familien, vergewaltigen ihre Frauen, ohne dass es publik wird. Der Hauptmann zwingt sich ruhig zu bleiben. Und hört weiter scheinbar ungerührt zu.

»Ich habe ihr auch Schnaps zu trinken gegeben, damit sie das kochende Wasser nicht so merkte. Aber obwohl sie schon ziemlich blau war, wollte sie immer wieder aus der Wanne raus. Sie schrie und heulte. Ich musste sie immer wieder ins dampfende Wasser reintauchen und gleichzeitig ihr den Mund zuhalten, damit ihr Geschrei nicht zu hören war.«

»Haben Sie auch getrunken?«

»Na klar. Sonst hätte ich das doch nicht ausgehalten.« Dann habe er sie wieder ins Schlafzimmer geschleppt und erneut gevögelt. Inzwischen hätten tatsächlich die Wehen eingesetzt. »Beim Ficken ist schließlich die Fruchtblase geplatzt. Ich habe gespürt, wie die Flüssigkeit mir zwischen die Beine schoss.

»Wie bitte, Sie haben während der Wehen Ruth Köhler vergewaltigt.«

Alexander blickt den Kriminalisten überrascht an. »Die hat doch eh nichts gemerkt, so besoffen wie die war … Zu allem Überfluss hat es in dem Moment auch noch an der Wohnungstür geklingelt. Es war der Lehrling. Es hatte eine Havarie in der Werkstatt gegeben. Einem der Gesellen war ein Regal umgestürzt, dabei war etliches zu Bruch gegangen. Ich bin umgehend in die Firma gefahren.«

»Wegen des Gesellen?«

»Nein, um zu sehen, was kaputt gegangen war. Es handelte sich schließlich um mein Eigentum. Nun ja«, Alexander macht eine abwehrende Geste, »das können Sie nicht nachempfinden, Sie sind kein Unternehmer. Verstehen Sie: Das ist ihre Existenz, was in ihrer Firma steht. Das müssen sie hegen und pflegen. Arbeiter kriegen sie immer, davon gibt es genug. Aber Maschinen, Anlagen, Material – das haben sie bezahlt, das ist ihr Geld. Wenn's weg ist, ist's weg. Das ersetzt ihnen keiner. Das müssen sie erst wieder mühsam erarbeiten und verdienen. Und manches kriegen sie auch nie wieder. Manche Maschinen gibt es überhaupt nicht mehr. Wenn sie im Eimer sind, sind sie es für immer.« Alexander holt tief Luft. Die Werkstatt scheint das Einzige in seinem Leben, das ihn innerlich berührt.

»Gegen drei kam ich dann in die Wohnung zurück.«

»Wie lange waren Sie weg?«

»Vier, fünf Stunden werden es wohl schon gewesen sein.«

»Wissen Sie, was in dieser Zeit geschah?«

»Nur grob, was mir Ruth erzählt hat. Und das auch nur in Bruchstücken. Sie sagte, sie wäre wiederholt bewusstlos gewesen, was aber Quatsch ist. Die war hackedicht. Die nullsiebener Wodkaflasche war jedenfalls leer, als ich nach Hause kam. Und sie lallte auch noch ganz schön.«

»Vielleicht war sie nur völlig fertig. Und die Flasche kann ja auch ausgelaufen oder ausgeschüttet worden sein.«

Alexander macht eine wegwerfende Handbewegung. »Wie auch immer. Als ich jedenfalls am Nachmittag nach Hause kam, lag sie leichenblass im Bett in ihrer Brühe, die Nachgeburt zwischen ihren Beinen. ›Wo ist die Kreatur‹, habe ich nur gefragt, und sie hat mit dem Kopf in Richtung Bad gedeutet. Dort lag das Balg stumm in einem Handtuch. Ich habe das Bündel genommen und bin damit zu ihr gegangen. ›Und‹, habe ich gefragt, ›wie ist es gelaufen?‹. Sie hat gesagt, sie habe eine halbe Stunde über dem Eimer gehockt, bis es abgegangen ist. Dann habe sie mit der Nagelschere die Nabelschnur durchtrennt und

Deckel des Revisionsschachtes im Keller

den Rest verknotet. Sie habe den Jungen ins Handtuch gewickelt, dann sei sie ohnmächtig geworden. Sagt sie. Als sie wieder zu sich gekommen wäre, habe sie sich ins Bett geschleppt und wäre eingeschlafen, als die Nachwehen aufgehört haben. So habe ich sie also vorgefunden.«

»Hat das Kind noch gelebt?« Wörners Lippen sind trocken. Er möchte am liebsten rausrennen. Mit diesem Menschen in einem Raum die gleiche Luft atmen zu müssen, bereitet ihm Schmerzen.

»Eindeutig ja. Denn auf einmal kam aus dem Bündel ein Quäken. Erst leise, dann zunehmend lauter werdend. Dieses Plärren wirkte auf meine Trommelfelle wie Salzsäure. Es machte mich rasend vor Schmerz. Ich habe den Schreihals an den Füßen gepackt, bin mit ihm in die Küche gerannt und machte es so, wie es mein Großvater

Blick in den geöffneten Revisionsschacht, unten das Rohr mit der Klappe, durch die das Kind geschoben wurde

mit den überzähligen jungen Katzen tat. Ich schlug den Kopf gegen einen harte Fläche. Ich glaube, es war der Kühlschrank. Links, rechts, rechts, links. Patsch, patsch. So lange, bis das Quäken verstummte. Dann habe ich es fallen lassen. Danach bin ich mit einer Wasserschüssel zu Ruth, habe sie ordentlich gewaschen, die blutige Unterlage entfernt und ein neues Bettlaken aufgezogen. Sie war nicht ganz bei sich. Reagierte nur manchmal auf meine Bemerkungen.

Nun stand für mich die Frage: Wohin mit dem Säugling?

Das heißt: Beantwortet war diese Frage längst. Sie gehörte zu Plan B. Ich nahm den Blecheimer, warf den Balg hinein und ging in den Keller. Dort befindet sich wie in allen Gebäuden, die an die Städtische Kanalisation angeschlossen sind, der sogenannte Revisionsschacht. Klappe auf und ab damit. Ich bin also in den Keller, habe die Abdeckung des gemauerten Schachtes entfernt, die Metallklappe geöffnet und das Kind, Kopf zuerst, in die Röhre geschoben. Die Öffnung ist nicht sehr groß. Deshalb habe ich ganz schön drücken müssen. Aber das war kein Problem. Das Wasser strömte sehr schnell und nahm den Bastard rasch mit. Ich war mir sicher, dass er irgendwo im Labyrinth der unterirdischen Kanäle verschwinden und ein paar Ratten Fettlebe haben würden. Auf diese Weise hätte sich alles in Wohlgefallen aufgelöst.«

Alexander hält inne. Wörner fragt sich nicht erst jetzt, warum der Mann vor seinem Tisch dies alles so freimütig berichtet. Ist ihm nicht bewusst, dass er soeben einen Mord gestanden hat? Was veranlasst ihn, dies so detailliert zu erzählen? Dass ihn ein schlechtes Gewisse drücke, setzt voraus, dass er ein solches besitzt. Prahlt er, will er selbst damit angeben? Oder lebt er in der irrigen Vorstellung, dass ein frisch geborenes Kind nichts wert sei, kein Mensch, eben »eine Kreatur«, wie er sagt. Glaubt er, er bekäme auch dieses Problem so geregelt, wie er zuvor alle seine Probleme geregelt bekam: Ich bin Alexander, wer ist mehr? Mir kann keiner!

Und tatsächlich: Jetzt überfällt Alexander noch Selbstmitleid. Wie dem Trinker nach dem Rausch. Er habe schließlich den ganzen Ärger am Halse gehabt, er allein. Er musste das Kind wegschaffen, die Wohnung aufwischen, das Bettzeug waschen und sich um Ruth kümmern, die beim Ficken nicht aufgepasst und ihm damit die Suppe eingebrockt hatte. »Die war ja wirklich richtig angeschlagen. Blutete fortgesetzt. Also«, er schließt seine Augen bis auf einen schmalen Spalt, »Sie können mir nicht vorwerfen, dass ich sie nicht versorgt habe. Wegen unterlassener Hilfeleistung oder so können Sie mir nicht kommen.«

Wörner schüttelt den Kopf. »Herr …« Er stutzt. Kann man dieses Schwein noch so anreden? »Alexander, darüber wird das Gericht entscheiden.«

»Wieso Gericht? An allem ist die Ruth Schuld. Ich habe ihr wiederholt gesagt …«

»Ich verhafte Sie wegen Mordes«, sagt Wörner und betätigt die Klingel an der Unterseite seines Schreibtisches. Sofort geht die Tür auf, ein Uniformierter erscheint. »Festnehmen.«

»Hände auf den Rücken«, befiehlt der Polizist.

Völlig irritiert folgt Alexander der Anweisung. Die Acht schließt sich um die Gelenke. Es klickt zweimal.

»Abführen.«

Wörner greift nach der Zigarette und lässt sich auf seinen Stuhl fallen. Eigentlich brauchte er einen Schnaps. Wodka. Gleich sto Gramm.

Die Vorstellung, dass er morgen diesem Monster erneut gegenübersitzen wird, um alles zu Protokoll zu nehmen, was er in diesem Vorgespräch zur Kenntnis hat nehmen müssen, bereitet ihm seelisches Unbehagen. Natürlich, er wird sich auch dieser Pflicht nicht entziehen und professionell alles zu Papier bringen. Aber er ist keine gefühllose Maschine, die ohne innere Beteiligung alles sachlich aufnimmt. Er ist ein Mensch mit Empfindungen. Das geht ihm tief unter die Haut.

Die Qualen wurzeln weniger in dem Ekel, den die Schilderungen der Grausamkeiten begleiteten. Wörner hat in seinem Kriminalistenleben schon viel gesehen, gehört und gelesen. Er hat Triebtäter gejagt und vernommen, wegen Nekrophilie und Zoophilie ermittelt, Fälle von Inzest und von Exhibitionismus bearbeitet, all jene Perversionen, die von kranken, abartigen Menschen praktiziert wurden. Ihn haut so schnell nichts um, er ist kein heuriger Hase. Sein Schmerz speist sich aus dem Wissen, dass es es sich um ein Leben handelte, dass in jenem Augenblick endete, als es begann. Wie primitiv muss man strukturiert sein, um ein so schutzloses und schützenswertes Menschenkind derart barbarisch zu behandeln?

Wie ist so etwas anno 1965 in der DDR möglich? Zwanzig Jahre nach dem Krieg, nach dem Ende der Nazidiktatur. Wörner begreift immer mehr, das sich menschliches Verhalten nur sukzessive, wenn überhaupt, verändert. In zwanzig Jahren lässt sich so wenig ein gänzlich »neuer Mensch« erziehen wie in vierzig Jahren. Das meiste ist in unserem genetischen Code angelegt, diesem Korsett entkommen wir nicht. Langsam, nur sehr langsam wächst und ändert sich der Mensch in seinem sozialen Verhalten. Wir wissen zwar mehr als die Zeitgenossen von Martin Luther und Thomas Müntzer, aber so sehr unterscheiden wir uns von unseren Vorfahren vermutlich nicht.

Wörner hat eine ziemlich unruhige Nacht. Erst gegen Morgen schläft er ein.

Punkt 9 Uhr lässt er Alexander im Vernehmungsraum der Untersuchungshaftanstalt vorführen. Er begrüsst den U-Häftling korrekt, weist ihm den Hocker, auf dem er Platz nehmen soll. Dann richtet er das Mikrofon vor ihm ein, das zu einem Tonbandgerät führt. Die Maschine ist groß wie ein Koffer und auch schwer wie ein solcher und heißt Smaragd. Links neben dem Lautstärkeregler ist ein sogenanntes magisches Auge, grün und geviertelt, wie man sie an Rundfunkgeräten kennt. Mit der Lautstärke nehmen die Segmente zu oder ab, das Auge pulst. Die fünf Drucktasten sind aus weißem Plastik und erinnern an die Elfenbeintasten eines Klaviers. Vorwärts, rückwärts, abspielen, aufzeichnen, löschen. Auf dem Gerät liegt die Spulen mit dem braunen Band, 17 Zentimeter im Durchmesser. Wenn es von der einen auf die andere Spule gelaufen ist, wechselt man sie und bespielt die Rückspur. Tolle Technik.

»Wir zeichnen heute auf«, sagt Wörner, »die Bänder werden dann abgeschrieben und Ihnen zum Unterschreiben vorgelegt. Das Protokoll erhält auch das Gericht. Ich will damit sagen: Was Sie heute mitteilen, geht in die Akten.«

Alexander nickt, ihm scheint das egal. »Bevor Sie die Maschine anwerfen, gestatten Sie eine Frage: Sie haben unsere Wohnung durchsucht?«

Wörner weiß nicht, worauf Alexander hinaus will.

Der sieht das Zögern. Er lächelt. »Keine Sorge, ich will nicht wissen, was mit meiner Frau ist. Das interessiert mich nicht. Ich will hören, ob Sie bei einer möglichen Durchsuchung auch das andere Kind gefunden haben?«

Der Hauptmann fühlt, dass der Boden unter ihm zu schwanken beginnt. Obgleich er fest auf seinem Stuhl sitzt, wähnt er sich wie auf einem Ozeanschiff. Er klammert sich an die Tischkante. Will Alexander ihn foppen? Und falls nicht: Darf er sich die Blöße geben, dass er geschockt ist? Wörner atmet unauffällig tief durch. Dann gibt er zurück: »Wo?«

Alexander grinst. »Na wo schon, im Vorratsschuppen auf dem Hof.«

Wörner sagt, er wolle die Vernehmung kurz unterbrechen, er müsse aufs Klo. Irgendetwas sei ihm gestern auf den Magen geschlagen. Er bitte um Nachsicht.

Der U-Häftling grient. »Bitte, Herr Kommissar.«

»Ich bin Hauptmann der K«, verbessert ihn Wörner. »Kommissare gibt es bei uns nicht mehr.« Dann schickt er den Polizisten, der draußen auf dem Gang wartet, zu Alexander ins Zimmer. »Passen Sie auf ihn auf. Ich muss mal telefonieren.«

Wörner ist außer sich, als er im Dienstraum nebenan die Nummer von Krische wählt. Wie konnten die so pfuschen – vorausgesetzt, Alexander sagt die Wahrheit. Krische meldet sich bereits nach dem zweiten Läuten.

»Du hast doch gestern den Einsatz in der Berliner Straße 3 geleitet?«

»Stimmt.«

»Habt ihr gründlich alle Räume durchsucht?«

»Natürlich.«

»Habt ihr nicht! Der Alexander behauptet, es gebe noch eine zweite Kindsleiche.«

»Ausgeschlossen. Der Alexander spinnt oder will sich wichtig machen.«

»Das scheint mir nicht so. Er sagt, das Kind wäre im Vorratsschuppen.«

Am Ende der Leitung ist es still. Nach einer Weile vernimmt Wörner ein Geräusch, als würde sich jemand übergeben. »Krische«, ruft er in die Hörmuschel, »bist du noch dran?«

»Ja.«

»Das klang so, als hättest du gekotzt.«

»Hab ich auch.«

»Was ist los mit dir?«

»Wir waren in im Schuppen auf dem Hof. Da standen etliche große Steinguttöpfe mit eingelegten Gurken …«

»Nein!«

»Doch. Ich habe eine gegessen.«

»Naja, die Kindsleiche muss ja nicht im Gurkenfass liegen«, beruhigt Wörner. »Wie auch immer, schnapp dir noch zwei, drei Mann und stell' die Vorratskammer auf den Kopf. Sobald du was gefunden hast, rufst du hier an.«

»Mach ich«, sagt Krische. »Aber zunächst gehe ich mir die Zähne putzen.«

Wörner feixt. »Wie gut, dass wir unser Sturmgepäck auf dem Spind zu liegen haben. Da ist man wirklich für alle Notfälle gerüstet.« Er legt auf.

Nachdem er ins Vernehmungszimmer zurückgekehrt ist, schaltet er das Tonbandgerät an. Die Spulen beginnen sich zu drehen. Wörner macht die Ansage. Dann beginnt er.

»Herr Alexander, Sie haben erklärt, dass sich in Ihrer Wohnung in der Berliner Straße 3 eine Kindsleiche befindet. Wo genau?«

Alexander zögert. »Genau kann ich es nicht sagen. Es muss in der Vorratskammer sein, in einem dieser Steinguttöpfe. Ich habe mich darum nicht gekümmert. Das war Ruths Sache.«

»Wann hat sie entbunden?«

»Entbunden, entbunden«, äfft Alexander ihn nach. »Sie hat mich wieder reingelegt, die Sau. Ich habe jedesmal gesagt, sie soll aufpassen. Aber nein: Sie wird schwanger. Sie glaubte, ich würde ihr dann für immer gehören.«

»Wann?«

»War vor ungefähr zwei Jahren. Sie hat, glaube ich, im November geworfen.«

»Herr Alexander, Hunde werfen«, korrigiert ihn Wörner.

»Sie ist doch eine läufige Hündin, die immer gefickt werden wollte. Egal, zu welcher Zeit. Früh, mittags, abends, nachts. Die hat mich ausgelutscht wie eine Zitrone.«

»Gestern haben Sie es ganz anders dargestellt. Da waren Sie der drängendere Teil. Sie haben sogar erklärt, das Kind erschlagen und in die Kanalisation verbracht zu haben. Ruth Köhler habe sie angehimmelt, und um Sie nicht zu verlieren, war sie ihnen nahezu hörig, habe sich Ihnen also gefügt, meinten sie.«

Alexander stutzt. »Ich habe heute Nacht über alles nachgedacht. Auch über unser Verhältnis. Da ist mir schlagartig bewusst geworden, dass sie mich be- und ausgenutzt hat. Ich war ihr Opfer. Sie hat mich in diese beschissene Lage gebracht, in der ich mich augenblicklich befinde. Nur sie. Ich könnte Ihnen vielleicht Geschichten erzählen ...«

»Sie sollen mir keine Geschichte erzählen, sondern die Wahrheit. Ich will Fakten, nicht Vermutungen hören. Und Ihr Sexualleben interessiert mich, mit Verlaub, einen Scheiß. Was war im November 1963?«

»Da habe ich meiner Ilse eine dreiwöchige Urlaubsreise nach Bulgarien spendiert, damit sie sich mal richtig erholt.«

»Sie haben Ihre Frau weggeschickt, damit sie nicht mitkriegte, dass es bei Ihrer Freundin soweit war.«

»Ilse hat nicht gewusst, dass Ruth schwanger war. Sie wusste nur, dass mich die Schlampe ins Bett zog, um es mit mir zu treiben.« Alexander schnauft hörbar durch die Nase.

»Das war schon die zweite Schwangerschaft nach der Fehlgeburt von 1958, die Sie gestern erwähnten.«

»Die zweite?« Alexander sinniert und tut so, als versuche er sich zu erinnern. Muss er mehr einräumen? Nein, muss er nicht. Also bestätigt er. »Ja, es war die zweite Schwangerschaft.«

»Im November '63 hat also Ruth Köhler das Kind in Ihrer Wohnung zur Welt gebracht?«

»Ja. Aber ich war nicht dabei. Wie jetzt auch nicht. Das kann ich beweisen.«

»Aber Sie hatten alles vorbereitet und dafür gesorgt, dass alles glatt über die Bühne geht?«

»Ich kam erst in die Wohnung, als alles vorbei war. Was ich weiß, habe ich von Ruth. Da müssen Sie sie selber befragen.«

»Das werden wir noch. – Was hat Sie ihnen erzählt?«

»Die dumme Kuh heulte Rotz und Blasen, als ich kam. Sie lag im Bett und kotzte in einen Eimer. Ich frage, ob es passiert sei, worauf sie nickte. Und, wo ist das Balg, habe ich weiter gefragt. Weg, hat sie gesagt, es sei alles gut, ich müsse mir keine Sorgen machen. Es wäre tot zur Welt gekommen und sei sehr klein gewesen, da habe sie es im Klo runtergespült. Erst sehr viel später hat sie mir gesagt, dass sie das Kind in ein leere Gärkruke im Vorratsschuppen gelegt habe, eingewickelt in ein Inlett.«

»Haben Sie das überprüft?«

»Ja, irgendwann mal und Monate später habe ich einen flüchtigen Blick in den Tonkrug geworfen. Da lag auf dem Boden tatsächlich ein rotes Bündel. Das hat mir gereicht.«

»Sie haben nicht extra nachgeschaut, ob da wirklich etwas eingewickelt war?«

»Nee, warum sollte ich? Hat mich nicht interessiert.«

»Hat Ihnen Ruth Köhler zur Geburt selbst etwas berichtet?«

»Naja, das übliche eben. Ich war in der Werkstatt, sie hat auf dem Bett gelegen, dann kamen die Wehen, die Fruchtblase ist irgendwie geplatzt, sie hat sich ins Bad geschleppt – ich konnte hinterher die ganze Blutspur quer durch die Wohnung aufwischen. Schöne Sauerei, sage ich Ihnen. Im Bad hat sie sich auf einen Eimer mit dem Spülicht gehockt. Da ist das Kind hineingefallen. Sie hat die Nabelschnur mit einer Rasierklinge durchtrennt. Das war's. Danach hat sie sich zurück ins Bett geschleppt, eine Weile gepennt und anschließend überlegt, wie sie das tote Kind loswird. Sie hat es aus dem Wischwasser gefischt, ins Tuch gewickelt und in die Gärkruke im Vorratsschuppen geworfen.«

»War es ein Junge oder Mädchen?« Wörners Stimme knarzt. Der leidenschaftslose Bericht hat ihm die Sprache verschlagen. Er ist, wie schon am Vortage, völlig konsterniert, wie ein Mensch derart ungerührt über einen Kindsmord Mitteilung machen kann, so, als berichte er über das Schmelzen eines Schneemannes in der Sonne. Das ist eben so und Schluss.

»Was weiß ich. Fragen Sie Ruth.«

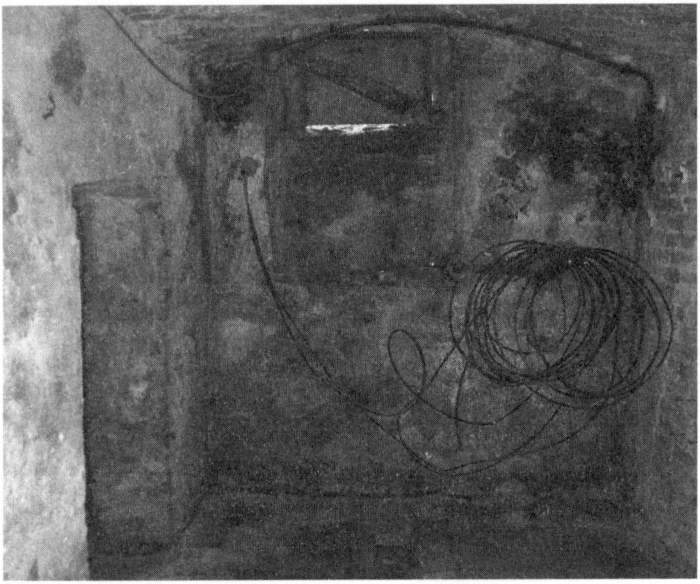

Der Vorratsschuppen innen nach erfolgter Räumung. Hinten ist das vernagelte Lüftungsfenster zu erkennen.
Links: Vergleichbarer Vorratsschuppen in einem Görlitzer Innenhof nach Renovierung in den 90er Jahren

Hm, sagt Wörner. »Kommen wir zum nächsten Fall, dem von diesem Jahr. Darüber hatten wir uns gestern ausführlich unterhalten. Jetzt also fürs Protokoll ...«

Unterdessen suchen Hauptmann Krische und Unterleutnant Raschke die versiegelte Wohnung in der Berliner Straße 3 auf. Die Räume sind so, wie sie sie zurückgelassen haben. Ilse Alexander befindet sich gleichfalls in Untersuchungshaft, weil ihr Anteil an der Kindstötung noch nicht geklärt ist. Beide Alexanders und die Kindmutter haben daran mitgewirkt. In welchem Maße jedoch ist noch offen.

Die beiden Kriminalisten gehen sodann auf den Hof. Krische öffnet die Schuppentür und zückt die Stabtaschenlampe. Auch Raschke knipst die seine an. »Dann wollen wir mal.«

Ein leichter Lufthauch zieht durch die Kammer, es riecht weder muffig noch modrig, keine Spur von Verwesung. Der Lichtstrahl tastet sich von Kruke zu Kruke.

»In den hinteren soll es sein«, sagt Krische und tastet sich an der Batterie der Steinzeuggefäße entlang.

Der erste Bottich, in den sie hineinleuchten, ist leer. Auch im zweiten können sie bis auf den Grund schauen. Im dritten jedoch ist etwas. »Halte mal.« Krische drückt Raschke seine Leuchte in die Hand und beugt sich vornüber. Es ist eng. Mit den Fingerspitzen reicht er bis zum Tuch. Er versucht das Bündel zu ergreifen und herauszuheben, ohne dass ein möglicher Inhalt herausfällt. Vorsichtig, ganz vorsichtig hebt er es Zentimeter um Zentimeter. Es ist federleicht.

»Ist was drin?«, erkundigt sich Raschke, der nichts sieht, weil ihm Krisches Schulter den Blick in die Gärkruke versperrt.

»Schwer zu sagen«, kommt es dumpf aus der Tonne.

Dann endlich taucht Krische auf, das Bündel in seinen Händen hat sich nicht geöffnet. Er legt es vorsichtig auf den Boden und schlägt das Tuch auseinander.

Im Strahl der beiden Taschenlampen ist ein winziges vertrocknetes Etwas zu erkennen. Der Schädel ist mumifiziert wie der Körper. »Scheiße«, entfährt es Krische. Der Fluch gilt sowohl dem Fund als auch der Tatsache, dass sie ihn nicht schon gestern gemacht haben. Wer konnte aber auch ahnen, dass in der Wohnung eine Kindsleiche versteckt war? Sie hatten ausschließlich nach der vermutlichen Mutter einer Kindsleiche gesucht, die vor vier Wochen im Klärwerk gefunden worden war. Eine totes Kind war schon schlimm genug. Und nun sogar noch ein zweites.

Raschke schüttelt entsetzt den Kopf. »Ich fass es nicht …«

»Ruf über Funk die Kriminaltechnik«, fordert ihn Krische auf. »Die müssen das alles dokumentieren. Ich informiere Wörner. In der Diele stand, glaube ich, ein Telefon.«

Gärkruke für Gurken aus dem Vorratsschuppen, in der der Leichnam des getöteten Kindes von 1963 zwei Jahre unbemerkt lag

Wenig später erscheinen Lechter und Gefolge in der Wohnung in der Berliner Straße zu Görlitz, der nunmehr Tatort ist. Auch der Staatsanwalt kreuzt erwartungsgemäß auf. Die Kriminaltechniker bauen ihre Schildchen und Scheinwerfer auf, es wird geblitzt und gemessen. Es gibt nur kurze Wortwechsel. Was ist hier auch groß zu bereden. Lechter fragt, ob sie außer der Kammer auch noch anderes fotografieren sollen. Krische, sichtlich verunsichert wegen der gestrigen Panne, sagt: »Fotografiert jedes Zimmer, jeden Schrank, jedes Bett, jeden Eimer, jeden Blumentopf. Was weiß ich, wozu die Bilder noch einmal benötigt werden.«

Er sitzt reichlich konsterniert im Sessel. Er ist sich ziemlich sicher, dass die Sache für ihn ein Nachspiel haben wird. Erst wird der Dienstherr ihn disziplinarisch zur Verantwortung ziehen. Es wird einen Verweis oder einen Strengen Verweis geben, damit verbunden einen Beförderungsstopp, wobei dies nur theoretischer Natur ist. Krische hat mit dem aktuellen Dienstrang den derzeit möglichen Zenit bereits erklommen. Der Sprung zum Major ist nur mit einem weiteren Hochschulbesuch verbunden, doch in seinem Alter wird man diese Investition ohnehin nicht mehr vornehmen. Zumindest ist Krische für eine höhere Schule vorgesehen.

Der dienstlichen Maßregelung würde sich obligatorisch ein Parteiverfahren anschließen, denn es gilt der Grundsatz: Wer dienstlich fehlt, hat auch als Genosse versagt. Da ist mindestens eine Rüge drin. Die »erzieherische Maßnahme«, wie es im Parteistatut heißt, kann nach zwei Jahren auf Antrag gelöscht und aus den Akten entfernt werden. Krische ist mit dem Prozedere hinlänglich vertraut. Es verging kein Dienstjahr, in dem es nicht einen von ihnen erwischte und die Abteilungsparteiorganisation, genannt APO, des Volkspolizeikreisamtes über den Genossen zu Gericht saß. Unisono wurde stets das Verhalten des Delinquenten getadelt, dieser übte zerknirscht

Selbstkritik und gelobte Besserung. Anschließend trank man gemeinsam ein Glas Bier, und die Parteileitung meldete der Kreisleitung Vollzug.

Auch wenn jeder seine Rolle in diesem Theaterstück kannte und spielte, weil man alles zu Recht als Inszenierung wahrnahm, blieb diese trotzdem nicht ohne Wirkung. Wer stand schon gern am Pranger, selbst wenn dieser nur aus Pappe war? Einige Tage fühlte man sich reichlich beschissen. Die souveräne Heiterkeit, mit der man irgendwann eine solche Episode zum Besten gab, stellte sich erst nach Jahren ein. »Ist die Gerichtsmedizin in Dresden bereits informiert?« Der Staatsanwalt reißt Krische aus seinen trüben Gedanken.

»Nein, das muss noch geschehen. Ich denke aber, dass die Überführung des Leichnams durch Genossen Lechter vorgenommen werden kann. Die müssen nicht extra ein Fahrzeug aus Dresden schicken.« Er ruft in die Kammer. »Das geht doch, Lechter. Oder was meinst du?«

»Um was geht's«, erkundigt sich dieser, als er ins Zimmer tritt. »Ich habe nicht mitbekommen, worüber Sie sich unterhalten haben.«

»Ich habe dem Genossen Staatsanwalt vorgeschlagen, das Sie das vertrocknete Würmchen nach Dresden zur Gerichtsmedizin bringen. Er ist damit einverstanden. Geht das?«

»Keine Frage. Ich wäre bei der Autopsie gern dabei. Wobei«, er zögert ein wenig, »viel wird sich da nicht mehr feststellen lassen. Der Leichnam ist vollständig mumifiziert. Soweit ist die Technik noch nicht, um unter diesen Bedingungen Todesursache und -umstände zu ermitteln.«

Am späten Nachmittag wird die Wohnung und der Schuppen im Innenhof in der Berliner Straße 3 neuerlich durch die Staatsanwaltschaft versiegelt. Die erste Vernehmung von Wilhelm Alexander ist beendet, er sitzt bereits wieder in seiner Zelle, die offiziell »Verwahrraum« heißt. Hauptmann Wörner hat die Gärkruke, in der das mumifizierte Kind aufgefunden wurde, beschlagnahmen und in die Haftanstalt bringen lassen. Er möchte, so scheint es, mit diesem Gefäß Alexander konfrontieren. Und Lechter ist mit dem Dienst-Wartburg in die Bezirkshauptstadt unterwegs. Im Kofferraum steht ein Schuhkarton. In diesem befindet sich die Leiche eines Kindes, dessen vermutliche Mutter Ruth Köhler heißt, welche soeben eine Notoperation in der Görlitzer Frauenklinik von Dr. Bleyl überstanden hat. Sie wird, sobald es ihr Zustand gestattet, nach Dresden in die Schießgasse überführt werden. Das ist die Adresse der Untersuchungshaftanstalt. Das Verfahren, so ist längst entschieden, wird vor dem Bezirksgericht in Dresden stattfinden. Einen Termin gibt es noch nicht. Erst müssen die Ermittlungen abgeschlossen sein. Dann wird es, wie sich in diesem Falle abzeichnet, die notwendigen psychiatrischen Gutachten geben. Denn angesichts der Aussagen vom Alexander stellt sich die Frage nach dem geistigen Zustand der Beteiligten. Ist ein »normaler« Mensch zu solchen Taten fähig? Das heißt, es wird sich die Frage nach der Schuld- und Zurechnungsfähigkeit der Beschuldigten stellen.

Bis zur Verhandlung ist es noch ein langer Weg.

Das wichtigste Problem für die Polizeiführung in Görlitz scheint derzeit jedoch darin zu bestehen, wie man einerseits den Fahndungserfolg öffentlich macht und andererseits den Vorgang so niedrig wie möglich hängt. Eine solche abscheuliche Tat ist der sozialistischen Gesellschaft wesensfremd, heißt es. Aber vernünftig gefragt: Ist sie es nicht auch der anderen, der bürgerlichen Gesellschaft? Nirgendwo auf der Welt animiert ein Gemeinwesen seine Mitglieder, die eigenen Kinder zu töten.

Wörner ist am Abend beim VPKA-Leiter. Es sei im Kern alles klar, sagt er, sie ermittelten jetzt nur noch die Details. »Was also melden wir?«

Der Oberstleutnant rückt hinter seinem Schreibtisch erkennbar nervös hin und her. Ihm ist die Frage sichtlich unangenehm, obgleich er weiß, dass sie von ihm be- und verantwortet werden muss. Natürlich wird in der Kreisleitung und höherenorts darüber befunden werden, aber den Vorschlag müssen sie, muss er als Leiter machen. Die Gefahr, einen »falschen« Vorschlag zu machen, ist durchaus gegeben. Was aber ist in dieser Sache falsch, was richtig? Es gibt keine Kriterien. Sollte man in der Lokalpresse erklären: Dank der Hinweise aus der Bevölkerung ist es gelungen, ein Verbrechen aufzudecken. Der Handwerksmeister Wilhelm A. und Ruth K. sind dringend verdächtig, im November 1963 und im September 1965 gemeinschaftlich handelnd ein neugeborenes Kind ermordet zu haben. Die Ermittlungen dauern an.

Oder verzichtete man gänzlich darauf? Das wäre aber albern, weil inzwischen die Spatzen nichts anderes von den Görlitzer Dachrinnen pfiffen. Überdies liefe man Gefahr, dass höherenorts genau dieser Umstand Anstoß erregte. Sagt mal, Genossen, seid ihr inzwischen völlig bescheuert? Bei euch findet ein Kapitalverbrechen statt, und ihr schweigt dazu, als handelte es sich um eine Selbstverständlichkeit. Da muss man doch Position beziehen und zeigen, wie scharf ein solches Verbrechen zu verurteilen und zu brandmarken ist …

Wörner weiß um die Kämpfe, die in der Brust des Chefs toben. Er möchte nicht in seiner Haut stecken. Er will ihm helfen und sich schrittweise der Lösung des Problems nähern. »Wollen wir nicht zunächst der entscheidenden Zeugin Iris Schröder Dank und Anerkennung aussprechen? Sie gab schließlich den wichtigsten Hinweis. Ohne sie würden wir vielleicht noch heute nach der Mutter suchen.«

Das Gesicht des Amtsleiters hellt sich merklich auf. »Gute Idee. Ich zeichne sie mit einer Urkunde und einem Präsentkorb aus, Blumen dazu und Applaus. Wunderbar. Arrangieren Sie die kleine Dankesfeier hier im Hause?«

»Ja, warum nicht«, antwortet Wörner.

Der Oberstleutnant reibt sich wie nach getaner Arbeit die Hände. »So, das war's dann.«

»Wie?« Wörner scheint ihn nicht richtig verstanden zu haben. »Wir wollten doch über die Pressemeldung reden. Machen wir eine, oder machen wir keine? Und wenn wir eine machen: Wie sollte sie aussehen?«

»Ach, Genosse Wörner, warum sollten wir der Sache mehr Bedeutung beimessen, als sie verdient. Da sind zwei namenlose Würmchen umgekommen.«

»Sie sind nicht umgekommen, sondern umgebracht worden«, erregt sich Wörner mit Recht.

»Umgekommen, umgebracht ... Macht das einen so großen Unterschied in diesem Alter?«

Wörner merkt, wie es in ihm zu kochen beginnt. Dieser feige Hund will den Fall einfach unter den Teppich kehren – eben weil er so spektakulär ist. Er kann sich jedenfalls nicht daran erinnern, dass in der DDR jemals eine Mutter zwei Kinder nach der Geburt umgebracht hätte. Das ist einmalig. Oder auch nicht. Wörner beginnt zu grübeln. Wenn überall solche Amtsleiter sitzen, denen bei solchen Verbrechen der Arsch auf Grundeis geht, wird das ja nie publik. Da konnte er folglich auch nicht Notiz davon nehmen.

»Genosse Oberstleutnant, ich denke schon, dass das einen Unterschied macht. Und ich bin ferner von der Notwendigkeit überzeugt, dass wir die Bevölkerung informieren sollten.«

Der Dienststellenleiter lächelt. Er hat offensichtlich ein Hintertürchen entdeckt, durch das er doch noch entweichen kann. »Die Ermittlungen sind doch noch nicht abgeschlossen.«

»Das trifft zu. Ich will zum Beispiel Ruth Köhler noch vernehmen, sobald sie nach Dresden verlegt worden ist.«

»Sehen Sie: Wir haben es also mit einem schwebenden Verfahren zu tun. Da sollte man noch nicht an die Öffentlichkeit gehen.«

Wörner schweigt betreten. Formal hat der Chef recht. Aber man kann doch nicht so tun, als bestünde das Leben nur aus formalen Regeln? Die ganze Stadt ist eine einzige Gerüchteküche. Jeder gibt seinen Senf hinzu. Da wäre es doch dringend erforderlich, kurz wahrheitsgemäß und wahrhaftig zu informieren. Und gerade bei einem derart emotional aufgeladenen Thema.

»Wenigstens eine kurze Nachricht …«

»Schluss, die Entscheidung ist endgültig.«

»Wie sehen das die Genossen in der Kreisleitung? Haben Sie da schon mal nachgefragt?«

»Ich wünsche Ihnen noch einen guten Abend, Genosse Wörner.«

Na klar, denkt Wörner, der wird schon vorgefühlt haben. Die dort wollen es nicht, weil sie um ihren Ruf fürchten. Da wird die Entscheidung letztlich in Dresden, wenn nicht sogar in Berlin fallen. Der Hauptmann ist ohnehin davon überzeugt, dass die Sache inzwischen in der zuständigen ZK-Abteilung »Staat und Recht« behandelt wird. Auf dieser Ebene gilt jedes spektakuläre Verbrechen als ein am liebsten verschwiegener Skandal, weil ein solches Gewaltverbrechen das Ansehen des Staates beschädigt. Das ganze Land, so wünscht man zu vermitteln, ist ein einziger Garten Eden, natürlich vor dem Sündenfall. Wenige Jahre später, 1971, wird der Adlershofer Fernsehfunk seine sehr erfolgreiche Krimi-Serie »Polizeiruf 110« starten. Pro Jahr wird den Autoren lediglich ein Mord zugestanden. In den anderen Folgen, sechs bis zehn übers Jahr verteilt, geht es um Diebstahl, Scheckbetrug, Vergewaltigung, Alkoholmissbrauch … Wir haben keinen Kapitalismus, also gibt es auch keine Kapitalverbrechen.

Hauptmann Wörner hat den Rauswurf verstanden. Er erhebt sich, führt die Hacken der Halbschuhe zusammen und strafft sich. »Genosse Oberstleutnant, ich darf mich verabschieden.«

Schon bald fährt er nach Dresden in die Schießgasse. Weder die Görlitzer Lokalpresse noch die Bezirkszeitungen haben bislang etwas über den Fall gebracht. Am 10. Oktober waren die Kommunalvertretungen im ganzen Land gewählt worden. Den Kandidaten der Nationalen Front war mit 99,8 Prozent Zustimmung erteilt worden. Hätte man noch mit Hinweis auf dieses gesellschaftliche Großereignis eine Erklärung liefern können, weshalb man mit dem Mordfall nicht an die Öffentlichkeit gegangen war – danach findet sich ein vergleichbares Argument nicht. Zudem beschäftigt auch die Görlitzer derzeit etwas ganz anderes. Am 16. Oktober hatte der Ministerrat in Berlin beschlossen, das künftig Rentner und Invaliden ihre Verwandten im Westen vier Wochen im Jahr besuchen dürfen. Nach dem Mauerbau ist das ein erster Schritt, sie durchlässiger zu machen. Vor diesem Hintergrund gerät der Fall schon bald in Vergessenheit.

Hauptmann Wörner lässt sich in der U-Haftanstalt Ruth Köhler vorführen. Im Raum sieht ein zweiter Mann.

Wörner selbst ist nicht ganz frei von Vorurteilen. Für ihn sind beide, Wilhelm Alexander und Ruth Köhler, krank und kriminell. Zu den Verbrechen, die sie verübt haben – woran für ihn auch vor dem Schuldspruch des Gerichts kein Zweifel besteht –, ist ein gesunder Mensch nicht fähig. Bei diesen funktionieren Reflexe und Kontrollmechanismus. Wo sie ausgeschaltet sind, muss eine Erkrankung vorliegen.

Auch Ilse Alexander hat er zweimal vernommen. Sie spielte ihre Rolle als Unwissende, sofern es denn eine Rolle war, sehr überzeugend. Vielleicht hat sie wirklich nichts von alledem mitbekommen, wer weiß. Wörner konnte ihr weder das Gegenteil beweisen noch ihre Aussagen erschüttern. Zum Gerichtsverfahren dürfte sie allenfalls als Zeugin vorgeladen werden.

Ruth Köhler sitzt im blauen Anstaltskittel vor Wörner. Sie ist klein, mager, blass und wirkt noch unscheinbarer, als Wörner sie in Erinnerung hat. Das dunkelblonde Haar fällt auf die Schulter, es ist leicht gelockt und ordentlich gekämmt. Ihr Gesicht ist sehr durchschnittlich, aber keineswegs so uneben und hässlich, wie es immer hieß. Wörner mustert es ganz genau. Ein Gesicht verrät viel über den Charakter. Es ist ein Spiegel der Seele. Man sieht sofort, ob einer verschlossen oder offen ist, ob man einem Eigenbrötler gegenüber steht oder einem Filou. An den Augen erkennt man, ob einer auch flink im Kopf ist oder eine trübe Tasse. Die Augen von Ruth Köhler sind dunkel und matt. Ihnen fehlt jeglicher Glanz. Friedhofsdunkel sozusagen. Als habe sie mit ihrem Leben bereits abgeschlossen. Ob das schon immer so war?

Womit beginnen?

Wörner möchte etwas über ihre Kindheit erfahren. Die meisten Verhaltensmuster wurzeln im Elternhaus. Außerdem lässt sich leichter über jene Zeit erzählen, die bei den meisten Menschen als ihre glücklichste gilt. Das waren die Jahre der Unbeschwertheit, der Naivität und Leichtigkeit.

Viel vermag Ruth Köhler nicht zu berichten. 1929 geboren, der Bruder fiel als Soldat im Krieg, die Mutter starb vor dem Frieden an einer Infektion, sie blieb beim Vater. Dann hätten sie die Familie Alexander kennengelernt, ihr Vater und sie besonders wären sehr erfreut gewesen, als die Alexanders den Vorschlag gemacht hätten, sie als Haushälterin aufzunehmen. Sie konnte dort auch eine Ausbildung als Bürokraft machen.

»Warum waren Sie darüber froh, dass Sie aus der Wohnung Ihres Vaters ausziehen konnten?«

»Er war sehr streng.«

»Was heißt das?«

»Ich habe da und dort bei Gelegenheitsarbeiten Geld verdient. Das musste ich bis auf den letzten Pfennig bei ihm abliefern. Er entschied, was dafür gekauft wurde. Und es störte ihn, das ich viel las. Wer liest, arbeitet nicht, sagte er immer. Für ihn zählte nur die Arbeit. Er war nur zufrieden, wenn ich in Bewegung war.«

»Sonst hatten Sie mit Ihrem Vater keine Probleme.«

Sie schüttelt den Kopf. Eine Spur zu heftig vielleicht. Wörner entgeht die Reaktion keineswegs.

»Lebt ihr Vater noch?«

»Nein. Der ist schon lange tot.«

»Waren Sie bei seiner Beerdigung.«

»Nein.«

»Weshalb nicht? Immerhin war es Ihr Vater.«

Sie schweigt. Der Blick geht zu Boden.

»Sie kannten den Beisetzungstermin?«

»Ja.«

»Es war also eine bewusste Entscheidung von Ihnen, der Trauerfeier fernzubleiben.«

Erneutes Schweigen. Dann bricht es plötzlich aus ihr raus. »Ich war nicht dort, weil es ein mieses Schwein war, ein Dreckskerl. Mutter war noch nicht unter der Erde und ich noch keine 15, als er mich schon betatscht hat. Dann wurde er immer zudringlicher, immer drängender. Ich habe gesagt, dass er das sein lassen solle, doch er hat immer nur gelacht. Er tat so, als spielte ich mit ihm. Als würde ich nur so tun, als zierte ich mich. Dabei ekelte ich mich vom ersten Male an. Wenn er sich sabbernd über mich beugte, mir in den Schritt griff …«

Aus ihren stumpfen Augen laufen Tränen. Sie sucht in den Taschen ihres Kittels und schneuzt sich, als sie endlich das Tuch gefunden hat. Wörner schaut hilfesuchend zum zweiten Mann. Der streckt beide Hände flach von sich und bewegt diese nach unten, was soviel heißt, dass sich Wörner ein wenig bremsen solle. Wörner ist sich keiner Schuld bewusst. Nach einer Weile hebt er wieder an.

»Klar, dass Sie froh waren, in den Alexanders eine Familie gefunden zu haben.«

Sie hat sich wieder im Griff. »Ja, es waren nette Leute. Sie behandelten mich wie ihre leibliche Tochter, da sie selbst keine Kinder hatten. Die Arbeit im Haushalt und im Büro machte mir Spaß. Ich hatte zum ersten Mal im Leben Geld in der Hand und konnte entscheiden, was ich kaufte, wohin ich ging, was ich anzog. Es waren die besten Jahre meines Lebens.«

»Und Sie begannen von der großen Liebe zu träumen. Sie waren schließlich eine junge Frau.«

»Das tut wohl jeder, wenn man in dem Alter ist.«

»Und Ihre erste große und einzige Liebe wurde ausgerechnet Wilhelm Alexander. Er war 26 Jahre älter als Sie. Er hätte Ihr Vater sein können. Störte Sie der Altersunterschied nicht?«

Die dunkelblonden Locken fliegen hin und her.

Als erfahrener Kriminalist weiß Wörner, dass Mädchen aus gestörten Familien sich oft einen Ersatzvater als Liebhaber suchen. In dieser Personen vereinen sich die Sehnsucht nach väterlicher Geborgenheit und einem treuen Mann. Er muss also an dieser Stelle nicht weiterbohren. Er tut es dennoch.

»Haben sich Ihre Wünsche und Sehnsüchte erfüllt?«

»Anfangs schon. Einzig die Furcht vor der Entdeckung belastete mich.«

»Welcher Entdeckung?«

»Wir wollten nicht, dass man es in der Werkstatt merkte, dass wir Mann und Frau waren. Vor allem aber fürchtete ich seine Frau. Ich wollte sie nicht enttäuschen und ihr das Gefühl geben, ich nähme ihr den Mann weg.«

»Das verstehe ich nicht«, sagt Wörner. »Sie hat doch von Ihrem Verhältnis gewusst.«

»In den ersten Jahren nicht. Sie merkte es erst, als ich 1958 die Fehlgeburt hatte. Willi hat es ihr dann gesagt. Sie hat es akzeptiert, weil sie ja ohnehin nicht mehr miteinander schliefen. Wir sind dann zusammen ins Schlafzimmer gezogen.«

»Und Ilse Alexander hat das so einfach hingenommen.«

»Ja. Für sie war nur wichtig, dass es keiner merkte. Die Form musste gewahrt bleiben. Die Firma durfte nicht beschädigt werden. Und sie wurde es in dem Moment, wenn bekannt geworden wäre, dass deren Chef, der allseits geschätzte und bekannte Klempnermeister Wilhelm Alexander, ein Verhältnis mit einer Angestellten hätte. ›Macht, was ihr wollt‹, hat sie irgendwann gesagt, ›aber es darf nichts nach draußen dringen‹.«

»Na, da war doch alles in Butter«, sagte Wörner mit unverholenem Zynismus. »Wieso bringen Sie dann ihre Kinder um?«

»Ich habe sie ja nicht umgebracht. Sie kamen tot zur Welt.«

»Bei dem von 1963 wissen wir es nicht, das von 1965 hat nachweislich gelebt. Es wurde erschlagen.«

»Ich weiß davon nichts. Ich kann mich nicht erinnern.«

»Wilhelm Alexander, der Vater dieses Kindes, hat gestanden, es mehrmals mit dem Kopf gegen die Tür des Kühlschranks geschlagen zu haben.«

Die 36-Jährige schweigt, dann heben sich ihre Schultern. Erneut wird sie von einem Heulkrampf heimgesucht. Es fließt aus Augen und Nase. Das Tuch in ihrer Hand ist ein nasses Knäuel.

Der zweite Mann meldet sich erstmals zu Wort. »Ich denke, wir sollten für heute Schluss machen, Genosse Wörner.«

Der Kriminalist nickt.

»Lieben Sie den Mann noch?«

Ruth Köhler schnieft ein vernehmliches Ja.

Wörner versteht das nicht. Wie kann man einen so verrohten Menschen lieben? Da muss man doch krank sein. Später, beim Verfahren, wird ein abgefangener Kassiber verlesen. Das Zettelchen schrieb Ruth Köhler aus der Zelle in der Untersuchungshaftanstalt an den dort ebenfalls einsitzenden Wilhelm Alexander:

Mein Liebes,

Deine lieben Grüße sind angekommen. Du darfst nicht denken, dass ich Dich belasten wollte mit meiner Aussage. Bleibe Du bei Deiner, ich bei meiner. Dann wirst Du mich allerdings viele Jahre nicht sehen können.

Hauptsache, Du kommst da heraus und bist frei.

Dann sehen wir uns wieder,

Dein Bambi

Die nachfolgenden Vernehmungen des U-Häftlings Köhler fördern keine neuen Erkenntnisse zutage. Die Aussagen bestätigen nur die in den Ermittlungen gewonnenen Erkenntnisse. Mit der entschuldigenden Einlassung, Alexander mochte deshalb keine Kinder, weil er zu alt war, und ähnlichen Bekundungen will Ruth Köhler mit offensichtlicher Naivität die Tat relativieren. Wörner schüttelt ein ums andere Mal seinen Kopf.

Unklar ist jedoch, weshalb das Verhältnis der beiden, das sich offenkundig über zehn Jahre hinzog, so eine gravierende Veränderung erfuhr. Wenn das Urteil über die ersten Jahre nicht vollständig von Unbedarftheit und Verklärung überlagert wurde, muss es zwischen den beiden anfänglich gestimmt haben. Was ist passiert, dass Alexander zu diesem schwanzgesteuerten Monster wurde, als das er sich selbst in seinen Vernehmungen präsentierte? Wir werden es nie ergründen, sagt sich Wörner, und schließt die Akte. Es ist auch nicht seine Aufgabe, dies herauszubekommen. Er war verpflichtet, einen Mordfall aufzuklären. Daraus waren am Ende zwei Mordfälle geworden. Er hat, mit einigen Pannen, die Aufgabe erledigt. Das war's.

Nach Jahresfrist, am 13. November 1966, findet vor dem Bezirksgericht in Dresden das Verfahren statt. Die Verhandlung ist öffentlich, doch das Interesse gering. Geringer, als man eigentlich erwarten könnte. Die Besucherbänke sind nur locker gefühlt. Es sind die üblichen

»Verdächtigen« aufmarschiert. Die Stammgäste gewissermaßen, die in Gerichtssälen ihre Zerstreuung finden. Die gibt es auch in Elbflorenz. Vielleicht wäre die Zahl der Neugierigen größer, hätte zuvor in der Zeitung gestanden, über wen man dort zu Gericht sitzen würde. Doch es stand nichts davon in der Zeitung.

Die Dresdner Staatsanwaltschaft hat vor der Hauptverhandlung, wie nicht anders zu erwarten, forensische und psychiatrische Gutachten in Auftrag gegeben. Die Experten sollten die Schuldfähigkeit der beiden Angeklagten ermitteln. Die Fachleute kamen zu dem Schluss, dass bei Alexander keine organische Hirnschädigung vorläge, worauf dessen Anwalt hingewiesen hatte. Schließlich sei sein Mandant im Krieg gewesen und verletzt worden. Zudem, so hieß es weiter in der Expertise, habe Wilhelm Alexander als selbständiger Handwerksmeister über Jahrzehnte den Nachweis geführt, dass er voll einsatzfähig sei – sowohl in der täglichen praktischen Tätigkeit wie auch in der buchhalterischen. Überdies sei er berechtigt, PKW und Kleintransporter zu steuern, weil er entsprechende Berechtigungen erworben habe.

Tests über seine Reaktionsfähigkeit und andere Reflexe, die die Gutachter mit ihm vornahmen, bestätigten das Gesamturteil. Der Angeklagte ist voll schuldfähig, die Anwendung des § 51, Abs. 2 Strafgesetzbuch der DDR damit ausgeschlossen. Bei Ruth Köhler kamen die Gutachter zur gleichen Überzeugung.

So erhebt denn an einem regnerischen Novembertag der Staatsanwalt im Großen Saal des Bezirksgerichts zu Dresden Anklage wegen Mordes an einem Kinde.

Wilhelm Alexander und Ruth Köhler sehen sich seit über einem Jahr zum ersten Male wieder. Der einst kräftige, großgewachsene, selbstbewusste Mann ist erkennbar gealtert. Ruth Köhler ist sichtlich erschrocken, als sie den 63-jährigen sieht. Dennoch huscht ein Lächeln über ihr Gesicht. Das verstehe, wer will.

Die Verhandlung beginnt unverzüglich. Es marschieren Gerichtsmediziner, Gutachter und Zeugen auf. Der Staatsanwalt fragt, der Vorsitzende Richter erkundigt sich, die Angeklagten geben Auskunft.

Gegenstand des Verfahrens ist der Mordfall im September 1965. Dazu liegen genügend Beweise vor.

Nachdem die Zeugen aus dem Städtischen Klärwerk, Mitarbeiter der Görlitzer Kriminalpolizei und auch Ilse Alexander gehört wurden, kommen die Gerichtsmediziner zu Wort.

Es stehe unbestreitbar fest, dass das Kind an den schweren Schädelverletzungen gestorben sei, erklärt der Mann von der Akademie. Die Befunde schlössen einen Tod durch Ersticken oder Ertrinken aus. Bei dem im Magen des Neugeborenen gefundenen gelblichen Inhalt handele es sich einwandfrei um resorbiertes Fruchtwasser. Das schließe auf einen verzögerten Geburtsverlauf hin. Das zu gebärende Kind habe dabei einen Sauerstoffmangel erlitten, den es durch Schlucken von Fruchtwasser ausglich. Da keine anderen Stoffe im Magen vorhanden waren, habe das Kind auch während seiner Lebensdauer nichts zu sich genommen. Die Zeitdauer seines Lebens habe sechs Stunden nach der Geburt betragen. »Da die festgestellten massiven Verletzungen der Schädelbasis und Hirnzertrümmerung, wie in diesem Fall, stets erhebliche Gewalteinwirkungen erfordern, muss der Tod des Kindes durch mehrfaches Auf- und Anschlagen herbeigeführt worden sein. Dabei ist es mehr als fraglich, ob die Angeklagte Ruth Köhler nach der schwierigen Geburt die erforderlichen Kräfte dazu hatte. Wilhelm Alexander hat das Kind erst Mittag, gegen zwölf Uhr, gesehen. Die Tatzeit wird von den Gerichtsmedizinern zwischen dreizehn und fünfzehn Uhr festgelegt.«

Das klang alles sehr akademisch. Und der Staatsanwalt schloss sich dem an: »Während des gesamten errechneten Tatzeitraumes, der sich zwischen der Geburt des Kindes am 6. September 1965 gegen neun Uhr bis zum Hineinbringen der Leiche des Kindes in den Revisionsschacht ereignete, hatten keine anderen Personen die Möglichkeit, an dieses Kind heranzukommen, sondern nur die beiden Angeklagten. Nur sie können die Täter sein.

Der Senat muss nun untersuchen, wer von den beiden den Mord an dem Kind begangen hat.«

Wilhelm Alexander und Ruth Köhler geben sich während der Zeugenaussagen und auch bei den Vorträgen der Sachverständigen ruhig und gelassen. Als jedoch die Bilder des toten Jungen gezeigt werden, schaut sie weg.

Dann wird sie als Angeklagte in den Zeugenstand gerufen. Nach Befragen zu ihrer Person, auf die sie schnell und schlüssig antwortet, soll sie das Geschehen schildern. Ruth Köhler schaut zu Wilhelm Alexander – und schweigt.

Dieser blickt sie eindringlich an, sie senkt den Kopf.

Der Vorsitzende Richter ordnet an, den Angeklagten aus dem Saal zu führen. Nach seiner Überzeugung besteht eine suggestive Abhängigkeit. Die Angeklagte werde nicht reden, solange dieser Mann sie unter Kontrolle habe.

So ist es auch. Nachdem Alexander nicht mehr zugegen ist, beginnt sie zu sprechen. Dennoch zielen ihre Ausführungen auf eine Entlastung ihres Partners. Sie allein trüge die Verantwortung. Bei der Geburt sei sie bewusstlos geworden, weshalb das Kind in den Eimer gefallen sei.

Der Staatsanwalt argumentiert logisch und überzeugend. Sie haben das Kind nicht haben wollen, was durch die Tatsache hinlänglich bewiesen ist, dass keine Babysachen und dergleichen im Haushalt waren. Beide hätten die Tötung von vornherein geplant. Es war darum vorsätzlicher, kaltblütiger Mord. Und an Alexander gewandt führte er aus: »Sie hatten den Vormittag über reichlich Zeit, sich mit dem Gedanken an das geborene Kind auseinanderzusetzen. Als Sie das Kind zum ersten Mal sahen, stellten sie fest, dass es lebte. Durch diese Erkenntnis reifte der Entschluss, das Kind zu töten, was sie dann auch taten. Eine direkte Mittäterschaft ist Ruth Köhler hingegen nicht nachzuweisen.«

Im Laufe des Verfahrens wird auch deutlich, dass beide die Notiz in der *Sächsischen Zeitung* vom 17. September 1965 lasen, mit der die Görlitzer um Mithilfe gebeten worden waren. Diese führte zu einem heftigen Streit zwischen beiden. Ruth Köhler wollte daraufhin die Polizei informieren, sich also stellen. Wilhelm Alexander bearbeitete sie so lange, bis sie von dieser Idee Abstand nahm. Mehr noch: Er instruierte sie, was sie im Falle einer Vernehmung sagen sollte.

Zwei Kinder getötet

Görlitzer Verbrechen vor dem Bezirksgericht

Der 63jährige Klempnermeister Wilhelm Alexander aus Görlitz ist verheiratet. Aber er unterhielt seit 20 Jahren eheähnliche Beziehungen zu seiner Büro- und Hausgehilfin, der heute 37jährigen Ruth Köhler, die ihm völlig hörig war. Aus dieser Verbindung resultierten vier Schwangerschaften, darunter zwei Fehlgeburten.

Ruth K. gebar am 6. September 1965 ein Mädchen. Wilhelm Alexander warf die Leiche des Kindes am 7. September 1965 in die Kanalisation. Zwischen diesen beiden unbestrittenen Tatsachen klafft eine Lücke: der Tod des Kindes, über den beide Aussagen machten, die nicht nur in sich und untereinander widerspruchsvoll waren, sondern auch in Widerspruch zu den objektiven Feststellungen standen. Das Gutachten der Gerichtsmedizin widerlegte all die vielen Varianten, die Ruth K. über den Tod des Kindes gab. Es stellt unmißverständlich fest, daß das Kind auf gewaltsame Art ums Leben kam, nämlich durch An- und Aufschlagen des Schädels an beiden Schläfenseiten. Es würde zu weit führen, die mit bewundernswerter Gründlichkeit zusammengetragenen Indizien der Anklage einzeln aufzuführen. Nach ihnen steht jedenfalls fest – das ergab das Plädoyer des Staatsanwalts –, daß A. das Kind getötet und die Mutter die Tötung zugelassen hat. Ruth K. wurde weiter zur Last gelegt, ein 1963 geborenes Kind unmittelbar nach der Geburt getötet zu haben. Das gab sie zu.

Der Psychiater ließ keinen Zweifel an der Zurechnungsfähigkeit beider Täter. Der Staatsanwalt beantragte gegen A. zehn, gegen Ruth K. sechs Jahre Zuchthaus. Dabei mußte berücksichtigt werden, daß letzterer nicht nachgewiesen werden konnte, daß das 1963 geborene Kind überhaupt gelebt hat.

Das Urteil geben wir bekannt.

-kens

Auf der letzten Seite des Sächsischen Tageblatts, *Ausgabe Ostsachsen, vom 14. November 1966 versteckt*

Dieser Vorgang, so denkt Wörner auf seiner Bank, macht zwei Dinge deutlich. Zum einen die offensichtliche Wirkung selbst kleiner Meldungen für polizeiliche Ermittlungen, zum anderen den selbstsüchtigen Egoismus dieses Mannes. Die Skrupel und Gewissensbisse, die Ruth Köhler plagen, sind ihm gänzlich fremd.

Im zweiten Teil des Verfahrens kommt der Fall vom November 1963 zur Sprache.

Der Staatsanwalt geht in der Anklageerhebung davon aus, dass dabei Ruth Köhler allein handelte. Sie ist die alleinige Mörderin ihres Kindes. »Wilhelm Alexander erhält durch seine Geliebte davon Kenntnis, schweigt und akzeptiert somit diesen Mord. An einem Tag im November, das Datum ist nicht feststellbar, wird das Kind, dessen Geschlecht ebenfalls unbekannt ist, in einem bis zur Hälfte mit Schmutzwasser gefüllten Eimer geboren. Nach Angaben von Ruth Köhler soll die Geburt gegen 10 Uhr vormittags gewesen sein. Das Kind lag, nachdem es geboren wurde, mit dem Gesicht im Wasser. Gegen 16 Uhr hat sie es dann tot aus dem Eimer genommen, in Inlettstoff gewickelt und in eine Gärkruke verbracht. Diese stand in der Vorratskammer der Familie Alexander an eben jener Stelle, bis im Zuge der Ermittlungen die skelettierte und mumifizierte Leiche aus ihr entnommen wurde.

Auch hier gingen beide Angeklagten davon aus, es würde zu keiner normalen Geburt kommen. Alle Handlungen im Vorfeld dienten dazu, das zu erwartende Leben zu töten.«

Die wenigen Zuschauer im Saal schweigen erschüttert. Sie vermissen, wie auch Wörner, jeglichen gesellschaftlichen Bezug. Das Gericht weicht erkennbar von der Praxis ab, das Verbrechen in einen ideologischen Kontext zu stellen. Das erklärt vielleicht auch die Eile, mit der man zum Ende kommt.

Noch am gleichen Tage spricht der Vorsitzende Richter im Namen des Volkes das Urteil. Wilhelm Alexander wird wegen Totschlag gemäß § 212 Strafgesetzbuch der DDR zu zehn Jahren Zuchthaus verurteilt.

Ruth Köhler erhält wegen wegen Kindestötung und versuchter Kindestötung gemäß § 127, Abs. 1,43 StGB der DDR fünf Jahre Zuchthaus.

Unmittelbar nach dem Urteil legt der Generalstaatsanwalt Protest ein. Er rügt die Strafzumessung hinsichtlich der versuchten Kindestötung 1963 und fordert daher eine höhere Gesamtstrafe für Ruth Köhler.

Auf Anweisung aus Berlin erscheint am Tag nach dem Verfahren ein kurzer Zweispalter auf der letzten Seite des *Sächsischen Tageblatts*, Ausgabe Ostsachsen. Darin wird über den Prozess berichtet. Auf das Urteil, das erst nach Redaktionsschluss erscheint, wird auf die nächste Ausgabe verwiesen. Das *Sächsische Tageblatt,* ist die Landeszeitung der Liberal-Demokratischen Partei (LDPD) und hat eine geringe Auflage, d. h. der Kreis der Leser ist überschaubar. Durch diesen Schachzug kommt die Obrigkeit pro forma der Informationspflicht nach, aber diese findet faktisch jenseits der Öffentlichkeit statt. Dennoch reicht diese Nachricht wie auch die nachfolgende Bekanntgabe des Urteils aus, das es Protestbriefe aus der Region gibt. Vor allem Hebammen und Krankenschwestern sind über die Tat entsetzt und wollen sich mit dem Urteil nicht zufrieden geben. Es ist nicht mehr zu eruieren, ob die Unmutsbekundungen wie in vergleichbaren Fällen bestellt sind.

Es scheint nicht ganz auszuschließen zu sein, denn schon am 7. Januar 1967, keine zwei Monate später, reagiert das Oberste Gericht als höchstrichterliche Instanz der DDR. Der 5. Senat hebt das Urteil gegen Ruth Köhler auf und verweist das Verfahren zur Neuverhandlung an das Bezirksgericht zurück.

Am 23. Februar 1967 tritt dieses erneut zusammen.

Nunmehr wird Ruth Köhler zu sechs Jahren verurteilt.

Auch die Verteidiger von Wilhelm Alexander haben Widerspruch eingelegt. Sie erklären, das ihr Mandant

Das Oberste Gericht der DDR befand sich bis zu Beginn der 70er Jahre in der Scharnhorststraße, ehe es in die Littenstraße zog. Heute residiert im Gebäude das Bundesministerium für Wirtschaft und Technologie

nicht die ganze Zeit im Saal gewesen sei und darum nicht im vollen Umfang dem Verfahren habe beiwohnen können. Dadurch habe er sich nicht hinlänglich verteidigen können. Diesen Einspruch lehnt das Oberste Gericht am 20. Januar 1967 ab und bestätigt das gegen Alexander ergangene Urteil.

Wilhelm Alexander stirbt während der Haft.

Ruth Köhler verbüßt ihre Strafe und kehrt nach der Entlassung nach Görlitz zurück. Sie verbringt ihren Lebensabend in einem städtischen Altersheim.

Ilse Alexander lebt in der Wohnung, in welcher nachweislich zwei Kinder umgebracht wurden, noch einige Jahre, ehe auch sie in ein Altersheim wechselt.

Wenige Jahre nach ihrem Tode stirbt Ruth Köhler.

Alle drei werden nacheinander in Görlitz auf dem Städtischen Friedhof bestattet, dessen Parkanlage von Lenné stammt.

Die Gräber sind nicht mehr auffindbar.

Angesichts des Wandels in der Einstellung der Mütter
gelangt man zu der Überzeugung,
dass der Mutterinstinkt ein Mythos ist.
Auf ein allgemeingültiges und naturnotwendiges
Verhalten der Mutter sind wir nicht gestoßen.
Wir haben im Gegenteil festgestellt,
dass ihre Gefühle in Abhängigkeit von ihrer Bildung,
ihren Ambitionen oder ihren Frustrationen
äußerst wandlungsfähig sind. Man kommt deshalb nicht an
der grausamen Schlussfolgerung vorbei,
dass die Mutterliebe nur ein Gefühl und als solches
wesentlich von den Umständen abhängig ist.

Elisabeth Badinter,
in: Die Mutterliebe – Geschichte eines Gefühls
vom 17. Jahrhundert bis heute, München-Zürich 1981.

Die französische Philosophieprofessorin hatte für diese Studie
Beziehungen von Müttern und Kindern über vier Jahrhunderte untersucht

Rabenmutter

Wo der Thüringer Wald in die Rhön hinüberwächst, liegt Friedeberg. An die fünfhundert Seelen zählt der Dorfpfarrer, nicht mehr. Vorm Krieg waren es einmal mehr. Doch viele Bauern und deren Söhne sind »für Führer, Volk und Vaterland« gefallen und nicht zurückgekehrt. Die Gemeinde liegt seit knapp anderthalb Jahrzehnten im sogenannten Zonenrandgebiet. Drüben ist »die Zone«, in der die Russen hausen, hier die Bundesrepublik. Die Grenze verläuft nur wenige Kilometer hinterm Dorf, die man nur Demarkationslinie nennt. Wie das alles gekommen ist, interessiert hier niemanden. Das einzige, was die Menschen beschäftigt: Wie kommt das »Wirtschaftswunder«, von der die Zeitungen schreiben, endlich auch nach Friedeberg?

Dieses Thema wird täglich in der »Dorfkrone« heiß gewälzt. Die Männer reden sich die Köpfe heiß und wissen genau, woran es liegt: Der Russe ist Schuld! Wenn der Russe nicht bis nach Thüringen gekommen wäre, gäbe es keine Zonengrenze und Friedeberg läge nicht am Arsch der Welt, sondern mitten im Grünen Herzen Deutschlands.

Vor der Kneipe dehnt sich der Anger mit dem Gänsebrunnen. Dort trifft sich die Dorfjugend seit Menschengedenken. Die Mädchen und Jungen sitzen auf dem Brunnenrand, schlenkern mit den Beinen und träumen von einer Zukunft jenseits von Friedeberg. Das war schon immer so und ist heute nicht anders. Doch am Ende bleiben die meisten doch im Ort oder der Gegend. Sie erben den Hof des Vaters, heiraten oder werden verheiratet, setzen Kinder in die Welt, werden dick und Großeltern und sinken irgendwann ins Grab, betrauert von den Angehörigen und der Gemeinde. Das ist der ewige Kreislauf. Alles harmonisch und ruhig. Nichts passiert. Das Leben plätschert gleichförmig dahin wie das Wasser im Dorfbrunnen. Wenn eine Katze vom Traktor überfahren wird, ist das fast eine Sensation und tagelang Gesprächsthema auf der Dorfstraße.

Unter den pubertierenden Mädchen und Jungen, die sich allabendlich um den Gänsebrunnen versammeln, ist Karin. Eine zierliche, hübsche Person mit langen, braunen Haaren, die als Zopf auf dem Rücken tanzen. Die Proportionen stimmen, die 18-jährige ist eine Augenweide. Und manchem fallen tatsächlich die Augen aus dem Kopf, wenn er ihr nachschaut.

Sie kam während des Krieges zur Welt, 1942. Ein Nachzügler. Der Vater stirbt wenig später den Heldentod, die beiden älteren Brüder wollen es ihm gleichtun. Die Mutter rackert sich als eine Art Tagelöhnerin auf dem Gut durch. Als es nicht mehr geht, gibt sie die Tochter an ihre Schwester. Die Tante wohnt im gleichen Gehöft, doch der Wechsel ist gravierend. Zumal unmittelbar nach dem Kriege, als Heimatlose aus dem Osten auch in Friedeberg stranden, sich die Mutter neu orientiert. Witwe will sie nicht bis zum Ende ihrer Tage sein. So nimmt sie sich denn einen der »Vertriebenen« oder der sie, man heiratet und zieht weiter nach Westen, dorthin, wo der Aufschwung ist.

Zurück bleibt Karin bei Tante und Onkel, die inzwischen die Elternrolle nicht nur spielen, sondern angenommen haben. Sie haben selbst keine Kinder.

So geht denn das Leben seinen gewohnten Trott.

Bis zu jenem Abend wenige Tage nach dem 14. Geburtstag. Die Tante ist zum Federnschleißen in der Nachbarschaft, jener kollektiven Tätigkeit an langen Winterabenden, bei der die Weiber rings um einen großen Tisch sitzen, auf der sich Enten- und Gänsefedern türmen. Dann reißen die Frauen die Daunen vom Kiel, die dann in die Betten und Kissen gestopft werden und nächtens für wohlige Wärme sorgen. Die leichten Daunen tanzen in der Atemluft durch den Raum, jeder Luftzug wirbelt den Daunenschnee auf. »Tür zu!« ruft der Chor, wenn jemand den Raum betritt oder verlässt. Und wie die Männer in der Kneipe hecheln die Frauen beim Schleißen durch, was sich so alles in jüngster Zeit zugetragen hat.

Der Onkel ist in der Dorfkrone und politisiert.

Karin hat sturmfreie Bude und nutzt den unbeobachteten Augenblick, sich selbst zu entdecken. Denn so unbedarft ist sie nicht mehr, um nicht zu bemerken, dass sie sich verändert. Nicht nur die Arme werden länger und schlenkern scheinbar unbeherrschbar an ihrem Körper. Auch wächst da was am Oberkörper. Keck drängen sich die Warzen auf Hügelchen hervor, sie stoßen gegen das Unterhemd und erzeugen erstaunliche Ausbuchtungen im Pullover. Die Halbwüchsige hat ihre Kleider abgelegt und dreht sich vor dem Spiegel in der Guten Stube, der bis zum Boden reicht. So kann sie sich in aller Ruhe mustern. Von großen Onkel über die Fesseln und Waden, die langsam Formen bekommen, die Oberschenkel und das Dreieck unterm Nabel, das von dunklem Flaum gebildet wird. Auch der Hintern bekommt langsam die Form eines prallen Apfels. Straff und makellos wölben sich die beiden Halbkugeln, wie Karin mit Befriedigung bemerkt, als sie sich zur Seite dreht, um sich im Profil zu betrachten. Mal links, mal rechts. Alles am rechten Platz und kein Gramm zu viel.

Und dann das Obergeschoss. Sie legt die beiden Hände darunter und darüber. Tatsächlich, da hat sich einiges getan, sie wird wohl bald einen BH tragen müssen, was ja – nebst der Monatsblutung – als Eintritt in die Erwachsenenwelt gilt.

So dreht sie sich staunend vor dem Spiegel und erfreut sich daran, was ihr die Natur an Guten angedeihen lässt. Das Radio dudelt leise Musik dazu.

Doch der unbeschwerte, intime Augenblick endet jäh.

In der Tür steht der Onkel.

Er ist zunächst überrascht wie die Nichte, die starr vor Schreck und ohne Besinnung scheint. Doch dann verformt sich das Gesicht zu einem Grinsen. Lüstern gleitet der Blick auf und ab, er fotografiert gleichsam die 14-Jährige.

»Wo kommst du her?«, stammelt die. Die Frage ist blöd, sie riecht es bis hierher, woher er kommt.

Und dieser stiere Blick! Gierig und trunken zugleich. Sie will nach ihren Sachen greifen und sich davonmachen, doch der Onkel ist schneller. Er packt sie an den Armen, bläst ihr seinen stinkenden Atem ins Gesicht und will sie küssen. Sie wendet den Kopf, tritt mit ihren nackten Füßen, versucht sich seinen Armen zu entwinden. Doch er ist stärker. Je mehr sie sich wehrt, desto gieriger wird er. Ja, ruft er ein ums andere Mal, ja, du wilde Katze, das mag ich. Mit seinen riesigen Bauernpranken wirft er sie schließlich aufs Sofa und öffnet dabei seinen Leibriemen. Karin wähnt, als habe der Onkel plötzlich vier oder sechs Hände. Er drückt und knebelt sie, zieht sich dabei noch die Manchesterhose herunter und bohrt ihr seinen steifen Kolben in den Unterleib.

Sie schreit vor Schmerz auf. Weint. Strampelt. Schlägt mit den Armen wild um sich. Stößt mit den Füßen, beißt und kratzt wie eine Katze. Doch der Onkel lässt sich nicht beeindrucken.

»Schrei nur, ja, das ist gut« stöhnt er voller Befriedigung, während Karin fast bewusstlos wird.

Dann endlich lässt der Betrunkene von ihr ab, nachdem er sich erleichtert hat, und richtet sich mühsam auf. Karin liegt wimmernd und benommen da.

»Mach dich sauber«, herrscht der Onkel sie an. »Ich will keinen Ärger«. Er beugt sich über sie und streicht ihr die Haarsträhnen aus dem Gesicht. »So ist das nun mal. Es wird dir schon noch gefallen. Wenn du dich nicht sperrst, tut es auch nicht weh. Außerdem«, er senkt die Stimme, »soll es dein Schaden nicht sein«.

Karin versteht nicht, was er meint. Sie hat nur fürchterliche Schmerzen, will sich erheben, kann aber nicht. Die Angst vor der Tante und unendliche Scham treiben sie schließlich doch hoch. Mühsam schleppt sie sich in die Waschküche. Das Wasser aus der Leitung ist eiskalt. Zwei Eimer füllt sie in den Waschzuber und steigt hinein. Das Wasser färbt sich rot, sie sieht es nicht. Ihr Blick geht ins Leere. Sie weint.

Am nächsten Morgen kann sie sich kaum daran erinnern, wie sie noch Ordnung geschafft hat und ins Bett gekommen ist. Sie kommt zum Frühstück. Entgegen sonstiger Gewohnheit, als sie heiter in die Küche stürmte, ist sie ruhig und wie abwesend. Die Tante registriert das.

»Du wirst doch nicht krank werden«, meint sie besorgt und legt dem Mädchen fürsorglich die Hand auf die Stirn.

»Nein, nein«, beeilt sich Karin zu versichern. Es sei nichts.

Die Tante darf das nie erfahren, hämmert es in ihrem Kopf. Das bricht ihr das Herz. Denn sie gibt sich selbst die Schuld, dass der Onkel über sie herfiel. Hätte sie nicht nackt vor dem Spiegel gestanden, dann hätte ihn der Trieb nicht übermannt. Er hat sich doch früher ihr gegenüber ganz anders verhalten. Nein, sie muss dies als Geheimnis für sich behalten. Niemand darf davon etwas wissen.

Das, so scheint es, weiß der Onkel. Wieder und wieder fällt er über sie her. Mal brutal, mal zärtlich. Mal droht er, sie als Hure bloßzustellen und allen im Dorf zu erzählen, wie sie ihn verführt habe. Mal überhäuft er sie mit Geschenken: Perlonstrümpfe, Schmuck, sogar ein Fahrrad. Karin verweigert die Annahme nicht, sie nimmt es gleichsam als Schmerzensgeld.

So geht es Woche um Woche, Monat um Monat, Jahr um Jahr. Nach der Schule, wenn die Tante nicht da ist, und später, wenn sie aus der Lehre nach Hause kommt. Karin zieht sich in ein Schneckenhaus zurück. Sie verschließt sich. Zwar geht sie noch zum Gänsebrunnen, doch sie ist nicht mehr wirklich dabei. Ihr »Geheimnis« lastet wie ein Mühlstein auf ihrem Gewissen.

Wenige Tage nach ihrem 18. Geburtstag merkt sie, dass sie schwanger wird. Nicht das auch noch, denkt sie, als die Tage, an denen sie ihre Regel erwartet, folgenlos vorüberziehen. Und da ist niemand, dem sie sich offenbaren, mit dem sie dieses Problem vielleicht lösen kann. Die Tante? Um Gottes willen? Dem Gottesmann? Wenn sie es dem Pfarrer beichtet, weiß es bald das ganze Dorf: Die Karin krieg ein Kind! Ihrer Freundin? Die fragt sofort zurück: von wem? Dem Dreckskerl, der sie geschwängert hat? Dem schon gar nicht.

Sie muss hier weg, raus, abhauen.

Und sie entsinnt sich ihrer fernen Oma, die sie kaum kennt. Die Mutter ihres 1943 gefallenen Vaters lebt drüben, in der Zone, an der polnischen Grenze. Außer den üblichen Kartengrüßen, die man zu Weihnachten und Neujahr austauscht, besteht keine Verbindung. Doch die Tante sagt, es wäre eine gute Frau, schade nur, dass man sich nicht sähe wegen dieser Grenze. Na gut: Wenn es diesen Wunsch tatsächlich gäbe, hätte man ihn sich irgendwann schon erfüllen können. Aber es liegt nicht an den Russen, sondern an dem Umstand, dass es keine innere Beziehung gibt. Es ist die Mutter des Schwagers, der vor langer Zeit starb, und die Schwester ist auch nicht mehr in Hause. Das ist der Lauf der Welt: Familienverbände lösen sich nun mal auf, wenn der Kitt brüchig wird oder gar fehlt.

Was, denkt Karin, wird die alte Frau in Görlitz, die sie noch nie gesehen hat, sagen, wenn die fremde Enkelin aus dem Westen aufkreuzt? Und was wird sie tun, wenn sie erklärt, dass sie nicht nur besuchsweise kommt? Und schließlich: dass sie nicht allein kommt?

Egal, sie wird diesen Schritt der Trennung endgültig tun und nach Görlitz reisen.

Karin trifft sich ein letztes Mal am Brunnen mit ihrer Freundin. Ohne dass sie ihr sagt, es wäre das letzte Mal. Die ist zwar ein wenig verwundert, dass Karin ihr eine Kette schenkt und beim Abschied in die Arme nimmt, was sie sonst nie tut, doch in letzter Zeit war sie ohnehin ein wenig wunderlich, denkt diese, und misst der Sache keine Bedeutung bei.

Dann eilt sie nach Hause und versteckt den bereits gepackten Koffer unter der Dielentreppe. Für die Tante schreibt sie einen Brief, in dem sie sich für die Liebe und Zuwendung bedankt, die sie durch ihre Pflegemutter erfuhr. Dann bittet sie noch um Verzeihung, ohne den Grund zu nennen. Der Onkel bleibt unerwähnt, als habe es ihn nicht gegeben. Karin malt sich aus, wie er keifen und toben wird, wenn er merkt, dass ihm sein Spielzeug abhanden gekommen ist. Sie will ein neues, ihr eigenes Leben beginnen.

Dort, wo der Thüringer Wald in die Rhön hinüberwächst, liegt Friedeberg

Am Morgen gegen vier Uhr, es ist ein Samstag, schließt sie leise das Hoftor auf. Sie hält im Schließen inne – Bello, der alte Schäferhund, schläft ruhig in seiner Hütte. Das Tor zieht sie vorsichtig heran, bis das Schloss einschnappt. Dann steht sie mit ihrem Koffer auf der Straße. Es ist still, die Luft ist feucht und in den nahen Bergen fängt sich der Nebel. Wie ein Dieb schleicht sich das Mädchen aus dem Ort, sie wandert auf der Hauptverkehrsstraße in Richtung Wald. In fünfzehn Kilometern etwa ist die Grüne Grenze, hinter der Ostdeutschland beginnt.

Nach zwei Kilometern erreicht sie den nächsten kleinen Ort, bestehend aus fünf Häusern. Vor einer Scheune macht sie Halt. Es beginnt langsam hell zu werden. Karin nimmt einen tiefen Schluck Wasser aus der Trinkflasche, und weiter geht's. Kurz vor dem Waldstück überholt sie ein alter Traktor. Ein junger Bursche grinst ihr freundlich zu und bietet ihr einen Platz auf seinem Gefährt an. Sie nimmt sein Angebot dankbar an. Er pfeift die ganze Zeit vor sich hin und stellt ihr zum Glück keine Fragen. Bald taucht die Kirche von Lengshausen auf – ihr Ziel. Der Traktor stoppt.

»Absteigen, bittschön. Ich muss nach links aufs Feld.«

Karin springt hinunter, lässt sich den Koffer reichen und dankt. »Ich bin ja auch gleich da.« In Lengshausen ist das Leben bereits erwacht. Trotz Grenznähe kommen noch immer viele Urlauber zur Erholung. Aus dem Bäckerladen duftet es nach frisch Gebackenem, der Zeitungsmann steckt am Kiosk die neue Bild fest, und zwei Lehrlinge der hiesigen Gärtnerei sprengen die Blumenrabatten. Karin beschließt, sich mit Brötchen einzudecken. Man weiß ja nicht, wie es drüben damit aussieht. In der einen Hand den Koffer, in der anderen eine Tüte mit frische Brötchen marschiert sie weiter. Schon bald taucht am Straßenrand ein Schild auf, dass man sich der Grenze nähere. Karin sieht sich vorsichtig um. Niemand nimmt von ihr Notiz. Sollte das Passieren der Grenze wirklich so einfach sein? Es ist weit und breit kein Grenzpolizist zu sehen. Wieso machen die dann immer so ein Gewese?

Sie läuft weiter, bis sie zum Bahnhof kommt. Ein kleines Bahnhäuschen ist es nur, doch es ist besetzt.

Eine freundliche Angestellte fragt nach Karins Begehr.

»Einmal Görlitz. Einfach.«

Die Bahnerin macht große Augen.

»Fräuleinchen, sind Sie sicher, dass der Ort noch in der DDR liegt? Meines Erachtens ist das doch schon Polen!«

»Nein, sicher nicht«, stellt Karin richtig. Das wäre zwar Grenzstadt, aber noch auf deutscher Seite. »Meine Oma wohnt dort«, schiebt sie erklärend nach. Sie wolle sie besuchen.

Damit gibt sich die Frau zufrieden. Sie füllt die Fahrkarte aus, nennt den Preis. Karin schiebt die Scheine über den Schaltertisch.

»Westgeld, auch das noch«, ruft entsetzt die Bahnerin, als sie die Banknoten sieht. »Kommen Sie von drüben?«

»Drüben ist doch die Zone. Ich bin von hüben.«

Die Frau am Schalter lacht. »Hüben, drüben, wer kennt sich da noch aus. Sie sind hier jedenfalls in der DDR. Und da gilt anderes Geld. Das hier.« Sie macht ihre Kasse auf und zeigt ihr einige Scheine. »Wir können es ja so machen: Ich tausche Ihnen privat West- gegen Ostmark, und die bezahlen damit Ihr Ticket. Einverstanden?«

»Einverstanden«, sagt Karin, und schiebt ihr ganzes Geld hinüber.

Irgendwann rollt ein Zug ein. Vorn dampft die Lok, die die Bummelbahn bis Eisenach zieht. Schon bald gehen Uniformierte durch die Wagen und verlangen die Ausweise. Karin setzt ihr naives Gesicht auf und erzählt treuherzig, sie wolle ihre kranke Großmutter in Görlitz besuchen. Es ist wie im Märchen. Doch der böse Wolf ist aber gar nicht böse und lässt Rotkäppchen in Ruhe und weiterreisen, ohne einen Ausweis gesehen zu haben. So kommt Karin nach Eisenach, wo sie umsteigt. Obwohl

Görlitz an der Neiße, am Rande von Deutschland

der Zug voll ist, ergattert sie einen Platz am Fenster. Draußen fliegt die Landschaft vorbei, die nicht anders aussieht als daheim. Das stimmt sie mutig, so schlimm also wird es nicht kommen.

Am Abend trifft sie in Görlitz ein.

So eine große Stadt hat sie noch nie gesehen. Und obgleich es schon spät ist, sind noch viele Menschen auf den Straßen. Anders als in Friedeberg, wo man die Bürgersteige hochklappt, wie man sagt, sobald der Mond aufgeht. Sie fragt sich durch bis in die Kronenstraße, wo die Oma wohnt.

Eine weißhaarige Frau öffnet ihr. Sie schaut misstrauisch.

»Guten Tag, ich bin Karin.«

»Karin?«

»Ihre Enkelin aus dem Westen.«

Die Greisin blickt ihr aufmerksam ins Gesicht. Doch, die Augen, der Mund, die Nase, selbst die Haarfarbe … Das ist eindeutig Kurt, ihr Sohn.

»Karin«, sagt sie und schließt die Enkelin in die Arme. »Was treibt dich nach Görlitz? Wie bist du hergekommen? Hättest du nicht schreiben können? Komm aber erst einmal rein.« Der Redefluss ist nicht zu stoppen.

Beim Tee erzählt ihr Karin alles. Bis auf den Mann, der sie geschwängert hat. Sie schiebt die Vaterschaft einem GI in die Schuhe. Ein amerikanischer Besatzungssoldat habe sie vergewaltigt, deshalb sei sie geflohen. Sie könne nicht mehr in einem Lande leben, wo Vergewaltiger ungestraft frei herumlaufen könnten.

Die Oma fragt zurück, weil sie meint, sich verhört zu haben. »Du willst also hier, in der DDR, bleiben?«

»Ja.«

»Hast du es dir gut überlegt?«

Karin nickt.

»Gut. In der ersten Zeit kannst du bei mir wohnen. Am Montag gehen wir zur Polizei und melden dich an.«

Die Staatsbediensteten in Görlitz, mit denen es Karin aus Friedeberg/BRD in den nächsten Tagen zu tun bekommt, reagieren überrascht bis skeptisch. In der Regel läuft der Reiseverkehr in andere Richtung. »Bürgerin, Sie wollen Staatsbürger der DDR werden?«

Ja, das wolle sie.

Karin füllt Dutzende Formulare und Fragebögen aus. Als hilfreich erweist sich, dass sie sich zur Pflege ihrer Großmutter verpflichtet, weshalb sie überhaupt nach Görlitz kam, und dass sie von einem US-Soldaten vergewaltigt und geschwängert wurde. Das passt durchaus ins politische Raster. Karin ist also Opfer des brutalen Klassenfeinds geworden.

Sie bekommt einen DDR-Ausweis.

Sie bekommt eine Arbeit in der Weberei.

Sie tritt dem Freien Deutschen Gewerkschaftsbund bei.

Sie bleibt aber die von »drüben«. Die Kolleginnen fremdeln ein wenig, weil sie das nicht verstehen, wieso eine wie sie nach Görlitz zieht. Ausgerechnet Görlitz. Am Arsch der Welt.

»Der Arsch der Welt ist Friedeberg«, widerspricht Karin.

Das will man nicht glauben. Wo doch Friedeberg im Goldenen Westen liegt.

Karin wird als werdende Mutter in das System der Schwangeren- und Mütterberatung integriert. Sie nimmt die Termine sehr ernst. Erklärt aber bei jedem Arzttermin, dass sie das Kind zwar zur Welt bringen, aber sogleich ins Heim geben wolle. Der Grund ist allen, die in ihr Geheimnis eingeweiht sind, verständlich. Es ist einer Mutter nachzusehen, wenn sie beim Anblick ihres Kindes nicht stets an ihre schlimmste Stunde erinnert werden möchte.

Die Geburt verläuft ohne Komplikationen. Die Tochter ist gesund und munter. Karin gibt ihr den Namen »Manuela«, rührt sie aber nicht an. Ihr ganzer Hass auf den Onkel, der der Vater dieses unschuldigen Kindes ist, fokussiert sich auf das Mädchen. Die Großmutter, die im Krankenhaus ihre Urenkelin glücklich in den Armen wiegt, versucht Karin umzustimmen. Doch die bleibt dabei: Sie kommt ohne Kind nach Hause. Manuela soll ins Heim.

Nach zwölf Wochen Babypause steht Karin wieder an ihrem Webstuhl im Betrieb.

Wenige Monate später verstirbt überraschend die Großmutter. Im Frühjahr '61 bettet man sie zur letzten Ruhe. Karin bleibt in der Wohnung, die sie abends leer erwartet. Sie überweist pünktlich ihren Monatsbeitrag ans Heim, korrespondiert gelegentlich mit der Tante, doch so richtig glücklich ist sie mit ihrem Dasein nicht.

Am 13. August schließt die DDR ihre Grenze zum Westen. Während im Betrieb und in der Nachbarschaft sich viele darüber aufregen, ist Karin befriedigt. Nunmehr ist der Onkel für sie endgültig weg. Jetzt sitzt er unerreichbar fern hinter der Mauer. Sie nimmt die Maßnahmen als Wink des Himmels. Politik interessiert sie nicht. Aber das ist ein Zeichen, sich nun endlich die Vergangenheit abzuschütteln, eine eigene Existenz aufzubauen und eine Familie zu gründen. Sie will nicht mehr von Albträumen gequält und von schmerzlichen Erinnerungen aus dem Schlaf gerissen werden. Nie mehr diesen imaginären Mühlstein auf der Brust spüren.

Sie nimmt nunmehr die Einladungen einer Kollegin, mit der sie sich inzwischen angefreundet hat, gern an. Die ist ein fideles Haus, lebenshungrig und umkompliziert. Mit der zieht sie »um die Häuser«. Sie gehen zum Tanz, ins Kino, ins Theater, besuchen Ausstellungen, flirten mit Männern und treffen Verabredungen. Karin lebt auf und wird immer hübscher.

So lernt sie Norbert Schmidt kennen. Ein großgewachsener Mann mit Lockenkopf, Kraftfahrer und durchaus sensibel. Die beiden finden bald zueinander, doch es gibt eine Sperre. Norbert spürt das. Sie reden nicht darüber. Ein halbes Jahr halten sie nur Händchen. Irgendwann aber liegen sie dann doch im Dunkeln beieinander. Man kann sich nicht in die Augen sehen. Das hilft manchmal. Stockend erzählt Karin schließlich ihre Geschichte. Die wahre Geschichte. Auch von Manuela berichtet sie.

Norbert ist konsterniert. Er schluckt, braucht Zeit, um diesen ganzen Dreck zu verarbeiten. Noch nie im Leben war er mit solchen Dingen konfrontiert gewesen. Doch er liebt diese Frau. Und er wird sie heirateten. Trotz der Vorgeschichte. Vielleicht auch wegen ihr. Sie soll an seiner Seite alles vergessen.

Karin wird schwanger. Zum zweiten Mal. Aber diesmal ist es im Wortsinne ein Kind der Liebe. Beide wollen es und freuen sich darauf.

Norbert ist stolz darauf, Vater zu werden und macht auf der Stelle einen Heiratsantrag. Karin schwebt im siebten Himmel. Die Hochzeit wird geplant. Karin erkämpft einen Ferienplatz im Zittauer Gebirge. Norbert verschickt

Einladungen an Eltern und die Schwester. Alles ist perfekt und jeder ist glücklich. Es wird eine schöne Feier. Karin sieht im weißen Kleid bezaubernd aus, Norbert ist begeistert von seiner Frau.

In einer der kurzen Nächte während der Flitterwochen wünscht sich Norbert, dass Karin Manuela in die neue Familie hole. Das Kind tut ihm leid. Es könne doch nichts für die Umstände, unter denen es gezeugt wurde.

Karin durchfährt ein jäher Schreck. Nein, sie wolle das Kind nicht sehen. Der Gedanke, Manuela könne an ihrem Glück mit Norbert und dem Kind, das sie erwartet, teilhaben, missfällt ihr sehr. Doch Norbert bleibt beharrlich: Er will Manuela in seine, in ihre Familie integrieren.

Karin gibt schließlich seinem Drängen nach. Sie will den Mann nicht verlieren, für den diese Frage von großer Bedeutung ist. Ein Heim kann keine Familie ersetzen, sagt er. Du kannst das Kind nicht dafür bestrafen, dass es von einem Rhönbauern und gegen deinen Willen gezeugt wurde. Du hast eine Verantwortung, Karin, die sich nicht darin erschöpfst, dass du jeden Monat einen Betrag ans Heim überweist.

Irgendwie, so denkt Karin, werde sie das Kind schon verkraften. Manuela ist nun schon drei Jahre alt. Sie sei sauber, weiß sie von der Heimleiterin, und mache bei ihrer Entwicklung gute Fortschritte. In dieser Hinsicht dürfte es also keine Probleme geben. Das Jugendamt macht auch keine. Im Gegenteil, die verantwortliche Betreuerin freut sich für das kleine Mädchen. Karin und Norbert hinterlassen einen guten Eindruck im Amt, die gesellschaftlichen Beurteilungen aus ihrem Betrieb sind gut, also gibt es keinen Grund, der Familienzusammenführung nicht zuzustimmen. So dauert es nur einen Monat, und das Paar steht vor dem Tor des Kinderheimes.

Die Leiterin des Heimes, eine erfahrene Pädagogin, nimmt die beiden unter die Lupe. »So, so, Sie wollen unserer kleinen Manuela ein Zuhause geben?« Unüberhörbar, auf welchem Wort die Betonung liegt.

Helga Fischer will damit sagen: Wir haben Manuela das Fläschchen gegeben, sie gebadet, gewindelt, mit ihr gespielt, wir waren da, wenn sie geweint hat und gedrückt werden wollte. Wir waren ihre Mutti, die sie nicht haben wollte.

In diesem Satz schwingen all die Beobachtungen und Erfahrungen mit, die sie bei »Familienzusammenführungen« in den Jahren ihrer Erziehertätigkeit sammelte, gute wie schlechte. Sie hat ein Gespür für Menschen. Ihre Freude darüber, wenn ein Kind zu seinen Eltern oder zumindest zu Vater oder Mutter zurückkehrte, wurde schon oft getrübt. Mitunter überforderte der Wechsel von der Regelmäßigkeit des Heims in ein anderes Leben beide Seiten.

Bei Karin regt sich ihr Bauch. Helga Fischer hat intuitiv kein gutes Gefühl. Dafür gibt es keinen konkreten Anhaltspunkt, nichts, was sich benennen ließe. Nur eben so eine vage Ahnung. Sie verstärkt sich, als auf ihre Frage nicht die Mutter, sondern der künftige Vater antwortet.

»Ja, das wollen wir. Wir freuen uns auf Manuela, nicht wahr, Karin?«

»Ja, ja, natürlich«, reagiert diese, als weile sie in Gedanken ganz woanders.

»Wie ich sehe, Frau Schmidt, bekommen Sie Nachwuchs. Ich freue mich für Sie. Auch Manuela wird sich über ein Geschwisterkind freuen. Schließlich ist sie unter Kindern aufgewachsen«, sagt die Heimleiterin. »Sie haben bis zur Niederkunft ja noch einige Wochen Zeit, um sich ganz auf Manuela zu konzentrieren.«

Es ist erkennbar, dass Karin Schmidt dieses Gespräch lästig ist. Sie will es schnell hinter sich bringen. Norbert soll Manuela haben, aber sie selbst wird dieses Kind nie so lieben können wie jenes, dass sie derzeit unterm Herzen trägt. Sie wird für Manuela sorgen, ihre Mutterpflichten wahrnehmen, aber mehr auch nicht. Zwischen ihr und dem Mädchen steht unverändert der Onkel wie ein Fels.

»Ja, in zwei Monaten ist es soweit«, sagt Karin und ergreift die Hand ihres Mannes. »Wir freuen uns schon sehr darauf.«

»Na, da ist ja alles in bester Ordnung«, sagt die Heimleiterin. »Meine Frage war auch mehr persönlicher Natur. Die Papiere sind alle in Ordnung, es gibt von Amts wegen keinerlei Einwände und Vorbehalte. Das Jugendamt befürwortet Ihre Entscheidung.«

Manuela ist ein niedliches Mädchen. Sie hat dunkle Locken und ein rundes Gesicht, aus denen braune Knopfaugen aufgeweckt in die Welt schauen. Die Erzieherinnen haben sie darauf vorbereitet, dass sie künftig bei Mama und Papa leben wird und nicht mehr im Heim. Für das Mädchen sind das abstrakte Begriffe. Sie kennt nur die Tanten, die sich um sie kümmern, und die anderen Kinder. Was ist das: Mama, Papa, Familie?

Der Umstand, dass Manuela erkennbar mehr Ähnlichkeit mit ihrer Mutter als mit ihrem leiblichen Vater hat, registriert Karin Schmidt sehr voll und durchaus mit Genugtuung. Aber trotzdem: Wenn sie sie anblickt, spürt sie sofort den Bieratem ihres Onkels im Gesicht, sein Gewicht auf ihrer Brust, seine Hände und sein brutales Drängen. Ihr wird übel.

Sie zwingt sich dennoch, das verstörte Mädchen an der Tür zu drücken, als die Erzieherinnen es übergeben. Manuela lässt mit sich geschehen. Aber sie greift nach der Hand des Mannes, den sie Papa nennen soll. Dann erst nimmt sie die Hand der Mutter.

Schmidts wohnen in einem dreistöckigen Haus im südlichen Teil der Stadt. Die Wohnung hat sogar ein Kinderzimmer und ein kleines, aber immerhin eigenes Bad. Die meisten Häuser im Viertel haben die Toilette »auf halber Treppe«, und gebadet wird dort in der Küche. Karin und Norbert sind stolz auf ihr Heim. Sie verdienen gut und haben sich inzwischen gut eingerichtet.

Manuela hat das Kinderzimmer zunächst für sich allein. Dass sie es bald mit einem Brüderchen wird teilen müssen, hat sie von den Eltern bereits erfahren. Sie freut sich. Durch das Leben im Heim ist Manuela an die Gemeinschaft mit Kindern gewöhnt. Überhaupt ist sie für ihr Alter schon sehr verständig, sie macht keinerlei Schwierigkeiten. Die Umstellung verkraftet sie gut. Es gibt nichts auszusetzen: Sie schläft in der Nacht durch, ist sauber und beschäftigt sich auch allein.

Manuela bringt sie früh in den Betriebskindergarten. »Tanten« und auch die anderen Kinder mögen das aufgeschlossene Mädchen. Auch dort gelingt die Integration ohne Probleme.

Norbert hat inzwischen eine Stelle als Fernfahrer angenommen. Er ist nun viel mit seinem Schwerlaster unterwegs. Hoch und runter, quer durch die ganze Republik.

Görlitz, Oberer Markt

Das bringt gutes Geld, mehr, als er zuvor als Kutscher in der Oberlausitz verdient hat. Er will seiner Familie »was bieten«. Doch wie das mit den Wünschen ist: Sobald sie erfüllt sind, hecken sie augenblicklich neue. Nun will er auch im grenzüberschreitenden Verkehr eingesetzt werden. Ein Kollege von ihm fährt jeden Monat einmal hinauf nach Helsinki. Da scheppert es richtig. Der hat inzwischen einen neuen »Wartburg«. Und über die Mitbringsel aus dem NSW, dem nichtsozialistischen Wirtschaftsgebiet, freut sich die ganze Familie. Das möchte Norbert Schmidt auch.

Die Chancen dafür stehen nicht schlecht. Er hat eine intakte Familie, die für die zuständigen Organe die wesentliche Voraussetzung ist, um jemanden als Reisekader zu bestätigen. Wer eine liebende Familie zuhause weiß, kommt immer wieder gern zurück. So einfach ist die Rechnung.

Sukzessive wird der Auftragsradius erweitert. Bald geht es hinunter nach Budapest. Er ist nun häufiger länger weg, doch als die Stunde der Geburt naht, nimmt Norbert Schmidt Urlaub. Er bringt seine Frau ins Krankenhaus und hält schon bald voller Stolz den Filius in seinen Armen. Torsten soll er heißen.

Seit jenem Tag ist inzwischen fast ein Jahr vergangen. Im Halbschatten des Kinderzimmers beugt sich Karin über das Gitterbett, in welchem ihr Sohn friedlich schläft. Mit rosigen Wangen liegt er da, die Händchen zur Faust geballt. Karin kann sich nicht satt sehen an ihm. Jeden kleinen Fortschritt in der Entwicklung hält sie akribisch fest. Ist er wach, brabbelt er munter vor sich her. Seit einer Woche nun versucht er angestrengt, auf eigenen Beinen zu stehen. Karin streicht ihrem Sohn zärtlich über das Köpfchen.

Jäh schnellt sie in die Höhe. Aus der anderen Ecke des Zimmers vernimmt sie leises Schluchzen. Es kommt aus dem zweiten Bettchen, in welchem Manuela schläft.

Karin runzelt die Stirn und geht hinüber. Manuela hat geweint. Die getrockneten Spuren der Tränen laufen über das schmal gewordene Gesicht. Sie weint oft, wenn sie zu Hause ist. Im Kindergarten hat man dergleichen nicht beobachtet. Dort kümmert man sich auch um sie, geht auf Manuelas Wünsche ein, nimmt sie in den Arm, wenn sie gedrückt werden möchte, schmust und spielt mit ihr. Zu Hause gibt es das alles nicht. Da ist es nur das »Dreckskind«. So nennt es ihre Mutter. Nicht laut, nur für sich. Aber sie lässt es Manuela spüren, dass es das »Dreckskind« ist, die ungeliebte Frucht einer Vergewaltigung.

Manchmal ertappt sich Karin Schmidt dabei, dass sie sich wünschte, das »Dreckskind« wäre tot. Dann wäre auch dieser letzte dunkle Punkt von ihrer Seele getilgt. Sie würde innerlich aufatmen, wenn Manuela von einem Auto überrollt oder von einer unheilbaren Krankheit dahingerafft werden würde. Egal was, Hauptsache tot. Dann würde sie nicht mehr mit ihrer Schande konfrontiert sein.

Sie gibt in die Brotbüchse, die Manuela in den Kindergarten mitnimmt, Stulle und Äpfelstücken, damit man dort nichts merkt. Doch wenn sie dann wieder daheim ist, gibt es nichts mehr. Vielleicht noch eine Tasse Tee vorm Zubettgehen. Wenn Manuela Durst hat, geht sie mit einer Tasse zum Wasserhahn und lässt kaltes Wasser hineinlaufen. Dann setzt sie sich still mit ihrer Puppe in die Ecke und schaut stumm zu, wie diese Frau, die ihre Mutter ist, mit dem Brüderchen spielt, mit ihm herumalbert, ihn in den Arm nimmt und küsst.

Manchmal isst Torsten den Milchbrei nicht auf, den ihm die Mutter gekocht hat. Dann darf sie den Rest vom Teller essen. Und wenn der Hunger allzu stark in den Eingeweiden wütet und sie die Mutter darauf aufmerksam macht, wirft die ihr eine Scheibe Brot zu. Wie einem Hund, den man mit einem Knochen ruhig stellt.

»Halt die Klappe und verzieh dich, sonst gibt's Prügel!«

Oft bleibt es nicht bei der Androhung. Mehr als einmal hat sie den Gürtel der Mutter mit der Metallschnalle auf dem Rücken zu spüren bekommen. Einmal hat sie so hart zugeschlagen, dass es blutete. Karin Schmidt war darüber offensichtlich selbst erschrocken, dass sie erregt den Rücken anschließend mit heißem Wasser abrieb und einsalbte.

Seit diesem Tag nässte Manuela wieder ein.

Damit zog sie sich weiteren Zorn der Mutter zu. »Du alte Sau«, schrie sie das Kind am Morgen an und zerrte es an den Haaren. Sie drückte ihr Gesicht in das nasse Laken wie einem jungen Hund, den man stubenrein machen will und dabei nicht so richtig vorankommt. Als wenn das Kind dies mit Absicht getan hätte. Anfänglich hatte sie die Mutter geweckt, wenn es warm zwischen ihren Beinen und sie erschreckt wach geworden war. Dann unterließ sie es aus Furcht und lag wach in dem Flecken, der kälter und kälter wurde.

Als sich die Fragen im Kindergarten häuften, woher Manuelas blaue Flecken rührten und die Striemen, und ob sie schon mal mit ihr beim Arzt war, weil sie immer magerer würde, bringt sie ihre Tochter nicht mehr dorthin. Sie weiß, über kurz oder lang würde die Leitung das Jugendamt informieren, es gäbe Hausbesuche und Nachfragen. Das hofft Karin Schmidt zu vermeiden, indem sie Manuela zu Hause lässt.

Norbert ist immer nur kurze Zeit zwischen den Touren daheim. Er will seine Ruhe haben. Und für die sorgt seine Frau. Alles kann sie vor ihm verbergen, nur eins nicht: Dass sie nachts einpinkelt. Das merkt er doch. Und auch nur deshalb, weil sich seine Frau darüber fürchterlich erregt. Einmal rastet sie aus und verprügelt sie vor seinen Augen. Er steht betroffen daneben und schweigt. Auch ihm ist es unangenehm, die vollgepisste Matratze auf den Balkon zu tragen, damit sie in der Sonne trocknet. Die Ränder der Flecken deuten auf einen Dauerzustand.

»Kannst du nicht wenigstens eine Gummiunterlage einziehen«, wagte er leise Kritik am Verhalten seiner Frau zu üben. Doch die poltert zurück, dass das Gör dies als Einladung verstünde, überhaupt nicht mehr aufs Klo zu gehen.

Norbert Schmidt wagt einen Satz hinterherzuschieben. »Vielleicht solltest du mal mit ihr zum Arzt gehen, das ist doch nicht normal. Sie war doch schon vor einem Jahr sauber.«

»Es gibt manchmal solche Rückfälle«, wehrt sie ab. »Das gibt sich irgendwann.«

»Na ich weiß nicht«, sagt der Fernfahrer und holt sich ein Bier aus dem Kühlschrank. Dann macht er den Fernseher an und schaut Fußball. Am nächsten Tag ist er schon wieder weg.

Unterwegs meldet sich sein schlechte Gewissen. Er sollte sich mehr um Manuela kümmern. Wenn er wieder zu Hause ist, wird er mit ihr in den Zoo gehen oder ins Kino.

Nach zwei Wochen Fahrt kommt Norbert für drei Tage wieder zu Hause. Karin erwartet ihn ungeduldig. Der Tisch ist festlich gedeckt. Sogar Kerzen brennen. In der Röhre steht ein Braten und verbreitet in der Wohnung einen verführerischen Geruch. Auch Karin selbst sieht verführerisch aus in ihrem neuen Minirock, die Haare sind zum modischen Madonnenscheitel geteilt, an den Füßen trägt sie die Pumps, die ihr Norbert von seiner letzten Auslöse in Budapest gekauft hat. Sie trällert vor sich hin und holt die Weingläser aus dem Schrank. Es soll ein schöner Abend werden.

Manuela hat von ihr den Auftrag, sich um ihren Bruder zu kümmern, damit die Eltern ungestört sind. Manuela freut sich und nickt eifrig. Sie hat Torsten lieb, auch wenn der oft bei ihr quengelt. So wie jetzt gerade: Manuela zieht ihn mit beiden Händen am Gitter hoch, damit er stehen kann. Doch Torsten fällt immer wieder um.

Solange, bis er keine Lust mehr auf die Stehversuche hat und zu schreien beginnt. Manuela will ihn beruhigen, doch das gelingt ihr nicht. Die Mutter, vom Geschrei genervt, stürmt ins Zimmer.

»Was hast du getan, scher dich fort«, schreit sie und stößt Manuela beiseite. Die fällt und bleibt weinend auf dem Boden liegen.

Karin setzt ihren Sohn ins Gitter und schnappt sich Manuela. Sie zieht ihr die Schlüpfer herunter und nimmt den Ledergürtel, den sie stets parat hat. Gerade holt sie zum ersten Schlag auf das nackte Gesäß aus, als es an der Wohnungstür klingelt. Einen Hieb geht dennoch nieder. Karin lässt von ihr ab, stößt mit dem linken Fuß noch kräftig nach. Sie ordnet ihre Haare und rückt den Rock zurecht, dann öffnet sie. Norbert steht vor ihr.

Erstaunt blickt er seine Frau an – auf solch einen Empfang ist er nicht vorbereitet. Karin umarmt ihn. »Hast du die Schlüssel vergessen?«

»Was ist das für ein Geschrei?«, reagiert er ungehalten. »Ist irgend etwas mit den Kindern?«

»Nein, nichts. Manuela hat nur wieder ihre Zicken, ist alles in bester Ordnung.«

Norbert drückt sie beiseite und geht ins Kinderzimmer, um selbst nach dem Rechten zu sehen. Torsten schläft vor Erschöpfung in seinem Gitter, Manuela liegt mit nacktem Hintern auf dem Boden und schluchzt. Ein Striemen läuft quer übers Gesäß, er ist blutunterlaufen. Er dreht seine Tochter um und nimmt sie in den Arm. Dann zieht er das Hemdchen etwas hoch. Er sieht Schorf und Narben und blaue Flecken.

»Willst du mir erzählen, wie das passiert ist?«

Manuela schmiegt sich an ihn und schüttelt den Kopf.

»Wasch dich und geh ins Bett, ich komme noch einmal zu dir. Ich habe dir etwas mitgebracht.«

Manuela nickt und wischt sich die Tränen aus dem Gesicht.

Nebenan hat Karin aufgetischt, als wäre nichts passiert. Das Kerzenlicht bricht sich in den Weingläsern. Natürlich ist es ihr unangehm, dass Norbert die Ausläufer der allabendlichen Auseinandersetzung mit dem »Dreckstück« mitbekommen hat. Aber das hofft sie durch besonders große Zuwendung vergessen zu machen. Nach zwei Wochen hat man Hunger aufeinander. Sie werden wieder wie die Tiere übereinander herfallen und sich lieben bis zum Morgengrauen.

Und dann wird sie ihrem Mann sagen, dass sie ein weiteres Kind erwarten. Karin Schmidt ist wieder schwanger. Darüber freut sie sich. Und sie möchte Norbert an dieser Freude teilhaben lassen. Aber sie muss die Wogen ein wenig glätten, das spürt sie. Also geht sie ins Bad, wo sich Manuela zu schaffen macht, und reicht ihr ein Handtuch mit lustigen Motiven. Das hat sie zwar für Torsten gekauft, aber was hilft's.

»Hier«, sagt sie mit zuckersüßer Stimme.

Manuela zögert. Sie fürchtet geschlagen zu werden, wenn sie danach greift.

»Nimm schon, das gefällt dir doch auch. Hast du schon gegessen?« Diese Frage kann sie sich selbst beantworten, und sie ist auch mehr für Norbert als für Manuela gedacht. »Ich stelle dir in der Küche etwas hin.«

Tatsächlich schmiert Karin Schmidt zwei Wurstschnitten und zerteilt diese, dazu stellt sie ein Glas Limonade. Für das Kind ist es ein Festessen.

Später, als sie bereits im Bett liegt, kommt der Vater wie versprochen und legt leise eine bunte Stoffpuppe in ungarischer Volkstracht neben sie.

Diese Puppe wird Manuela ihr weiteres Leben begleiten. Es soll, was keiner ahnt, das letzte Geschenk sein, das sie von ihren Eltern erhält.

Es wird ein langer und schöner Abend für das Paar. Irgendwann, zwischen den letzten Gläsern Wein, erzählt Karin ihrem Mann von der Schwangerschaft.

»So schnell sollte es nicht sein. Aber ich freue mich ungemein, mein Schatz!« Das ist der einzige Kommentar von Norbert. Er nimmt Karin in die Arme. Es ist für sie wie im Märchen. Die Wirklichkeit ist meilenweit weg. Sie reitet mit ihrem Prinzen davon, nur er und sie und sonst nichts.

»Im wievielten Monat bist du«, fragt der Prinz.

»Im dritten.«

Und schon rauscht ihnen der Wind an den Ohren vorbei. Auf und davon. Auf und davon.

Norbert macht sich bald wieder davon. Er hat den Zoobesuch mit Manuela nicht mehr geschafft. Viel zu tun, und auch das Fußballspiel war wichtiger.

Karin Schmidt ist wild entschlossen, das Problem Manuela bis zu ihrer Niederkunft zu lösen. Entweder kann sie Norbert davon überzeugen, das Mädchen wieder ins Heim zu bringen, oder sie muss sich etwas anderes einfallen lassen. Das Kind hat so oder so aus ihrem Leben zu verschwinden. Es stört nicht nur die Harmonie in der Familie, sondern ist ihre Vergangenheit, an die sie nicht mehr erinnert werden will.

Allerdings hat Karin Schmidt bei dieser Schwangerschaft erstmals gesundheitliche Probleme. Sie wird von Brechattacken getrieben, der Blutdruck sinkt, sie taumelt und schwankt durch die Wohnung und wird wieder und wieder aufs Bett geworfen.

Manuela reagiert erstaunlich umsichtig. Sie versorgt ihr Brüderchen und ihre Mutter, und dabei fällt auch für sie etwas ab. Trotz aller Mühen nimmt sie zu, sie bekommt Farbe und erfreut den Vater, wenn dieser nach Hause kommt. »Meine Große« sagt er stolz und streicht ihr übers Haar. »Toll, wie du den ganzen Haushalt schmeißt.«

Am nächsten Tag steigt er wieder auf seinen Brummer und donnert davon. Die Sorge um den Gesundheitszustand seiner Frau hält sich die Waage mit dem guten

Gefühl, dass sich die Fünfjährige schon um alles kümmern werde.

Nach etwa zwei Monaten geht es der werdenden Mutter wieder besser. Vergessen die Hilfe, die ihre Tochter ihnen angedeihen ließ, dahin das gute Gefühl, umsorgt zu werden.

»Du bist ja richtig dick geworden«, schimpft sie und streicht Manuela das Essen. Woche für Woche denkt sie sich neue Begründungen für Bestrafungen aus. Manuela nässt nachts wieder ein. Dann holt die Mutter sie aus dem Bett und legt sie in die offene Schublade der großen, breiten Bauerntruhe. Den Boden bedeckt die Mutter mit einer dünnen Decke, eine Wolldecke wirft sie zum Zudecken hinein. Nur wenn der Vater einmal zu Hause ist, darf sie in ihrem Bett liegen.

Manuela schweigt, wenn der Vater sie fragt, warum sie nichts isst oder nicht spielen will wie Torsten.

An ihrer Statt antwortet Karin: »Weil sie eine freche, verzogene Göre ist. Undankbar noch dazu. Sie macht ihrer Mutter das Leben zur Hölle und schikaniert ihr Brüderchen, wo sie nur kann.«

Norbert Schmidt will es glauben. »Ist das wahr, was die Mutti sagt?«

Manuela schaut zu Boden und nickt. Dabei laufen die Tränen die Wangen hinunter.

Karin Schmidt sucht nun regelmäßig die Mütterberatung auf. Stets hat sie Torsten dabei. Die Fürsorgerinnen erkundigen sich auch nach Manuela, doch Karin hat immer eine plausible Begründung, warum sie nicht dabei ist. Einmal ist sie zu Besuch bei Verwandten, ein andermal zu einem Kindergeburtstag. Irgendwie steht der Vorstellung immer etwas Wichtigeres im Wege. Die Zuständigen nehmen das hin und das Fehlen nicht so ernst. Die Familie gilt als vorbildlich und Torsten hat sich prächtig entwickelt. Weshalb sollte man daran zweifeln, dass es mit Manuela anders sei?

Nur bei den Impfungen versteht man keinen Spaß. In der DDR besteht Impfpflicht: Masern, Mumps, Diphtherie, Tetanus … Es gibt einen festen Zyklus, der unbedingt einzuhalten ist. Es gibt einen Impfausweis, in dem jede Spritze vermerkt wird. Karin verspricht mit treuherzigem Blick, Manuela demnächst mitzubringen.

Auch im Betrieb fragt niemand nach. Warum auch? Im Betriebskindergarten ist Manuela lange abgemeldet, ihr Platz ist vergeben, dort gibt es keine Lücke.

Das zweite Kind von Karin und Norbert Schmidt kommt kurz vor Weihnachten 1965 zur Welt. Sie nennen es Cornelia. Das Mädchen ist gesund, die Geburt verlief problemlos. Das Glück ist für das Paar wieder einmal perfekt. An Manuela denkt keiner von beiden.

Deren Vernachlässigung hat erkennbar Spuren hinterlassen. Sie ist mager, ihr Haar struppig, die braunen Augen haben keinen Glanz mehr. Sie vegetiert neben der Familie Schmidt dahin. Der Mutter ist es egal, ob das Kind Schmerzen hat oder Hunger, ob es schmutzig ist oder aus Kummer weint. Da sie die meiste Zeit allein den Haushalt führt und für die Kinder verantwortlich ist, kann sie sich immer neue Schikanen ausdenken. Die Schublade in der Bauerntruhe ist inzwischen das ständige Bettlager für Manuela geworden, denn in ihrem Bett liegt die Schwester Cornelia. Krumm liegt Manuela in der Kiste, doch das stört die Mutter keineswegs. Ihrem Mann hat Karin kategorisch erklärt, die Matratze sei durch das ständige Einnässen hinüber, eine neue – und somit das Bett als Schlaflager – gäbe es erst wieder, wenn Manuela sauber sei. Basta.

Und obwohl sie mit Manuela ständig beim Arzt wäre, habe auch der erklärt, er könne nichts machen, denn das Mädchen habe einen psychischen Schaden.

Norbert glaubt seiner Frau. Er sieht ja, in welch wirren Zustand sich das Mädchen befindet. Normal kann das nicht sein. Früher war Manuela ein niedliches kleines

Mädchen mit glänzendem Haar und fröhlichem Lachen. Dass dieser Zustand nicht die Ursache, sondern die Folge dieser unmenschlichen Behandlung durch die Mutter ist, will oder kann er nicht sehen. »Wir dürften nichts dulden, ihr nichts durchgehen lassen. Sie müsse bei Verfehlungen gleich bestraft werden, habe der Arzt gesagt«, behauptet Karin Schmidt gegenüber ihrem Mann. Als Manuela einmal vier große Teller in die Küche tragen soll, diese aber zu schwer für ihre dünnen Arme sind und die Teller zu Bruch gehen, schlägt er zum ersten Mal selbst zu. Es sollte nicht das einzige Mal bleiben.

Für das Baby hat Norbert einen schicken Kinderwagen mitgebracht. Das neueste Westmodell: hohe Räder und ganz aus Korb. Karin platzt vor Stolz. Zu den Feiertagen ist der erste Spaziergang angesagt. Außer Manuela sind alle bereits angezogen. Norbert trägt Cornelia auf dem Arm die Treppen hinunter und Torsten quakt vor der Tür nach der Mutter. Karin beruhigt ihn und geht noch einmal zurück in die Küche. Sie dreht am Gasherd den Schalter auf. Sie entzündet mit einem Streichholz die Flamme. So macht sie es jedesmal, wenn sie Manuela allein in der Wohnung zurücklässt. Unterwegs hofft sie, dass ein »Unglück« geschehe.

Doch jedesmal musste sie enttäuscht nach ihrer Rückkehr die Gasflamme löschen.

Im Treppenflur, auf dem Weg nach unten, wird Karin Schmidt von einer Frau angespochen. Sie wohnt seit kurzem in der Nachbarschaft.

»Guten Tag, Frau Schmidt«, sagt sie, »und Glückwunsch zu Ihrem Töchterchen.«

»Ja, danke«, antwortet sie und versucht an der Frau vorbeizueilen.

»Was macht eigentlich Manuela? Ich habe sie lange nicht gesehen.«

Karin Schmidt zögert. Woher kennt sie das »Dreckskind«?

»Ist sie vielleicht krank? Sie ist doch ein so liebes, aufgewecktes Kind. Es wäre traurig, wenn es ihr nicht gutginge.«

Inzwischen ist auch Norbert Schmidt zurückgekommen. »Wo bleibst du denn«, erkundigt er sich mit leicht gereizter Stimme.

»Ach, die Frau … wie war gleich ihr Name?«

»Entschuldigung, ich heiße Marlies Kraus.«

»Frau Kraus hat sich nach unserer Manuela erkundigt, weil sie sie lange nicht gesehen habe. Ich habe ihr gesagt, dass sie krank sei. Sie läge mit Angina im Bett.«

»Nein, das haben Sie mir nicht gesagt, Frau Schmidt. Aber nun weiß ich es. Ich würde Manuela gern einmal besuchen.«

»Ich denke, dass das nicht nötig ist«, sagt Karin. »Sie hat noch immer hohes Fieber.« Nun stutzt sie jedoch. »Wieso interessieren Sie sich für Manuela? Was haben Sie mit ihr zu schaffen?«

»O, haben Sie mich nicht erkannt? Ich war im Heim Manuelas Gruppenerzieherinnen. Ich mochte sie sehr und war fast ein wenig traurig, als Sie Ihre Tochter abholten. Ich bin jetzt Rentnerin und habe hier eine passende Wohnung gefunden. Ich bin vor vier Wochen ins Nachbarhaus eingezogen. Sie werden es nicht bemerkt haben. Und hier im Hause wohnt eine Freundin von mir.« Sie macht eine Pause und blickt Karin Schmidt tief in die Augen. »Grüßen Sie bitte Manuela von mir. Ich werde mich in den nächsten Tagen mal bei ihr melden.«

Die Frau geht an den beiden vorbei und steigt die Treppe hinauf.

Norbert Schmidt gibt sich verwundert. »Komisch, sonst merke ich mir eigentlich Gesichter. Aber dieses hatte ich völlig vergessen.«

»Wir haben die Zicke doch nur ein paar Minuten bei der Übergabe gesehen«, zischt seine Frau.

»Wieso ›Zicke‹? Die war doch ganz nett.«

»Du bist vielleicht naiv. Wenn du die auf dem Halse hast, hast du bald das ganze Jugendamt hier. Du weißt, was das bedeutet. Der Ärger kann sich zur Lawine auswirken. Dann kannst du deine Träume vom NSW-Kader vergessen.«

»Na komm, was sollen wir das Jugendamt fürchten? Wir haben doch keine Leichen im Keller.« Norbert versucht die angespannte Situation zu überspielen. Er schiebt stolz den Kinderwagen, an Karins Hand trottet Torsten. »Dass Manuela nicht ganz dicht ist, haben wir vom Arzt. Na und? Wer sollte uns daraus einen Strick drehen?«

Karin zuckt mit der Schulter. »Ich lass die jedenfalls nicht über meine Schwelle. Die nicht.«

»Ist ja gut. Reg dich nicht immer wegen solcher Lappalien künstlich auf.«

»Die schnüffeln uns doch nur hinterher.«

»Wer schnüffelt denn hier? Es ist der pure Zufall, dass diese Frau Reschke hier eingezogen ist. Und die hat eben ein besseres Personengedächtnis als wir. Kann ja vorkommen. Du hörst mal wieder das Gras wachsen.«

»Was für Gras? Das muss einem doch zu denken geben, wenn uns so eine Frau auf der Treppe anquatscht und sich nach Manuela erkundigt.«

»Nun ist aber Schluss.« Norbert Schmidt hat von dem Geseire seiner Frau genug. Er will den Spaziergang und die neidischen Blicke der Leute genießen, die den Wagen betrachten, der bestimmt nicht von Zekiwa aus Zeitz stammt.

Die Rentnerin Kraus ist nach dieser Begegngung mindestens so verstört wie Karin Schmidt. Weshalb hat die so abweisend reagiert? Sie kann sich auch noch gut erinnern, als Manuela, nur wenige Tage alt, ins Heim eingeliefert worden war. Auch wenn das bereits fünf Jahre zurückliegt, kann sie sich noch an die Diskussionen im Erzieherkollektiv erinnern. Sie waren alle sehr verwundert gewesen, weil das Kind völlig atypisch war und damit vom Üblichen abwich. Es war kerngesund und ohne jeden Defekt, es stammte weder aus asozialem Elternhaus noch hatte das Jugendamt die Betreuung verfügt. Manuela war ein normales Kind. Weil sonst keine Informationen vorlagen, kamen sofort Gerüchte auf. Die einen wollten gehört haben, dass es das illegitime Kind eines Parteibonzen sei, der das Problem auf diese Weise aus der Welt zu schaffen hoffte. Andere meinten, es könnte auch ein Findelkind sein, was aber insofern unlogisch war, als jeden Monat pünktlich ein bestimmter Betrag auf dem Konto einging.

An solch dummen Geschwätz beteiligte sich Marlies Kraus nie. Sie kümmerte sich liebevoll und ausgiebig um Manuela. Gab ihr die Flasche, führte genau Buch über ihre Entwicklung, notierte das erste Zähnchen, die ersten Worte. Bei ihr wird Manuela sauber und lernt zu laufen. Dann war die gemeinsame Zeit zu Ende, Manuela kam in die Krabbelgruppe, im Haus eine Etage höher. Doch auch dort besuchte Marlies Kraus ihren Schützling und passte auf, dass dieser nicht vernachlässigt wurde.

Gern hätte Marlies Kraus einmal mit Manuelas Mutter gesprochen. Aber deren Name war nicht bekannt. Dann kam eines Tages der Antrag. Als Karin und Norbert Schmidt Manuela abholten, sprach sie erstmals mit der Mutter und den künftigen Eltern. Auf den ersten Blick machten Mutter und Vater einen sehr ordentlichen Eindruck. Ihr zweiter war nicht so günstig. Marlies Kraus vermochte Körpersprache zu lesen. Sie sah die innere Abwehr, obgleich sie doch die Arme ihrer Tochter entgegenstreckte. Da gab es Gesten, Blicke, Mundbewegungen, die mehr offenbarten als gesprochene Sätze.

Sie hatte damals ihre Beobachtungen und Eindrücke der Heimleiterin mitgeteilt. Der war es ähnlich gegangen. Aber man könne nichts machen, sagte sie, die Papiere sind korrekt.

Papiere, Papiere. Marlies Kraus hadert mit sich. Sie hätte später noch einmal nachfragen sollen, wie es Manuela ergangen ist. Doch nun hat der Zufall es so gefügt, dass sie ihr nahe ist. Sie ist entschlossen, den angekündigten Krankenbesuch zu machen.

Doch ehe sie die Tat ausführen kann, wird sie selbst zur Kranken. Eine heftige Grippe zwingt sie ins Bett, sie ist kaum zu einer Regung fähig. Und nachdem sie wieder genesen und im Vollbesitz ihrer Kräfte ist, haben sich andere Probleme in den Vordergrund geschoben. Manuela scheint fast vergessen.

Diese vegetiert nur noch dahin und kommt kaum noch aus der Lade, in der sie mit der Puppe des Vaters liegt. Die Mutter streift sich Gummihandschuhe über, wenn sie das schmutzige Kind anfasst. »Weil ich mich vor dir ekle, du kleine Bestie, ziehe ich die Handschuh an. Sonst machte ich mich vielleicht noch dreckig«, sagt sie zur Tochter. Diese nimmt schon seit geraumer Zeit ihre Umgebung kaum noch wahr. Mit übernatürlich großen Augen blickt sie teilnahmslos umher. Sie ist unterernährt, dehydriert, eine Tote auf Urlaub.

Es ist bereits März, als Marlies Kraus bei ihrer Freundin in der Wohnung unterm Dach zu Besuch ist. Sie haben zusammen die Fachschule besucht und wollen bei einer Tasse Kaffee wie meist in Erinnerungen schwelgen.

Doch dann drängt Manuela in den Vordergrund ihres Gespräches.

»Sag mal«, hebt Marlies Kraus an. »Du wohnst doch schon einige Jahre hier im Hause. Was hältst du von den Schmidts?«

»Wie meinst du das?«

»Na, was erzählt man sich im Hause?«

»Ja, ordentliche Leute. Sie wischt die Treppe, wenn sie laut Reinigungsplan dran ist. Aber viel Kontakt haben sie nicht. Er ist bei einer Spedition und meist unterwegs. Und sie hat mit den Kindern zu tun. Jetzt ist ja noch eines dazu gekommen.« Sie macht eine Pause. »Unauffällig, würde ich sagen.«

»Hast du in letzter Zeit mal die Älteste gesehen? Die müsste so um die fünf Jahre alt sein und bald in die Schule kommen.«

»Wo du mich so direkt fragst, merke ich, dass ich die Frau immer nur mit dem Torsten gesehen habe. Stimmt, die Manuela war nie dabei.«

Marlies Kraus berichtet ihre Erlebnisse mit ihrem Heimschützling und zuletzt von der Begegnung auf der Treppe.

»Inge, ein Gefühl sagt mir: Da stimmt was nicht.«

»Was sagt es denn genau?«, grinst Inge und nippt an der Tasse. »Frag doch mal nach.«

»Sei nicht albern, Inge«, tadelt die Freundin. »Wenn ein Kind nie im Haus gesehen wird, kann etwas nicht stimmen. Das ist doch unnormal. Findest du nicht?«

»Eventuell ist sie ja wirklich krank.«

»Ich bitte dich. Du hängst doch ständig am Fenster: Hast du jemals einen Arzt kommen oder gehen sehen?«

»Vielleicht liegt sie im Krankenhaus?«

»Das hat ihre Mutter nicht gesagt.«

Nun beginnen die beiden schrulligen Alten wie Mrs. Marple auf den britischen Inseln einen Plan auszuhecken, um sich Zutritt zur Wohnung zu verschaffen.

»Inge, ich häkle ein Babymützchen für die Jüngste, und du wirst es übergeben. Du klingelst, sagst, das wäre ein Nachbarschaftsgeschenk für die Kleine. Da muss sie dich hineinbitten, eine Tasse Kaffee anbieten, und du schaust dich dabei in der Wohnung um.«

Gesagt, getan.

Tage später steht Inge vor der Tür von Schmidts und klingelt. In ihrer Hand dreht sie das Babymützchen.

Karin Schmidt öffnet. Sie trägt Handschuhe. »O, Frau Meier«, sagt sie, »ich mache gerade sauber und will nicht immer mit den Händen ins Waschwasser.« Damit will sie auch gesagt haben, dass der Besuch ihr ungelegen kommt.

Inge steht ein wenig hilflos da mit ihrem Babymützchen. »Ich wollte nur …« In diesem Augenblick kommt ihr Cornelia zu Hilfe. Sie meldet sich laut und vernehmlich aus ihrem Babykörbchen. Karin Schmidt macht auf dem Absatz kehrt und überlässt die Nachbarin ihrem Schicksal.

Die folgt ihr jedoch ungebeten. Sie landet im Wohnzimmer. Alles ordentlich und sauber. Wo ist die Mutter? Sie geht in den Nebenraum, bei dem es sich offenkundig um das Kinderzimmer handelt. Sie will schon die Tür heranziehen, als ihr Blick auf ein offnes Schubfach fällt. Darinnen liegt ein völlig verwahrlostes Kind, das sie mit großen, leblosen Augen anschaut. »O mein Gott«, entfährt es ihr.

»Was machen Sie hier?«

Die Rentnerin fährt entsetzt herum. Hinter ihr steht Karin Schmidt. »Ich habe Sie gesucht.«

»Verlassen Sie sofort meine Wohnung. Ich lasse mir nicht hinterherschnüffeln.« Da merkt sie, dass sie überzogen hat. Sie bekommt sich wieder in den Griff und rudert zurück.

»Ja, wir haben ein paar Probleme mit Manuela. Sie macht uns oft Sorgen. Sie ist oft krank und nässt regelmäßig ein. Die Ärzte wissen sich auch keinen Rat. Am liebsten liegt sie in diesem Kasten. Wir kriegen sie da nicht mehr raus.« Sie lässt ein gekünsteltes Lachen vernehmen. »Nicht wahr, Manuela.«

Die reagiert überhaupt nicht.

»Ich lasse sie dann gewähren. Die Matratze ist nass und muss dann trocknen.«

Inge kann sich nur mit Mühe beherrschen. Sie ist Pädagogin und vermag durchaus zu unterscheiden, ob ein Kind krank oder vernachlässigt worden ist. Manuelas Zustand ist eindeutig. Es ist traurig und unverschämt zugleich.

»Hm«, sagt sie und stellt sich naiv. »Das hört man ja

immer wieder, dass die Ärzte manchmal mit ihrem Latein am Ende sind. Die Schulmedizin hat halt ihre Grenzen.«

Karin Schmidt glaubt allen Ernstes, die Nachbarin von dem Unsinn überzeugt zu haben, den sie ihr berichtete. Sie hat Cornelia auf dem Arm, die vernehmlich an ihrem Nuckel zutscht. »Mama, Mama«, ruft es aus dem Nebenzimmer.

»Ja, Torsten, Mama kommt gleich.« Und an die Nachbarin gewandt: »Sie sehen ja, was hier los ist. Für eine Tasse Kaffee ist es momentan nicht so günstig. Ich hoffe, dass wir den Plausch bald einmal nachholen können. Und vielen Dank für das Babymützchen, ich kann es gut gebrauchen.«

Sie drängt den ungebetenen Gast zur Wohnungstür.

Draußen auf der Treppe muss Inge Meier tief durchatmen. Ihr Herz rast. Sie hofft sich getäuscht zu haben, weiß aber, dass das, was sie soeben gesehen hat, keine Halluzination war, obgleich es wirklichkeitsfremd war wie nur irgendwas. Das war wirklich und wahrhaftig die nackte, grausame Realität. Ein Kind, das dem Tode näher ist als dem Leben. Sie muss sofort zu Marlies, um ihr zu berichten. Und dann müssen sie überlegen, wen sie informieren müssen, um dieses Kind zu retten.

Ihre Freundin erwartet sie bereits neugierig.

»Na, hast du Manuela gesehen? Erzähl.«

»Ich brauche erst mal einen Schnaps«, sagt die und geht zum Kühlschrank. Nachdem sie den Klaren gekippt und das Kratzen im Halse sich gelegt hat, hebt sie an. »Marlies, du machst dir keine Vorstellung …«

So und so. »Ich sage dir, wenn nicht sofort Hilfe kommt, stirbt das Kind. Ich bin kein Arzt, aber so apathisch und abwesend, wie ich das Mädchen sah … Als wenn sie schon im Delirium wäre.«

Marlies Kraus schüttelt ein uns andere Mal den Kopf. »Und es war so ein liebes, aufgewecktes Mädchen.«

»Ja, sicher. Das hilft ihr im Augenblick wenig.«

»Was schlägst du vor?«

»Heute haben die Behörden schon geschlossen. Wir machen uns morgen früh auf den Weg. Jugendamt, Mütterberatung …«

»Meinst du nicht, Inge, dass wir auch gleich die Polizei informieren sollten?«

»Was willst du denen erzählen?«

»Ja, hast Recht. Das gibt vielleicht Ärger.«

Am nächen Morgen, es ist ein Dienstag, machen sich Marlies Kraus und Inge Meier, zwei rüstige Rentnerinnen, auf in die Stadtverwaltung. Sie wissen aus ihrer früheren Tätigkeit, wo sich das Jugendamt befindet. Im Wartezimmer ist es übersichtlich. Es sitzen nur wenige Menschen

Treppe am Görlitzer Rathaus

dort und warten darauf, vorgelassen zu werden, um ihr Anliegen vorzutragen. Die beiden nehmen Platz und warten, bis sie an der Reihe sind.

Drinnen thront ein Mann um die Fünfzig hinter einem Schreibtisch. Er wirkt übermüdet und abgespannt. Während die beiden Damen berichten, drohen ihm die Augen zuzufallen. Er hört geduldig zu. Erst als sie enden, meldet er sich zu Wort. Das erste lautet: ausgeschlossen.

»Ausgeschlossen, dass es so etwas bei uns gibt. Ich halte es für unmöglich, dass ein Kind, unbemerkt von der Öffentlichkeit, in einer Familie völlig verwahrlost. Das gibt es in unserem Staat nicht. Schon gar nicht in Görlitz!«

»O doch!«, trompetet Inge Meier, die solch bürokratische Ignoranz zum Kotzen findet, was sie aber nicht sagt, sondern nur denkt. Sie kennt diese Reflexe zur Genüge. Jeder Beamter versucht erst einmal das eigene Nest sauberzuhalten, weil er eventuell zur Mitverantwortung gezogen werden könnte. Die Verteidigungsstrategie ist in allen Systemen die gleiche: abwiegeln, abwimmeln, verweisen.

»Sie glauben uns nicht?«

Der Mann windet sich.

»Ja oder nein?«

Er krümmt sich hinter seinem Schreibtisch. Jede Antwort könnte ihm um Nachteil gereichen, man weiß ja nicht, was da wirklich vorliegt.

Marlies Kraus fährt nun ganz schweres Geschütz auf. »Passen Sie auf, wenn Sie sich nicht sofort oder eine Mitarbeiterin Ihres Amtes in Bewegung setzen, gehn wir zur Partei. Die Genossen dort werden die Sache gewiss richtig in die Hand nehmen. Aber dann möchte ich nicht mit Ihnen tauschen!«

Das saß. Der Mann zuckt wie unter einem Peitschenhieb zusammen. »Gemach, gemach, Frau Kraus. Wegen einer solchen Sache müssen Sie doch nicht gleich zur Kreisleitung laufen und alles an die große Glocke hängen.

Die Genossen dort haben gewiss andere und größere Probleme zu lösen als dieses.«

»Papperlapapp«, unterbricht ihn Inge Meier. »Es gibt nichts Größeres, als ein Menschenleben zu retten. Haben Sie nicht im Parteilehrjahr aufgepasst, als Ostrowskis ›Wie der Stahl gehärtet wurde‹ dran war? ›Das Wertvollste, was der Mensch besitzt, ist das Leben. Es wird ihm nur einmal gegeben, und er muss es so nützen, dass ihn später sinnlos vertane Jahre nicht qualvoll gereuen, die Schande einer unwürdigen, nichtigen Vergangenheit ihn nicht bedrückt und dass er sterbend sagen kann: Mein ganzes Leben, meine ganze Kraft habe ich dem Herrlichsten auf der Welt – dem Kampf für die Befreiung der Menschheit – geweiht.‹ Bevor wir die ganze Menschheit befreien, sollen wir erst einmal einen einzigen Menschen retten: Manuela Schmidt.«

Der Mann greift stumm zum Telefon, wählt eine Nummer und hält den schwarzen Hörer ans Ohr.

Als sich offenbar eine Stimme meldet, sagt er, dass er Frau Dr. Jäger sprechen möchte.

Die beiden Frauen stoßen sich an. Sie wissen aus ihrer Arbeit, dass dies die Ärztin aus der Mütterberatung ist. Die meldet sich schon bald. Er trägt das Problem vor, die Ärztin bestätigt auf Nachfrage, dass Manuela seit geraumer Zeit ihr nicht vorgestellt worden sei. Ja, sagt die Ärztin, sie habe wiederholt Frau Schmidt aufgefordert, nicht nur ihren Sohn Torsten, sondern auch ihre Tochter in die Sprechstunde mitzubringen. Sie habe immer Ausreden gebraucht. Kurz und kurz, so schließt die Ärztin, sie sähe dringenden Handlungsbedarf und legt auf.

Der Behördenangestellte fühlt: Hier ist die Kacke am Dampfen. Er muss in die Offensive kommen, denn sonst ist er selber Mode. Vernachlässigung der Aufsichtspflicht, mangelnde Kontrolle, Schlendrian, laxe Dienstdurchführung … Er kennt das Geschrei, das angestimmt wird, wenn irgendwo ein Kind in den Brunnen gefallen ist.

Er wolle sich aber erst noch mit dem Leiter der Abteilung Jugendhilfe beim Rat der Stadt verständigen, sagt er, und entlässt die beiden Damen mit Dank für ihre Unterstützung.

Der Amtschef ist ein ruhiger, in sich gekehrter Mensch. Für die Ausübung seiner Funktion kommen ihm diese Charaktereigenschaften zugute. Täglich hat er es mit menschlichen Abgründen und Absonderlichkeiten zu tun. Da braucht man ein dickes Fell oder ein solches Gemüt. Am besten beides. Er hat sein Ressort im Wesentlich im Griff, selten gibt es Klagen oder Beschwerden. Das könnte sich jetzt ändern.

Als Müller ihm den Sachverhalt vorträgt, insbesondere die langen Fristen erwähnt, in denen nichts geschah – faktisch bis jetzt –, verlässt ihn kurzzeitig die Ruhe. »Müller«, brüllt er in die Muschel, »wissen Sie, was das heißt: Hier wurde grob fahrlässig gehandelt, indem nicht gehandelt wurde. Das ist doch ein Unding, das jahrelang ein Kind nicht vorgestellt und untersucht wird! Genosse Müller«, womit der Amtschef sehr förmlich wird, »Sie kümmern sich sofort um diese Manuela persönlich. Und wenn es für uns ein Fall ist, dann arbeiten Sie mir die Schwachstellen heraus, damit wir umgehend Maßnahmen einleiten können. Bericht an mich persönlich und das noch heute.«

Müller nickt dienstbeflissen. Er ist erleichtert, dass es mit dem Tadel noch nicht konkret wurde. Das wird aber gewiss nachgeholt, da ist er sich sicher. Wenn der Zustand des Kindes wirklich so schlecht ist, wie die Frauen es vorbrachten, können sich einige eine Pfeife anzünden. Noch schlimmer, wenn das Kind stirbt.

Erneut ruft er in der Mütterberatung an. Er hat die Fürsorgerin, Frau Lehmann, am Telefon. »Es geht noch einmal um den Fall von vorhin. Ich will von Ihnen jetzt und sofort eine Erklärung, wie es möglich ist, dass sich eine Mutter den Pflichtuntersuchungen ihres Kindes entziehen kann!«

Sie kontert geschickt. »Ihnen ist offenkundig entgangen, dass es sich um ein knapp sechsjähriges Mädchen handelt. Dieses Kind obliegt nicht mehr unserer Aufsichtspflicht. Die gesetzmäßigen Impfungen, das wissen Sie auch, nimmt die Impfstelle vor. Unsere Unterlagen zu dem Kind sind in Ordnung. Vor Jahresfrist hat Frau Dr. Gärtner dreimal ihre Mutter vergeblich aufgefordert, mit ihrer Tochter zu erscheinen. Ich habe weder Weisungsbefugnis noch kann ich Zwangsmaßnahmen einleiten. Aber«, sie nimmt etwas Schärfe aus ihrer Stimme, »ich kann mich gern in der Impfstelle kundig machen und selbstverständlich auch beim Schularzt nachfragen.«

Müller sagt, darum werde er sich jetzt selber kümmern. Die Fürsorgerin solle ihm jedoch sämtliche Unterlagen zu Manuela Schmidt zusammentragen und aufs Amt bringen – heute noch.

Die Unterlagen der Impfstelle weisen ähnliche Lücken auf. Solange Manuela in den Kindereinrichtungen untergebracht war, erhielt sie alle Impfungen, die auch nachgewiesen sind. Dann kommen die Vermerke »Krank, Impfung muss nachgeholt werden«. Nach der zweiten vergeblichen Aufforderung geschah nichts, zumindest ist nichts dokumentiert. Auch diese Akte fordert Müller an.

Dann ruft er beim Jugendarzt an. Dr. Reichelt amtiert als Schularzt, er ist eine Institution. Deshalb nimmt Müller den Umweg über eine Mitarbeiterin. Die greift sich die Akte. Verstummt. »Na, was ist?«, erkundigt sich Müller, der die Pause sehr genau registriert hat.

Es kommt ein gedehntes Tja. »Da scheint wirklich etwas versäumt worden zu sein.«

»Was heißt das?« Müller wird langsam unruhig.

»Diese Manuela Schmidt ist nur ein einziges Mal bei uns vorgestellt worden, zu einer Impfung. Doch das Mädchen hätte schon längst zur Einschulungsuntersuchung erscheinen müssen. Die Zeit ist überschritten.«

»Na prima!« schreit Müller in den Hörer. »Was habt ihr nur für eine Ordnung in eurem Laden? Jedes schulpflichtige Kind hat zur Untersuchung zu erscheinen, um darüber aus medizinischer Sicht zu entscheiden, ob, wann und wo es eingeschult wird. Und wenn die Eltern der Aufforderung nicht nachkommen, muss nachgehakt werden. Das ist also nicht geschehen.«

Müller erkennt den Zusammenhang sofort: Manuela ist als Kindergartenkind geführt, nicht als Hauskind. Der Aufruf zur Einschulungsuntersuchung, so will es das Gesetz, wird in der Zeitung veröffentlicht und den Eltern zugesandt. Hauskinder werden durch die Eltern vorgestellt. Bei Kindergartenkindern übernimmt diese Aufgabe die Einrichtung. Hier hat sich die Behörde augenscheinlich auf diese eingespielte Organisation verlassen und es unterlassen, nochmals zu prüfen.

Müller beruhigt die Kollegin, die sichtlich nervös geworden ist. »Wenn das Dr. Reichelt mitkriegt, kann ich meine Papiere abholen«, jammert sie.

»Wird schon nicht so schlimm kommen.«

Anruf im Betriebskindergarten. Dort bestätigt man seine Vermutung. Frau Schmidt hat Manuela abgemeldet, als sie ihren Schwangerschaftsurlaub antrat. Seither ist sie zu Hause und versorgt ihre Kinder allein. Also ist man davon ausgegangen, dass Frau Schmidt das Hauskind Manuela dem Schularzt vorstellt. »Wir hatten, wie Sie sehen, damit nichts mehr zu tun.«

Müller setzt sich sofort an die Schreibmaschine und setzt im üblichen Amtsdeutsch ein Schreiben an Karin Schmidt auf. Darin fordert er sie auf, Manuela unverzüglich dem Schularzt vorzustellen. Unverzüglich heißt: am morgigen Mittwoch. Sollte dieser amtlichen Aufforderung nicht nachgekommen werden, müsse er von den Möglichkeiten des Zwanges Gebrauch machen.

Das Schreiben lässt er sofort durch einen Boten des Rates der Stadt zustellen.

Wenig später klingelt dieser an der Tür. Karin Schmidt öffnet und muss den Empfang mit Unterschrift quittieren. »Was ist das?«

Der Bote zuckt mit der Schulter. »Steht doch drauf: Rat der Stadt Görlitz, Kinder- und Jugendamt.«

Sie reißt den Umschlag auf dem Weg in die Küche auf. »Vorstellung zur Einschulungsuntersuchung«, liest sie und meint, das klingt harmlos. Oder auch wieder nicht. Sie weiß, dass sie ihre Tochter auf keinem Fall einem Arzt vorstellen kann. Aber sie gibt sich zuversichtlich, dass sie wie schon in früheren Fällen genügend Überzeugungskraft entwickeln wird, um das Fernbleiben zu erklären.

Am nächsten Morgen spult sie zunächst ihr Programm ab. Sie versorgt Torsten und Cornelia, dann reicht sie Manuela im Kasten eine Tasse warmes Wasser. Sie greift nicht einmal danach. Sonst pflegt sich Karin Schmidt dann lachend umzudrehen und zu gehen, heute flößt sie ihrer Tocher das Wasser ein.

In der Nacht hat sie beschlossen, telefonisch den Termin abzusagen. Sie geht zum Münzer an der Ecke, wirft die beiden Groschen aus Aluminium ein. Das Vorzimmer des Schularztes ist von Müller vorbereitet worden. Ich verwette meine Dienstmütze, dass sie morgen früh bei euch anruft und absagt.

Er gewinnt die Wette.

»Ja, hier Schmidt. Sie hatten mich gestern aufgefordert, meine Tochter Manuela dem Schularzt vorzuführen. Sie hat heute morgen solche roten Pusteln im Gesicht bekommen, auch die Mandeln sind geschwollen. Ich vermute, dass sie Massern oder Windpocken hat. Ich werde mich erst mal zum Kinderarzt bemühen müssen.«

Die Fürsorgerin zeigt, wie vorher beredet, ein Höchstmaß an Mitgefühl und Verständnis. Man werde ihr selbstverständlich einen neuen Termin mitteilen.

Karin Schmidt wirft den Hörer in die Gabel und grinst. Na bitte. Allerdings stellt sie sich nicht die Frage:

Und was ist mit dem nächsten Termin? Wie lange soll das auf diese Weise funktionieren? Doch soweit denkt sie nicht. Es zählt nur heute, was morgen ist, wird dann entschieden. Sie geht nach Hause und kocht sich einen Kaffee. Den habe sie sich verdient, sagt sie sich.

Reichelts Vorzimmer informiert Müller über den Anruf. Müller informiert den Amtsleiter. Der ruft den Jugendrichter an. Dieser fertigt das Papier aus, mit der die juristische Handhabe gegeben ist, damit eine Fürsorgerin in Begleitung eines Schutzpolizisten das Kind aus der Wohnung holen kann. So merkwürdig es scheint: Alles muss jedoch seine Ordnung haben. Die DDR ist ein Rechtsstaat, in dem jeder offizielle Schritt gesetzlich gedeckt sein muss. Die Polizei kann nicht einfach in die Wohnung stürmen und Manuela Schmidt »befreien«. Es geht schon seinen sozialistischen Gang. Aber er muss korrekt beschritten werden.

Als es an der Tür klingelt, erhebt sich Karin Schmidt unwillig von ihrem Küchenstuhl. Wer kann das um diese Zeit sein?

Sie öffnet und zuckt sofort zurück, als sie die Uniform sieht.

»Müller vom Jugendamt«, stellt sich Müller vor und hält ihr das Dokument vom Jugendrichter unter die Nase. »Wir haben den Auftrag, Ihre Tochter dem Schularzt vorzuführen. Wo ist sie?«

Ehe sich Karin Schmidt besinnen und mit einem Protest anheben kann, schiebt sie der Polizist beiseite und drängt in den Flur. Müller und die Fürsorgerin folgen ihm.

»Wo ist Ihre Tochter Manuela?«

Karin Schmidt schweigt und klammert sich an ihren Säugling Cornelia, die angesichts der drei Menschen zu greinen anfängt. Sie sagt nichts, als diese ins Kinderzimmer treten. Es riecht muffig. Der Polizist knipst das Licht an. In der Schublade sehen sie ein gekrümmtes Etwas.

Schmutzig, mit zerrissener Kleidung. Die Augen in dem Schädel, der nur von Haut bespannt zu sein scheint, blicken teilnahmslos. Das Haar ist verfilzt. Der Körper: Haut und Knochen. Die Fürsorgerin hat schon viel gesehen in ihrem Beruf, so ein Häuflein Elend jedoch noch nicht. Sie beugt sich nach unten und umfasst das Kind, hebt es auf. Es ist federleicht. Der stechende Geruch von Urin wirbelt ihnen in die Nase, Müller hält sich demonstrativ ein Taschentuch vor Mund und Nase.

»Eine Decke«, fordert die Fürsorgerin, die Manuela an sich drückt. Die lässt alles apathisch mit sich geschehen, es gibt keine erkennbare Reaktion. »Geben Sie mir eine Decke, Frau Schmidt.«

»Was für eine Decke?«

»Nun werden Sie mal nicht komisch«, herrscht der Polizist sie an. »Sie werden wohl wissen, was eine Decke ist.«

»Bekomme ich die wieder?«

Die Frage bleibt unbeantwortet. Die Fürsorgerin hüllt damit Manuela ein. So ist sie geschützt, auch vor möglichen Blicken von Neugierigen im Treppenhaus oder auf der Straße, wo das Auto wartet.

Beim Abgang sagt Müller: »Wir sehen uns vor Gericht wieder, Frau Schmidt! Darauf können Sie Gift nehmen.« Dann knallt er die Tür zu.

Ratlos bleibt sie zurück. Dann beginnt sie, völlig irrational, das Kinderzimmer aufzuräumen und alle Spuren zu beseitigen. Sie drapiert das Bad mit Zahnputzbecher und -bürste für Manuela, ein Seifenlappen und ein buntes Handtuch: für Manuela. Wenn die vom Amt kommen, wird alles normal und natürlich aussehen. Und die Verletzungen von den Schlägen? Mein Gott, sie ist halt oft gestürzt, so schwach wie sie war. Und warum war sie so schwach? Sie hat schlecht gegessen, das ist manchmal bei Kindern so … Ach, sie wird sich schon herauszureden wissen wie immer. Da ist sie ganz sicher.

Der Funkstreifenwagen fährt beim Schularzt vor, Dr. Reichelt steht mit angewinkelten Armen auf der Treppe und mustert durch eine kreisrunde Nickelbrille die Delegation. »Sofort ins Sprechzimmer«, kommandiert er. Die Fürsorgerin trägt das Kind im Arm, das noch immer keinen Ton von sich gegeben hat. Sie stellt es hin. »Kannst du stehen, Manuela?«

Das Mädchen reagiert nicht, bleibt aber aufrecht.

Reichelt greift nach den Ärmchen, sie sind mit blauen Flecken, Schürfwunden und Narben übersäht. »Na, du kleiner Spatz, hast dir deine Flügelchen verletzt«, sagt er und blinzelt ihr aufmunternd zu.

Keine Reaktion.

»Liegen Sie sie bitte auf den Untersuchungstisch«, sagt er.

Offenbar hat die Fahrt die Kleine derart mitgenommen, dass sie ohnmächtig zu werden droht. Ihre Augen sind geschlossen.

»Hierbleiben, junge Dame«, sagt Reichelt und tätschelt ihr kräftig die Wangen. Das Köpfchen fliegt hin und her, die Augen öffnen sich wieder.

Fragend blickt sich Reichelt um. »Wo, zum Donnerwetter, steckt Schneider? Ich brauche den Fotografen. Wir müssen alles dokumentieren für das juristische Nachspiel.«

Schneider erscheint, vor seiner Brust baumeln einige Kameras und Blitzlichter.

»Ohne Blitz«, sagt Reichelt. »Ich brauche erst einmal die Totale für den Gesamtzustand, dann Details. Aber das sage ich dir dann noch. Dann entfernen sie die Kleidung, oder genauer: Was davon noch vorhanden ist. Kein Zentimeter am Körper, der keine blauen und rot verfärbten Hämatome, Risswunden und Schwielen aufweist. Jede Rippe ist erkennbar. Als Reichelt Manuela leicht auf den Bauch drückt, läuft Wasser zwischen den Beinen. Unfasslich, stammelt Reichelt ein ums andere Mal.

»Hast du's«, fragt er den Fotografen. »Wirklich alles?«

Der nickt. Er ist so fertig wie alle anderen am Tisch.

Er deckt Manuela mit der Wolldecke zu. Sie hat alles teilnahmslos über sich ergehen lassen. »Wir müssen sie zunächst medizinisch versorgen«, sagt er. »Auf alle Fälle auch röntgen wegen möglicher Knochenbrüche undsoweiter. Aber begleiten Sie mich bitte nach nebenan in mein Büro.«

Nachdem er die Tür geschlossen hat, explodiert Dr. Reichelt. »Brutalität im höchsten Grad! Ein Verbrechen!« Wild mit seiner Brille in der Hand gestulierend geht er im Zimmer von einer Ecke zur anderen. »Eine Schande ist das, auch für Ihr Amt, Herr Müller, das ist Ihnen doch hoffentlich klar?« Der nickt nur erschrocken, was soll er auch anderes tun. Der Schuldoktor hat zwar recht, aber: »Uns trifft nicht die Schuld allein, lieber Doktor, auch Ihr Büro ist involviert.«

»Darüber reden wir noch«, poltert Reichelt. »Da können Sie ganz sicher sein. Zunächst aber müssen wir das Kind versorgen und die Mutter aus dem Verkehr ziehen.«

»Schwer möglich«, sagt Müller. »Sie hat einen Säugling und ein Kleinkind daheim.«

»Nichts da«, tobt Reichelt in seinem heiligen Zorn, wohl wissend, das Recht und Gerechtigkeit, Notwendigkeit und Möglichkeit selten übereingehen.

»Erstens: Manuela kommt in die Kinderklinik zur gesundheitlichen Versorgung. Sobald sie soweit wieder hergestellt ist, kommt sie ins Heim zur Rekonvalenszenz.

Zweitens werde ich Anzeige bei der Kriminalpolizei gegen die Mutter erstatten: Körperverletzung, Vernachlässigung der Fürsorge- und Aufsichtspflicht und was es da noch so an Paragraphen gibt.«

Die Kriminalpolizei benötigt zu den Ermittlungen eine knappe Woche. Dann übergibt sie die Akten einschließlich der Fotografien an den Staatsanwalt.

Oberleutnant Winter, der die Untersuchungen führte, besucht in dieser Zeit zweimal Manuela in der Kinderklinik. Er nimmt ihr Schokolade mit und einen Teddy. Die Tafel nimmt ihm die Schwester ab. Ob er die Kleine umbringen wolle, sagt sie. Den Teddy jedoch darf er ihr geben. Winter setzt sich neben das Bett und legt den Bären aufs Laken. Manuela betrachtet ihn ernst und nachdenklich. Dann ein fragender Blick in Richtung Winter. Der nickt freundlich. Da nimmt Manuela den

Görlitzer Altstadt

Teddy und drückt ihn mit ihren verbundenen Händen fest an sich. Zum ersten Mal seit langer, langer Zeit lächelt sie. Winter ist bewegt. Auch die Schwester, die auf der anderen Seite des Bettes steht, ist sichtlich ergriffen. Sie wendet sich um, um unbemerkt eine Träne wegzuwischen.

Winter sucht auch Karin Schmidt auf.

»Wo ist Ihr Mann?«

»Auf Fernfahrt.«

»Wann kommt er wieder.«

»Keine Ahnung.«

»Gut, unterhalten wir uns.«

»Ist das ein Verhör.«

»Nein, ein Gespräch. Zur Vernehmung bitte ich Sie zum Volkspolizeikreisamt.«

»Worüber wollen Sie sich mit mir unterhalten?«

»Über Manuela.«

»Da gibt es nicht viel zu erzählen. Anfangs war sie gesund und munter, machte gute Fortschritte in ihrer Entwicklung. Dann begann sie zu kränkeln, aß schlecht, pinkelte ein, war, wie mir schien, zuletzt auch nicht mehr ganz richtig im Kopf.«

Winter hört sich stoisch eine Weile die Ausführungen an. Sie werden ohne innere Bewegung vorgetragen, wirken wie einstudiert, was auch zutrifft. Karin Schmidt hat sich eine Legende zurechtgebastelt, die sie offenkundig selbst glaubt.

»Frau Schmidt, wir sollten die Märchenstunde beenden. So wird es gewiss nicht gewesen sein. Ich will von Ihnen wissen, warum und wie Ihre Tochter von Ihnen und Ihrem Mann oder von von Ihnen beiden misshandelt wurde. Dass sie misshandelt worden ist, steht eindeutig fest. Es gibt eine Strafanzeige gegen Sie. Die gegen Ihren Mann wird noch geprüft. Mit anderen Worten: Sie kommen definitiv wegen Ihrer Handlungen vor Gericht. Und vielleicht auch Ihr Mann.«

Karin ringt um Luft. »Das ist eine Verleumdung und Unterstellung. Ich sagte doch: Manuela ist krank!«

Oberleutnant Winter legt die Anzeige demonstrativ auf den Tisch. »Machen Sie die Sache nicht noch schlimmer, als sie schon ist. Erleichtern Sie Ihr Gewissen, machen Sie reinen Tisch. Das, was Sie Ihrer Tochter angetan haben, machen sie dadurch nicht ungeschehen. Sie wird, sofern sie durchkommt, ihr ganzes Leben daran tragen. Selbst wenn wir beide schon tot sein werden, wird das Martyrium sie bis in ihre Träume verfolgen. Ist Ihnen das bewusst?«

Als habe er gegen eine Wand geredet, sagt sie: »Warum lässt man mich nicht zu meinem Kind? Ich war in der Kinderklinik. Dort hat man mir den Zutritt verwehrt. Eine Unverschämtheit: Eine Mutter darf ihr leibliches Kind nicht sehen. Das ist doch ein Polizeistaat.«

»Frau Schmidt, hüten Sie Ihre Zunge. Das habe ich jetzt nicht gehört.«

»Ist doch wahr. In keinem anderen Land der Welt ist das möglich.«

»Ich kenne nur das eine. Und Sie?«

»Ist das vielleicht meine Schuld?«

»Nun werden Sie mal nicht polemisch«, sagt Winter. »Und lenken Sie nicht vom Thema ab. Sie haben über Jahre ihre Mutterpflichten nicht nur grob vernachlässigt, sondern auch fortgesetzt Ihr Kind physisch und psychisch misshandelt. Das steht hier zur Verhandlung und sonst nichts.«

Nach der Rückkehr von der Auslandsreise wird auch Norbert Schmidt von Winter vernommen.

Ja, sagt er, er habe gelegentlich Manuela gezüchtigt, also geschlagen.

»Warum?«

»Meine Frau sagte, das dies auf Empfehlung des Arztes geschehen müssen.«

»Ich kenne keinen Arzt, der als Therapie Schläge verordnet. Wo leben Sie, Herr Schmidt?«

Der Fernfahrer zieht die Schulter hoch. »Ich war doch nur selten da. Ich habe meiner Frau geglaubt.«

Für Winter ist auch Norbert Schmidt ein Fall für den Staatsanwalt.

Das Gerichtsverfahren ist öffentlich, das Interesse groß. Der Fall ist klar, die Fakten unumstößlich.

Karin Schmidt, die Kindesmutter, zeigt nicht einen Anflug von Bedauern oder Reue. Im Gegenteil, sie wähnt sich zu Unrecht verfolgt. Als Marlies Kraus im Zeugenstand steht, um über ihre Beobachtungen im Heim und im Haus zu berichten, verliert sie die Beherrschung und schreit in den Saal: »Du blöde Wachtel, kümmere dich um deinen Dreck!«

Das Gericht spricht ihr dafür eine Ordnungsstrafe aus.

Von Einsicht keine Spur. Karin Schmidt sieht sich als Opfer, sagt, dass dieses »Kind der Schande« ihr im Weg

Das eigene Kind verstoßen

2 Jahre und 2 Monate Gefängnis für Rabenmutter beantragt

Von Gerichtsberichterstatter H. W.

Vor dem Kreisgericht Görlitz-Stadt hatte sich die 25jährige wegen Kindesmißhandlung zu verantworten. Vor etwa acht Jahren kam sie aus Westdeutschland in unseren Arbeiter-und-Bauern-Staat. Sie erwartete ein Kind von einem Mann, der sie mißbraucht hatte. Das Kind kam zur Welt, wuchs in verschiedenen Heimen auf, war nachgewiesen bis vor zwei Jahren bettsauber und wurde in der Familie, die mit hier gegründet hatte, aufgenommen. Inzwischen kamen noch drei weitere Kinder dazu.

Von dieser Zeit an begann für das erste Kind die Leidenszeit. Es durfte nicht auf die Straße, wurde nicht wie die anderen zum Einkauf und Spaziergang mitgenommen, bekam keine Zuwendungen oder Geschenke wie die anderen Kinder, dafür wurde es aber grundlos oder aus nichtigen Gründen mit dem Klopfer, dem Anschlußkabel für das Bügeleisen geschlagen und mit den Schuhen gestoßen oder getreten. Rosa brachte es sogar fertig, den Gaskocher brennen zu lassen, wenn sie die Wohnung verließ, um mit „Eventualitäten" zu rechnen. Das Kind wurde auch nicht zur Schule angemeldet, und erst im vorigen Jahr kam es zwangsmäßig, auf Hinweise von Hausbewohnern, dazu.

Gerichtsbericht in der Görlitzer Ausgabe der Sächsischen Zeitung, 22. Januar 1966

stand, sie belastete. Sie wollte es nicht mehr sehen. Auf der anderen Seite habe es Zwänge gegeben. Wenn sie, was sie ursprünglich vorhatte, Manuela ins Heim zurückgegeben hätte, wäre ihr Mann seiner Auslandslizenz verlustig gegangen.

»Frau Schmidt, das ist doch Unsinn, was Sie hier erzählen«, unterbricht sie der Richter.

Den meisten Menschen im Gerichtssaal, denen die ganze Vita der Angeklagten bekannt ist, wissen durchaus, dass der Ursprung dieses Falles Jahre zurückliegt und in der Jugend von Karin Schmidt in Friedeberg wurzelt. Den ihr angetanen Schmerz gab sie weiter. Doch eine Ungerechtigkeit lässt sich nicht durch eine andere ungeschehen machen. Erfreulich, dass die Vertreter des DDR-Rechts die Herkunft der Täterin nicht thematisieren, sie sind von der Neigung völlig frei, daraus ein Politikum zu machen, obgleich dies ein Leichtes gewesen wäre und sicherlich einigen Beifall bekommen hätte.

Die Untersuchung bewies, daß das Kind mißhandelt worden war. Der sachverständige Arzt sprach von Brutalität! Das Kind ist in seiner ganzen Entwicklung soweit zurückgeblieben, daß es jetzt mit knapp 8 Jahren von der Schulpflicht zurückgestellt werden muß, um erst auskuriert zu werden.

„Ich konnte das Kind nicht mehr ersehen, immer aus Wut schlug ich auf dieses ein. Wenn ich es anfaßte, habe ich mir Handschuhe angezogen, damit ich mir die Finger nicht schmutzig mache", erklärte sie. Kein bißchen Reue zeigte während der Beweisaufnahme. Im Gegenteil, sie benahm sich so ungebührlich, daß sie vom Gericht mit einer Ordnungsstrafe von 30 MDN belegt werden mußte.

Ihr mitangeklagter Ehemann arbeitet auswärts und kommt nur zum Wochenende nach Hause. Er hat wohl oft zu gesagt, sie solle doch nicht immerzu auf das Kind einschlagen, trotzdem hat er aber selbst mehrmals das Kind mit dem Klopfer traktiert.

Der Staatsanwalt zeigte im Plädoyer die große Verwerflichkeit derartiger Handlungen auf. Er lehnte für diese Rabenmutter auf Grund der Schwere der Handlungen eine bedingte Strafe ab. Für beantragte er wegen Mißhandlung Abhängiger 10 Monate Gefängnis bedingt mit zweijähriger Bewährung und für die Angeklagte 1 Jahr und 10 Monate Gefängnis unbedingt. Die Strafkammer des Kreisgerichts folgte im Urteil dem Antrag bei dem Angeklagten. Seine Frau wurde jedoch zu einer Gefängnisstrafe von 2 Jahren und 2 Monaten unbedingt verurteilt.

Da die Angeklagte Berufung einlegte, ist das Urteil noch nicht rechtskräftig.

Teil 2 des Gerichtsberichts

Als der Staatsanwalt plädiert, ist es still im Gerichtssaal. Noch einmal schildert er sehr anschaulich das Martyrium von Manuela, er beschreibt die Grausamkeiten, der das Kind durch die eigene Mutter ausgesetzt war. Auf den Besucherbänken hört man es schniefen. Es ist unfassbar.

Für den Ehemann Norbert Schmidt fordert der Staatsanwalt wegen Misshandlung Abhängiger zehn Monate Gefängnis, ausgesetzt zu einer zweijährigen Bewährung.

Für Karin Schmidt beantragt er ein Jahr und zehn Monate Haft, die nicht zur Bewährung ausgesetzt werden sollen.

Ein Raunen geht durch den Saal. »Viel zu wenig für eine solche Rabenmutter«, heißt es.

Die Strafkammer des Kreisgerichtes Görlitz folgt dem Antrag des Staatsanwalts im Falle des Vater. Karin Schmidt verurteilt sie hingegen zu einer Gefängnisstrafe von zwei Jahren und zwei Monaten.

Sie besitzt die Stirn und legt gegen das Urteil Berufung ein. Diese wird abgelehnt und das Urteil vollstreckt.

Ihre Tochter Manuela wird sie nie mehr sehen.

*Sachsen-Anhalts Ministerpräsident Wolfgang Böhmer**
sagte dem in München erscheinenden Nachrichtenmagazin
Focus, *er erkläre sich die vielen Kindstötungen im Osten*
»vor allem mit einer leichtfertigeren Einstellung
zu werdendem Leben in den neuen Ländern«.
Es komme ihm vor, als sei Kindstötung für manche Frauen
»ein Mittel der Familienplanung«.
Diese Einstellung halte er für eine Folge
der DDR-Abtreibungspolitik. Frauen konnten dort nach
1972 bis zur zwölften Woche ohne Begründung
die Schwangerschaft abbrechen.
»Das wirkt bis heute nach«, sagte Böhmer, der bis 1990
Chefarzt der Gynäkologie in Wittenberg war.

dpa, 24. Februar 2008

* Wolfgang Böhmer war von 1960 bis 1974 in Görlitz als Arzt an der dortigen Frauenklinik tätig. 1966 wurde er Facharzt für Gynäkologie und Geburtshilfe, 1967 Erster Oberarzt. 1983 habilitierte er sich mit einer Arbeit zum Thema »Die Entwicklung der individuellen und gesellschaftlichen Belastung durch die menschliche Reproduktion«

Nadine

Im Januar 1979 zieht ein Blizzard über Deutschland. Die starken Schneestürme kennt man nur in Nordamerika. Sie sind die Folge kräftiger Kaltlufteinbrüche tief in den wärmeren Süden. Binnen weniger Stunden nach dem Einzug arktischer Kälte fallen große Mengen Schnee und sorgen für Chaos. Hierzulande sind solche Wetterphänomene die Ausnahme. Jahrzehnte nach diesem Winter wird es in den Geschichtsbüchern heißen, es habe sich um eine der größten Wetterkatastrophen der letzten hundert Jahre in Deutschland gehandelt.

Auch Görlitz wird zugeweht. Die Nationale Volksarmee und die Volkspolizei versuchen, mit schwerem Gerät die Straßen freizuräumen. Ohne dass ihn jemand ausgerufen hat, herrscht praktisch Ausnahmezustand. Das öffentliche Leben kommt zum Erliegen, Kindergärten und Schulen sind geschlossen, in den meisten Betrieben wird kaum noch gearbeitet: weder Werktätige noch Material kommen durch. In Einrichtungen und Institutionen, die existenziell wichtig sind – Krankenhäuser, Polizeiwachen, Energiebetriebe, Bahnstationen usw. –, läuft ein Notprogramm.

Die Stadt versinkt schon am Nachmittag in winterliche Finsternis. Die Straßenbeleuchtung wird gar nicht erst angeschaltet, denn in den Tagebauen und Brikettfabriken dreht sich kaum noch ein eingefrorenes Rad. Braunkohle ist aber, wie jeder weiß, die Basis der Energiegewinnung hierzulande. Also bleibt, um Strom zu sparen, jede Lampe dunkel.

Die Menschen drängen sich an die wärmende Heizung daheim und warten auf Wetterberuhigung. Wer nicht unbedingt muss, geht nicht vor die Tür. Das Fernsehen sendet rund um die Uhr Reportagen. Insbesondere Rügen hat es schwer getroffen. Dort sind ganze Dörfer von der Außenwelt abgeschnitten. Es sind die Tage voller Heldentaten, an denen das ganze Land Anteil nimmt. So sieht man Bilder von eingeschneiten Zügen, die auf freier Strecke ihrer Befreiung harren, und eine glückliche Mutter, die mit einem Panzer ins Krankenhaus nach Bergen gebracht wurde. Natürlich gibt es auch Tragisches und Trauriges zu berichten, doch das wird allenfalls am Rande erwähnt. So war eine vor zwei Jahren am Cainsdorfer Bahnhof, unweit vom sächsischen Zwickau, errichtete riesige Traglufthalle, zusammengefallen, weil die Ventilatoren, die den Innendruck erzeugten, ausfielen. Das war Folge des Stromausfalls. Die Masten der Hallenbeleuchtung schlitzten dabei die Planen auf. Damit ist das Materiallager im Eimer. Oder wenn Heizkraftwerke ausfallen, sitzen mitunter Zehntausende Menschen in ihren kalten Neubauwohnungen. Das ist der Fluch der neuen Zeit. Die Landbevölkerung hingegen hat Öfen, die sie selber heizen kann, und notfalls wärmt man sich wie die Vorfahren im Kuhstall. Problematischer ist es für die großen Milchviehanlagen. Tausende Kühe lassen sich nicht mit der Hand melken …

Zu jenen, die am 13. Januar gegen 20 Uhr in Görlitz unterwegs sind, gehört der Arzt Jens Kubalke. Er ist zum Notdienst eingeteilt, ein Job, der auch unter normalen Wetterbedingungen nicht zu jenen Tätigkeiten rechnet, um die man sich reißt. Das Einsatzauto des Dringenden Hausbesuches, auch so etwas gibt es hier, schiebt sich im Schritttempo durch den Schnee. Die Räder drehen durch, sie mahlen den Schnee mit ihren Profilen. Hinzu kommt der Flockenwirbel von vorn. Das Licht der Scheinwerfer endet schon nach wenigen Metern, es wird vom Schnee geschluckt. Horst, der Fahrer, sieht weder Straßen- noch Verkehrsschilder. Er kennt sich aus in der Stadt, findet wie ein Ackergaul blind den Weg in den Stall, aber auf der

Suche nach einer unbekannten Adresse hat er unter diesen widrigen Umständen die gleichen Probleme wie ein Ortsunkundiger.

»Hoffentlich läuft uns keiner ins Auto«, sagt Kubalke.

Der Fahrer lacht. »Und wenn schon. Der Arzt ist ja da.«

»Deinen schwarzen Humor möchte ich haben.«

»Das wahre Alternativprogramm zur weißen Pracht.«

Kubalke feixt. Auch wenn der Humor aus Calau kommt, kann er sich darüber amüsieren. Die beiden kennen sich gut, sie waren schon oft gemeinsam unterwegs. Der Fahrer ist ausgebilder Pfleger, er kann im Notfall dem Arzt zur Hand gehen. Das geschieht oft. Kubalke kann sich auf ihn im Ernstfall verlassen, da ist er ihm eine verlässliche Hilfe.

»Was gibt es da in der Hainbergstraße?«

»Notruf.«

Der Mann am Lenkrad lässt ein gequältes Lachen vernehmen. »Darauf wäre ich nie gekommen.«

»'tschuldige. Eine Mutter hat vor einer Viertelstunde in der Notaufnahme angerufen, ihre Tochter sei bewusstlos.«

»Name?«

»Nadine Krüger, zwei Jahre.«

»Krüger, Krüger ...« Der Fahrer lässt den Namen auf seiner Zunge zerfließen und durch die Ganglien laufen. Doch da ist kein Output in seinem Kopfcomputer. »Nee, nichts. Ist wohl ein Neukunde.«

»Ja, geht mir auch so. Dort waren wir noch nie.«

Der Barkas quält sich inzwischen durch die Berliner Straße, Horst hat sich übers Lenkrad gebeugt, als könnte er wegen der dreißig Zentimeter, die er dadurch gewinnt, besser in die Dunkelheit starren. »Wenn's gar nicht mehr geht, muss du aussteigen und vorangehen.«

Kubalke winkt ab. Er sei der Arzt.

»Und ich bin der Fahrer.«

»Also musst du raus.«

»Mache ich doch glatt. Und du bleibst hier und wartest aufs Frühjahr, bis alles weggetaut ist.«

»Hm, hast recht. War keine gute Idee. Ich gehe ja schon.«

Eiskalter Wind bläst den Schnee durch die geöffnete Beifahrertür. »Mach' zu, es wird kalt in der Bude.« Scheppernd fällt das Blech ins Schloss. Horst sieht den Arzt in der Dunkelheit verschwinden. Nach einiger Zeit taucht er wieder aus dem Nirwana auf, reißt die Tür auf und schwingt sich auf den Sitz.

»Mensch, das ist vielleicht schweinekalt, sage ich dir.« Kubalke klopft sich den Schnee von der Jacke. »Nach vierzig Metern kommt eine Kreuzung, da musst du rechts abbiegen. Das ist die Hainbergstraße.«

»Nummer.«

»Muss ich nachsehen.« Kubalke greift nach seiner Kladde, die vorn auf der Ablage liegt.

Das Gebäude ist eines jener Mietshäuser mit Hinterhof und Seitenflügel, wie sie in den 20er Jahren errichtet wurden. Keine begehrte Wohngegend. Aber das ist gegenwärtig noch kein Thema. Ende der 70er Jahre sind Wohnungen hierzulande Mangelware wie so vieles. Man nimmt die Wohnung, die man kriegt, und nicht die, die man will. Die Mieten sind auf dem Niveau von 1937, was einerseits sozial ist, andererseits den Kommunen, in deren Besitz die meisten Immobilien sind, kaum Einnahmen sichert. Die Mieteinnahmen decken nicht einmal die notwendigen Betriebskosten. Mitte der 70er Jahre beschloss man in Berlin einen gewaltigen Kraftakt. Bis 1990 wolle man das Wohnungsproblem als soziale Frage gelöst haben, hieß es propagandistisch-blumig. Am Rande der Großstädte, auf der grünen Wisse, zieht man seither Neubausiedlungen hoch. Wer so eine Plattenbauwohnung zugewiesen bekommt, ist glücklich: warmes Wasser aus der Wand, Zentralheizung, nie mehr Kohlen schleppen, Dächer und Fenster sind dicht …

Doch die Zahl der Bauarbeiter und Handwerker ist so endlich wie das Material, das sie benötigen. So konzentriert sich alles auf Schwerpunkt-Vorhaben, während für die alten Innenstädte kaum etwas bleibt. Görlitz, reich an historischer Bausubstanz aus mehreren Jahrhunderten und vom Krieg weitgehend verschont, teilt das Schicksal vieler Orte in der DDR. Es passiert wenig bis nichts, manches architektonisch und historisch interessante Gebäude droht »in Schönheit« zu sterben. Ihre Menge erweist sich fast als Fluch.

Kubalke nestelt aus der Jackentasche eine Taschenlampe, die er bei jedem Einsatz mit sich führt. Sie hat ihm schon gute Dienste erwiesen – selbst beim Betrachten von Mandeln. Er leuchtet die Klingelleiste ab. Doch ehe er den Namen finden kann, öffnet sich knarrend die schwere Holztür. Im matten Schein des Flurlichts steht eine Frau. Die Beine stecken in engen Jeans, der schmächtige Körper wird von einem Rollkragenpullover bedeckt. Köhler meint, vor sich eine Oberschülerin zu haben. Ehe er sie aber fragen kann, plappert sie bereits von selbst los.

»Sind Sie der Arzt?«

Kubalke nickt.

»Ich bin Maruth Krüger. Ich habe in der Notaufnahme wegen meiner Tochter angerufen. Guten Abend.« Sie streckt ihm die magere Hand engegen. »Kommen Sie.«

Kubalke wirft seinem Fahrer einen Blick zu. Meist sind die Anrufer nicht so ruhig wie diese Frau. Sie sind hektisch, aufgeregt, fahrig. Die Hilflosigkeit im Umgang mit einer Notsituation führt zu unlogischen Reaktionen. Und die Nervosität wächst beim Warten auf den Notarzt.

Die beiden folgen der jungen Frau durch den Flur. Aus einer Wohnung dringt Kinderlärm, es riecht so unangenehm wie stets in allen alten Häusern. Kohlsuppe, Bohnerwachs, Braunkohlenqualm, Pisse, abgestandene Waschlauge … Der Geruch sitzt in jeder Ritze, er wohnt in allen Balken und in jedem Ziegelstein. Selbst wenn man sämtliche Fenster und Türen dauerhaft öffnete, bliebe er doch darin wohnen. Verdammt zum ewigen Leben wie die Schlossgeister in Schottland.

Dann treten sie wieder ins Freie und stehen auf dem Hinterhof. Die Seitenflügel sind dunkel.

Maruth Krüger bemerkt den Blick Kubalkes. »Wir sind die einzigen, die hier noch wohnen. Die anderen Mieter sind schon lange vom Acker.« Sie gibt ein kehliges Lachen von sich, das – wie der Mediziner sofort erkennt – seine Färbung von unzähligen Zigaretten und harten Getränken bekam.

Sie öffnet die Eingangstür und steigt im Dunkeln drei Stufen hinauf. »Vorsicht«, warnt sie fürsorglich, »dass Sie mir nicht noch auf den letzten Metern stürzen.« Und wieder ertönt dieses Lachen.

Im Rahmen einer Wohnungstür steht ein hoch aufgeschossener Mann mit Nickelbrille, der trotz seiner Körpergröße wie ein Pennäler aus den unteren Jahrgängen wirkt.

»Das ist mein Freund«, sagt sie. Der Pennäler tritt beiseite und macht den Weg frei.

»Wo ist das Kind?«, fragt Kubalke.

»Da«, sagt die Frau und geht vor. Sie öffnet eine Tür.

Unter einer Decke, flüchtig hingeworfen, liegt ein Mädchen. Kubalke geht in die Knie. Die Lider bedecken die Augäpfel zur Hälfte, man kann auch sagen: Die Augen sind halb geöffnet. Das Gesicht ist bleich und ohne jeden Reflex, als er es berührt. Kubalke muss nicht seinen Arztkoffer öffnen, dafür genügt ein Blick.

»Frau Krüger, das Kind ist tot.«

Der Arzt bleibt in der Hocke und mustert den Leichnam. Er nimmt vorsichtig die Decke beiseite, obwohl diese Rücksicht unbegründet ist: Das Kind merkt es nicht mehr. Der Körper des Kindes, soweit er es sehen kann, ist von blauen Flecken geradezu übersät, Schwielen ziehen sich über die Extremitäten. Das kleine, schmale Gesicht ist an manchen Stellen angeschwollen, insbesondere die Oberlippe. Er hebt diese vorsichtig an und bemerkt, dass ein Schneidezahn abgebrochen ist. Behutsam dreht er den toten Körper auf den Bauch und schiebt das Hemdchen nach oben. Rücken und Gesäß scheinen nur aus Narben und Striemen zu bestehen, wobei – Kubalke beugt sich noch ein wenig tiefer und benutzt seine Taschenlampe – der Hintern besonders in Mitleidenschaft gezogen ist. Wie an einer Schnur fügen sich blaurote Quaddeln aneinander, zum größten Teil schon vernarbt. Als Mediziner

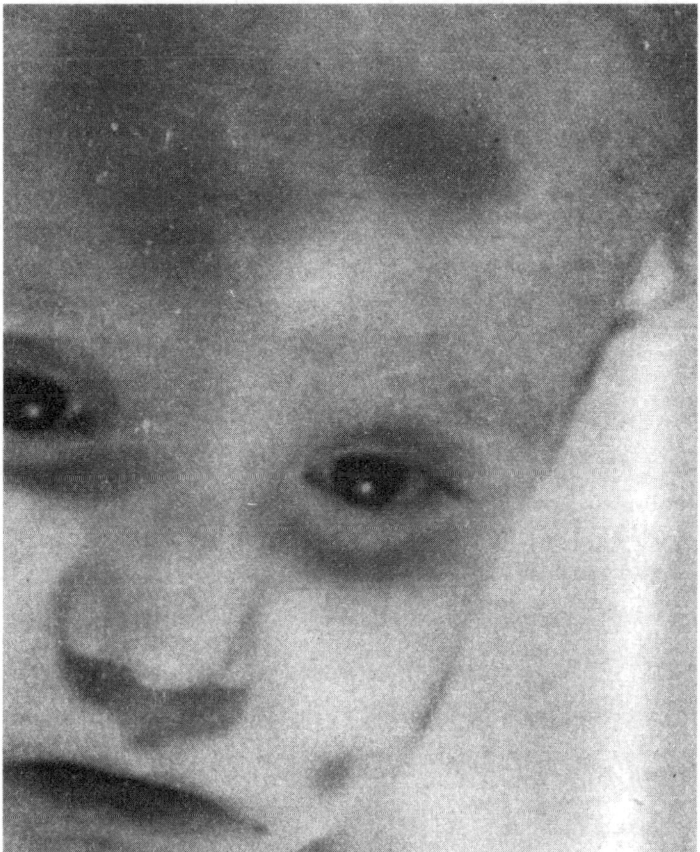

Misshandelte Tochter

weiß er, wie Verbrennungen aussehen. Diese hier, er wagt diesen Gedanken kaum zu denken, können von glühenden Zigaretten herrühren.

Die junge Mutter und ihr Freund stehen teilnahmslos an der Tür und schauen zu.

»Was ist denn nun mit Nadine?«, kommt es fordernd und kess von dort. Kubalke droht zu explodieren, doch er beherrscht sich.

»Frau Krüger, haben Sie mich nicht verstanden? Ich sagte, dass Ihr Kind tot ist. Wir können nichts mehr tun.«

Üblicherweise – aber was ist schon »üblich« in solchen Momenten? – folgt nach solcher Mitteilung ein hysterischer Ausbruch oder ein stummer Zusammenbruch. Hier geschieht weder das eine noch das andere. Kubalke vernimmt lediglich eine lakonische Feststellung, die schnippisch dahingeworfen wird. »Das haben dann Sie zu verantworten. Sie sind zu spät gekommen!«

Kubalke zählt bis drei, dann richtet er sich auf. »Als Sie vor zwanzig Minuten angerufen haben, war das Kind bereits tot! Selbst wenn wir geflogen wären, hätten wir es so vorgefunden, wie es hier liegt.« Horst zieht den Arzt am Ärmel. Er weiß, dass Kubalke allen Grund hat, aus der Haut zu fahren. Doch er muss sich mäßigen, sonst handelt er sich Ärger ein. Mit solchen Typen ist nicht zu spaßen. Unter den rund 600 Rechtsanwälten, die es in der DDR gibt, findet sich bestimmt einer, der in dieser Situation seine Mandanten in unzulässiger Weise vom Notarzt bedrängt wähnte und darum Klage einreichen würde. Kubalke versteht den freundschaftlichen Wink, er weiß selbst, dass er sich völlig neutral verhalten muss. Obgleich dies mehr als schwerfällt angesichts des misshandelten und vermutlich zu Tode gequälten Kindes.

»Was ist geschehen?«

Der Freund mit der Brille schweigt und beäugt den Leichnam von oben. Der Blick, eine Mischung aus Neugier und Einfalt, führt zu keinerlei Reaktion. Wenigstens hält er die Klappe, denkt Kubalke, während sich ein Wortschwall über ihn ergießt.

Die Ausführungen der jungen Frau gleichen Wortkaskaden, die ins Tal rauschen. Ohne Punkt und Pause. Die Rede wirkt vorbereitet und einstudiert, an keiner Stelle hakt sie, kein Augenblick des Innenhaltens oder gar des Besinnens. Nichts.

»Nadine sollte essen, aber sie wollte, wie so oft, nicht. Sie muss doch aber etwas essen, nicht wahr? So wächst sie doch nicht. Ich sagte: Nadine, du musst unbedingt essen, sonst wächst du doch nicht. Das hat sie verstanden, sie war für ihre zwei Jahre sehr verständig. Verstehen Sie? Also ich sagte: Nadine, du musst was essen, aber sie hat den Mund nicht aufgemacht, obwohl ich immer wieder versucht habe, ihr mit dem Löffel den Brei in den Mund zu schieben. Daraufhin hat Udo sie auf den Tisch gesetzt und es auch versucht. Da hat sie sich plötzlich ganz steif gemacht und ist von der Tischkante gefallen. Ich habe sofort den Notarzt angerufen. Nicht war, Udo? Gleich habe ich angerufen. Sie können also nicht sagen, dass Nadine da schon tot gewesen sein soll. Ich habe sofort telefoniert. Stimmt's, Udo?«

Das Riesenbaby lässt einen Laut vernehmen, der nur schwer zu deuten ist. Es könnte ein ablehendes Grunzen sein, aber auch ein zustimmendes Ja. Aber was macht das schon in diesem Augenblick, wo ein totes Kind auf dem Boden liegt, das von zwei Männern betroffen betrachtet wird. Und nur von diesen.

»Ich muss die Kriminalpolizei informieren«, sagt Kubalke mit tonloser Stimme. »Der Tatort darf nicht verändert werden.«

Sofort kommt das kehlige Echo. »Was heißt hier Polizei und Tatort? Das ist meine Wohnung, und das ist mein Kind. Wie reden Sie denn?«

»Frau Krüger, Ihr Kind ist tot. Und als Mediziner sehe ich, dass es nicht auf natürliche Weise verstorben ist. Es muss nun ermittelt werden, ob ein Fremdverschulden vorliegt, was die Todesursache und die Umstände waren. Das ist Aufgabe der Kriminalpolizei. Und dann wird man sehen …«

»*Was* wird man sehen?«

Kubalke macht eine unbestimmte Handbewegung und sagt nicht, was er denkt: ob man sie anklagt und verurteilt wegen Kindesmisshandlung und fahrlässige Tötung oder gar wegen Mordes.

Inzwischen ist Horst, der Fahrer, auf die Straße zurückgegangen. Im Fahrzeug ist ist die Funkanlage installiert, über die er den Diensthabenden im VPKA informieren wird. Der soll die K mobilisieren und in die Hainbergstraße schicken. Er weiß, dass er mit dieser Nachricht allenthalben Freude auslösen wird: zu dieser Stunde und bei diesem Wetter. Da jagt man nicht einmal einen Hund vor die Tür. Aber in diesem Gewerbe kann man sich die Kunden nicht aussuchen. Nachdem er die Nachricht abgesetzt hat, kehrt Horst in die Wohnung zurück.

Dort reden die beiden jungen Leute auf Dr. Kubalke ein. Offenkundig hat sie das Wort »Polizei« aus ihrer Teilnahmslosigkeit geweckt. Sie stehen rauchend vor dem Arzt und trommeln auf ihn ein.

»Sie haben Nadine ja gar nicht richtig untersucht. Wieso behaupten Sie also, sie wäre tot, und rufen nach der Polizei. Vielleicht ist sie nur bewusstlos? Geben Sie ihr eine Spritze oder irgendein Medikament. Das wird doch schon wieder.« Die Frau zieht heftig an der Zigarette. Der Tabak glüht rot auf, an die tausend Grad. Und die haben sie das Mädchen spüren lassen, denkt Kubalke. So betrunken kann man doch gar nicht sein, um das jemandem anzutun, zumal einem Kind. Ein normaler Mensch im Vollbesitz seiner Sinne ist dazu doch nicht fähig.

Er fühlt sich in diesem Raum und mit diesen beiden vermutlichen Kindsmördern unwohl. Er möchte raus, raus in die Kälte. Zehn, zwanzig, dreißig Grad unter Null, scheißegal, nur weg hier. Nicht mit diesen Menschen dieselbe Luft atmen müssen. Kubalke schaltet hilfsweise auf Durchzug. Er sieht den Mund der Frau sich öffnen und schließen, aber er hört nicht, was sie sagt. Er will es auch nicht hören, es interessieren ihn ihre Lügen nicht. Das ist auch nicht seine Aufgabe, sich Ausflüchte anhören zu müssen, die fadenscheinigen Erklärungen, dieses Gestammel von Unschuld.

Wann endlich kommen die Genossen von der K? Er sitzt auf den sprichwörtlichen Kohlen, die Zeit tropft wie zähflüssiger Teer.

»Horst«, sagt er nach einem Blick auf die Uhr, »es geht auf neun, die Kripo müsste bald kommen. Erwartest du sie auf der Straße und bringst sie rein? Nicht dass die draußen umherirren.«

Sofort macht sich Maruth Krüger anheischig, diese Aufgabe zu übernehmen, doch Horst bremst sie. »Sie bleiben schön hier.«

»Was soll das?«, braust sie auf. »Sie können mich doch nicht festhalten.«

»Machen wir auch nicht. Aber es wäre besser, wenn Sie den Raum nicht verlassen. Es ist in Ihrem eigenen Interesse.«

Sie steckt sich die nächste Zigarette an. Der bebrillte Freund, der neben ihr steht, greift nach der Schachtel, die sie achtlos auf den Küchentisch geworfen hat.

Kubalke lässt den Blick schweifen. Die Küche ist zusammengestückelt, das meiste sieht aus, als wäre es vom Sperrmüll. Aus jedem alten Schrank lässt sich was machen, so man denn will. Die Zeitungen sind voll mit Anleitungen, wie sich in die Jahre gekommenes Mobiliar aufmöbeln lässt. Es gibt ganze Magazine, die sich keinem anderen Thema widmen. Natürlich soll damit das Bedürfnis insbesondere junger Leute nach einer individuellen Wohnungsausstattung bedient werden. Doch es geht auch um eine Entlastung des Marktes. Die Möbelindustrie kommt nicht nach. Sobald jemand seine neue »Platte« bezogen hat, will er auch eine neue Schrankwand.

Die beiden aber, die hier hausen, haben sichtlich kein Interesse an handwerklichen Übungen. Am Boden und in den Ecken stehen auffällig viele leere Flaschen. Bier, Schnaps, Wein, Wermut, das ganze Kaufhallenangebot, aber unterstes Fach. In der Spüle stapelt sich schmutziges Geschirr. Wie kann man es hier nur aushalten, fragt sich Kubalke. Seine Studentenbude seinerzeit sah mitunter auch ziemlich wüst aus, vor allem nach durchfeierten Nächten. Das war ein schöpferisches Chaos. Hier aber handelte es sich um Unordnung, Nachlässigkeit, Verwahrlosung. Keine ordnende Hand räumt hier auf. Die Umgangssprache nennt Leute, die so lebten, »Assis«.

Endlich öffnete sich die Wohnungstür und Horst erscheint in Begleitung. Der Mann stellt sich als Oberleutnant der K Schreiber vor. Er reicht nur Kubalke die Hand, die beiden kennen sich. »Die Kriminaltechnik kommt noch, ich bin nur die Vorhut.«

Er wirft einen kurzen Blick auf den Leichnam am Fuße des Tisches. Dann macht er eine Kopfbewegung. Der Arzt versteht, er soll Schreiber nach draußen folgen. Der kräftige Oberleutnant trampelt vor die Wohnungstür. Als sie allein sind, fordert er ihn auf. »Und, was ist dein Eindruck? Erzähl mal?«

»Schwer zu sagen, was die konkrete Todesursache ist. Sie behaupten, das Kind wäre beim Füttern vom Tisch gefallen. Selbst wenn es gestürzt sein sollte: Das allein wird nicht zum Tode geführt haben. Das Mädchen ist fortgesetzt misshandelt und gequält worden. Du findest am ganzen Körper kaum eine Stelle, die sie verschont haben. Schläge mit allen möglichen Sachen, Gürtel, Stöcke, stumpfe Gegenstände, Topfdeckel, Kochlöffel – was sie in die Hände kriegten … Und dann habe ich Brandmale gesehen. Ich bin mir ziemlich sicher, dass sie dem Mädchen brennende Zigaretten in die Haut gedrückt haben. Die haben sie wie einen Aschenbecher zum Kippeausdrücken benutzt.«

»Das ist nicht wahr!« Schreiber schüttelt seinen massigen Kopf. »Du übertreibst.«

»Damit spaßt man nicht, Klaus. Gut, ich räume ein, dass erst eine gründliche Obduktion Genaueres feststellen wird, aber ich bin mir ziemlich sicher, das wir es hier mit einem besonders brutalen Fall von Kindesmisshandlungen zu tun haben. In der einschlägigen DDR-Literatur habe ich noch keinen derart grausamen Fall beschrieben gefunden.«

»Ach du Scheiße«, stöhnt Schreiber und kratzt sich am Hinterkopf. »Warum trifft es immer uns? Bitteschön, die Görlitzer Kriminalpolizei steht gern in der Zeitung – aber doch nicht mit einem solchen Horrorzeug. Weißt du, was da wieder alles nachkommt? Das ist doch eine Kette ohne Ende. Die Arschkarte aber werden wir nicht los. Verdammt.«

»Na komm, mach' deinen Job und gut.«

»Okay, lass uns reingehen. Bis die Jungs von der Technik kommen, nehme ich erst einmal die Personalien der beiden auf. Bleibst du noch?«

»Wenn es sein muss.«

»Es muss. Irgendwie müssen wir den Leichnam ja auch ins Kühlhaus bringen.« Schreiber stutzt. »Na, du weißt schon. Also wenn alles fotografiert ist, nimmst du das Mädchen auf die Trage im Barkas. Wie heißt es übrigens?«

»Nadine Krüger.«

»Nadine. Schöner Name. Und so ein hässliches Ende.«

Die beiden kehren in die Küche zurück, in der zwischenzeitlich der Fahrer die Rolle des Zerberus übernommen hatte. Schreiber umrundet den schmutzigen Tisch und sucht sich eine freie Ecke, auf der er sein Notizbuch ablegen kann. Er zieht einen Stuhl heran, setzt sich vorsichtig darauf, als müsste er prüfen, ob er ihn trägt. Dann zückt er seinen Kugelschreiber und schaut nach dem Burschen. »Mit Ihnen fangen wir an.« Er winkt mit dem Zeigefinger. Der Mann pariert und tritt brav an den Küchentisch heran.

»Name?«

Schweigen.

»Sind Sie taub oder was? Ich möchte wissen, wie Sie heißen. Das ist noch alles freundlich. Ich kann auch anders. Also bitte!« Schreiber hat sich leicht verfärbt. Er ist nicht mehr so blass wie noch vor wenigen Minuten.

»Udo Hartwig.«

»Wohnen Sie hier, oder sind Sie nur zu Besuch?«

»Ich wohne hier.«

»Polizeilich gemeldet?«

»Ja.«

»Was *ja*?«

»Ich bin unter dieser Adresse polizeilich gemeldet. Hier.« Der Mann greift in seine Gesäßtasche und zieht seinen blauen Personalausweis hervor.

Schreiber greift danach und blättert darin. In der Tat: Die Adresse ist eingetragen.

»Sie leben also in einer Art ehelicher Gemeinschaft?

Hartwig wirft seiner rauchenden Partnerin einen fragenden Blick zu, als müsse er sich bei ihr erst vergewissern, in welchem Verhältnis sie zueinander stehen.

»Kann man so sagen.«

»Und wem gehört die Wohnung?«

»Mir«, sagt die Frau.

»Zu ihnen komme ich noch.« Schreiber macht sich wieder einige Notizen.

»Ich habe im Nebenraum zwei Kinderbetten stehen sehen. Haben Sie weitere Kinder?«

»Ja, Dirk. Er ist fünf. Und die vierjährige Carla«, antwortet die Frau anstelle des gefragten Hartwig. »Sie sind heute bei Udos Mutter.«

»Wo wohnt die?«

»Im Vorderhaus.«

Hartwig fällt ihr ins Wort. »Warum erzählst du das alles. Lass Mutter da draußen.« Und an Schreiber gewandt: »Warum wollen Sie das wissen?«

»Nur so«, anwortet der Oberleutnant. »Ich mache mir einfach nur ein Bild.« Wieder notiert er etwas. »So, und nun erzählen Sie mal, was passiert ist.« Er wirft einen aufmunternden Blick in Richtung des Mannes.

Völlig überraschend beginnt der gleichsam zu sprudeln. Als habe man eine Schleuse gezogen, schießen die Wörter und Sätze nur so aus ihm heraus.

»Nadine war krank, ein bisschen Gaga, wir hatten nur Scherereien mit ihr. Sie hatte ihren eigenen Kopf, hat grundsätzlich gemacht, was sie wollte und nicht die Spur darauf gehört. Und ständig hat sie eingepisst. Na klar, da hat sie auch ab und zu von uns mal einen Klaps bekommen. Man musste ihr doch zeigen, dass es eine Grenze für sie gibt. Alles konnten wir ihr nicht durchgehen lassen.«

»Es war ein Kind.« Schreiber reagiert vergleichsweise ruhig, obwohl er innerlich siedet. »Was heißt: ab und zu?«

Der Lange bläst die Backen auf.

»Und was heißt: einen Klaps? Davon gibt es solche Striemen und Narben.«

Der Brillenträger schweigt.

Ehe er seine Frage wiederholen oder eine neue stellen kann, öffnet sich neuerlich die Tür. Ah, die Verstärkung, sagt er und begrüßt die beiden Kriminaltechniker. Doch wer ist die junge Frau in ihrer Begleitung? Die kennt er nicht.

»Die Staatsanwaltschaft ist mit ihrem Auto steckengeblieben. Da haben wir sie gleich mitgenommen«, sagt einer der Techniker.

»Ilona Schramm«, sagt sie und drängt an den Tisch.

»Klaus Schreiber«, sagt der und lüftet kurz sein massiges Hinterteil. »Frisch von der Schule?«

Die junge Frau mit dem straffen Dutt nickt ein wenig verschämt. »Ist mein erster eigenständiger Bereitschaftsdienst bei der Staatsanwaltschaft. Sozusagen meine Feuertaufe.«

Schreiber legt sein Gesicht in Falten. »Da haben Sie sich aber etwas ausgesucht …« Er lässt den Satz offen ausschwingen, wodurch nicht erkennbar ist, wie er das meint. Ob anerkennend oder bedauernd.

In der Küche drängen sich alle um die Kinderleiche, einer der Kriminalisten nimmt die Decke beiseite. Nun sieht man die Narben und Wundmale. Ein kurzes Stöhnen, dann sackt die Staatsanwältin zusammen. Kubalke fängt die Ohnmächtige auf. »Ein Glas Wasser«, ruft er, und zieht sie auf einen Küchenstuhl. Einer der Techniker sucht ein sauberes Gefäß, und als er keins findet, spült er ein herumstehendes aus. Langsam kommt die Staatsanwältin wieder zu sich.

»Entschuldigen Sie«, sagt sie verlegen. »Ich habe so etwas noch nie gesehen.«

»Es wird Sie kaum trösten: wir auch nicht«, sagt Schreiber. »Das ist für uns alle eine Premiere, die wir uns gern erspart hätten. – Los, Jungs, fangt endlich an.«

»Ach so, hier ist der Durchsuchungsbeschluss«, erklärt die Staatsanwältin und legt das Papier auf den Tisch.

»Mir müssen Sie das nicht zeigen. Das ist für die da.«

Er weist mit dem Kugelschreiber auf Maruth Krüger und Udo Hartwig, die sich ins Wohnzimmer verdrückt haben und so tun, als gehe sie alles nichts an. Sie hocken auf den abgeschabten Sesseln, rauchen und starren desintessiert vor sich hin.

Auch als die Männer mit der Wohnungsdurchsuchung beginnen, nehmen sie daran keineswegs Anteil. Man findet in einem separaten Kämmerchen ein drittes Kinderbettchen, das – im schreienden Kontrast zu den beiden anderen, die sauber und frisch bezogen sind – völlig mistig ist. Die Bettwäsche ist gänzlich verdreckt, Kotspuren sind so wenig zu übersehen wie die Blutflecken. Es riecht sehr streng. Auf dem Boden liegt vertreut schmutzige Kinderwäsche, achtlos beiseite geworfen und nicht in die Wäsche gesteckt, wo sie hingehört. Auch ein Siebenriemer liegt dabei. Schreiber ruft nach den Technikern, die das antiquierte Züchtigungsinstrument als Beweismittel in eine Tüte packen sollen. Der Oberleutnant öffnet die Schiebetüren des Wäscheschrankes. Bis auf einige leere Kartons scheint er leer. Allerdings irritieren ihn die beiden Stricke, die von der Kleiderstange herabhängen. In halber Höhe des Schrankes, vielleicht ein Meter über dem Bodenbrett enden die Sticke in Schlaufen.

»Henry, komm' mal«, ruft Schreiber.

»Was denn noch«, antwortet der Kriminaltechniker. »Hast du noch einen Siebenriemer gefunden?«

»Nein. Aber vielleicht kannst du mir sagen, wozu das hier gut ist.«

Henry mustert die Installation einen Augenblick. »Das ist für nichts gut. Das ist ein Folterinstrument. Die haben, vermute ich, Nadines Füße hier eingefädelt und sie kopfüber hängen lassen.«

Schreiber stockt sichtlich der Atem. »Bist du dir sicher?«

»Absolut«, sagt der Kriminaltechniker. »Schau doch mal auf das Brett. Siehst du die Flecken da? Speichel, Erbrochenes, Urin ... Dieser Schrank war eine Folterkammer.«

»Fotografier alles. Jedes Detail. Ich will dieses Gesindel hängen sehen. Vor Gericht.« Schreiber ruft nun auch nach der Staatsanwältin. »Ich brauche zwei Haftbefehle. Schauen Sie sich das an.« Er zeigt in den Schrank und liefert die Erklärung, die er soeben selbst erst gehört hat.

»Aber das Kind muss doch dabei entsetzlich geschrien haben. Hat denn das niemand gehört?«

»Erstens werden die die Schrank- und die Kammertür verschlossen haben, zweitens: in diesem Haus wohnt niemand mehr. Es ist keiner da, der etwas hören könnte. Und drittens schrie sie nicht.«

Wenig später klicken die Handschellen. Nadines Mutter und deren Freund werden in die Untersuchungshaftanstalt eingeliefert.

Nachdem die Wohnungsdurchsuchung beendet, die Beweismittel gesichert und alles fotografisch festgehalten wurde, packen die Kriminaltechniker ein und verabschieden sich. »Bis morgen dann.« Es ist klar, dass es bei Dienstbeginn eine große Runde beim K-Leiter geben wird. Auswertung, Aufgabenverteilung, Analyse. Der Fall ist abscheulich, aber bereits gelöst. Im Wesentlichen geht es nur darum, in der Gerichtsmedizin die Todesursache festzustellen und in den Vernehmungen das Maß der individuellen Schuld zu ermitteln.

Dr. Kubalke hat noch am späten Abend im Städtischen Krankenhaus Nadines Leichnam abgeliefert. In der dortigen Pathologie wird auch die Untersuchung durch die Gerichtsmedizin erfolgen. Die Obduktion soll aber erst beginnen, wenn die Genossen der Dresdner Morduntersuchungskommission eintreffen. Das könne dauern. Genossen, ihr wisst doch, wie augenblicklich die Straßen aussehen …

Doch o Wunder: Gegen 11 Uhr fährt ein B 1000 mit Dresdner Kennzeichen an der Klinik vor. Oberleutnant Schreiber informiert die Kollegen aus der Bezirksstadt, dann geht man gemeinsam in den Großen Sektionssaal.

Dort werden sie bereits von einigen Gerichtsmedizinern und der Staatsanwältin erwartet. Nachdem die Runde vollständig ist, wird der Leichnam der Zweijährigen auf einem Sektionstisch von einem Gehilfen hereingefahren. Der Leitende Gerichtsmediziner hebt das Laken vom nackten Körper des Mädchens. Die Dresdner zucken zurück.

»Meine Herren, Sie sind zu Recht erschrocken«, sagt der Mediziner. »So etwas ist auch mir noch nicht unter die Augen gekommen. Ich kenne Wasserleichen, Erhängte,

Vergiftete, Selbstmörder, Opfer von Verkehrsunfällen, die ganze Palette unnatürlicher Finals. Doch ein derart gequältes, geschundenes, malträtiertes Kind habe selbst ich noch nicht gesehen. Ich meine es keineswegs zynisch, wenn ich sage: Der Tod war für das Mädchen eine Erlösung. Kommen wir zu den Details.«

Der Pathologe zieht die Leuchte über dem Sektionstisch näher heran.

»Der Körper weist vom Kopf bis zu den Zehen Hämatome unterschiedlicher Größe und Tiefe auf. Stirn, Augenlider, Wangen und Mund sind übermäßig verquollen. Die Oberlippe ist stark angeschwollen, der rechte obere Schneidezahn quer abgebrochen. Beide Unterarme weisen neben den blauen Hämatomflecken rote, zum Teil vernarbte Stellen auf. Da.«

Er weist mit dem Finger auf eben jene Stellen. »Es handelt sich um Verbrennungen, mit höchster Wahrscheinlichkeit hervorgerufen durch Ausdrücken von Zigaretten. Das beweisen die kleinen runden Abdrücke auf der Haut.«

Er macht eine Pause, um das Gesagte wirken zu lassen.

»Auch im Halsbereich finden sich Blutergüsse und Prellungsmerkmale. Solche entstehen, wenn stumpfe Gewalt mehr oder weniger direkt auftrifft und das Gewebe dadurch eine Quetschung erfährt. Da der Bluterguss immer an der Stelle der Gewalteinwirkung entsteht und dieser hier so ausgeprägt rechts und links auch im Halsbereich zu finden ist, bedeutet dies, dass das Mädchen zu Lebzeiten mit Gewalt am Hals gequetscht wurde. Könnte eine Tür oder sowas gewesen sein.

Brustkorb und Rücken sind überzogen von blau-roten Striemenspuren verschiedener Breite und Tiefe.

Auf dem Gesäß finden sich außerdem noch weitere Brandverletzungen, die kreisförmig angelegt sind. Ober- und Unterschenkel beider Beine sind wiederum von Striemenspuren überzogen.

Auf den Fußsohlen der gleiche Befund: kreisrunde Brandverletzungen.

Auffällig sind dicke Einkerbungen an beiden Fußgelenken. Auch sie sind rot unterlaufen.«

»Haben Sie dafür eine Erklärung«, erkundigt sich einer der Dresdner MUK-Leute.

»Die kann Ihnen Ihr Kollege Schreiber liefern.«

Der Angesprochene berichtet präzise von den Schlaufen im Schrank, die sie bei der Durchsuchung fanden.

»Die inneren Organe sind ohne krankhaften Befund«, setzt sodann der Gerichtsmediziner seinen Vortrag fort. »Das Mädchen ist also gesund gewesen, wenngleich auch sein Gewicht weit unter der Norm liegt, Muskulatur und Organe an Masse abgenommen haben und bereits ein beträchtlicher Schwund des Körperfettes vorliegt.

Nunmehr kommen wir zum wesentlichen Punkt: Woran starb die Kleine? Der Kopf weist Verletzungen auf, die auf eine dumpfe Gewalteinwirkung schließen lassen. Die inneren Kopfverletzungen und im kausalen Zusammenhang die schweren körperlichen Misshandlungen haben den zwangsläufigen Tod des zweieinhalbjährigen Mädchens herbeigeführt.«

»Wer macht so etwas?« Der Gehilfe fasst sich offensichtlich als erster.

»Die Mutter, wie es aussieht«, antwortet Schreiber.

»Und dafür bringe ich sie hinter Gitter«, ergänzt die Staatsanwältin. Sie ist entschlossen, mit der ganzen Härte des Gesetzes dieses Verbrechen zu verfolgen.

Bei den Dienstbesprechungen beim K-Leiter im Volkspolizeikreisamt drängt immer mehr eine Frage in den Vordergrund: Wie war es möglich, das über so lange Zeit, vermutlich über Jahre, ein Kind mitten in der Stadt Görlitz systematisch vernachlässigt und grausam misshandelt werden konnte, ohne das dies bemerkt wurde? Wo liegen die Versäumnisse?

Wie die Ermittlungen zeigen, war Nadine in einer Kindereinrichtung gemeldet. Aber offensichtlich ist sie dann von der Mutter aus der Krippe genommen worden, weshalb sich diese nicht mehr zuständig fühlte. Aber was war mit den Pflichtimpfungen, zu denen das Kind hätte vorgestellt werden müssen, wie es Vorschrift ist? Hat niemand nachgefragt, weil sie nicht kam? Oder war sie dort – und weshalb fielen dann niemandem die Wunden und Narben auf?

Zunächst wurde das Umfeld der Mutter durchleuchtet. Ihr Freund Udo Hartwig ist »sauber«, er ist noch nie auffällig geworden.

Jedoch: Seine Freundin Maruth Krüger ist vorbestraft. 1977 wurde sie wegen Verletzung ihrer Erziehungspflichten gegenüber Nadine zu sieben Monaten verurteilt. Die Strafe wurde zur Bewährung ausgesetzt.

»Läuft die Bewährungsfrist noch?«, erkundigt sich Schreiber.

»Ja. Die sieben Monate sind ihr schon mal sicher«, sagt der K-Leiter. »Was brachten die Ermittlungen in der Krippenverwaltung, Genosse Böhm. Sie waren doch gestern dort.«

Der Oberleutnant schlägt sein Notizheft auf. »Ich habe mit der Chefin der Wochenkrippe gesprochen, in der auf Anweisung der Jugendhilfe Maruth Krüger Nadine anmelden musste. Das geschah im Zusammenhang mit ihrer Verurteilung, über die wir bereits sprachen.«

»Das Mädchen war doch damals noch kein Jahr.«

»Das ist richtig«, antwortet Böhm. »Insofern ist es schon bemerkenswert, wie seinerzeit die zuständigen Organe sehr hellhörig waren und die Signale richtig deuteten.«

»Umso unvertsändlicher, dass die diesmal richtig gepennt haben«, ruft einer dazwischen.

Böhm wiegelt ab. »Gemach, gemach, Genossen. So einfach ist es nun doch nicht.«

»Das Mädchen ist gequält und misshandelt worden. Und nun ist sie tot. Das ist die Realität. Und eine Schande für unsere Stadt. Wir können nur hoffen, dass darüber nicht im *Neuen Deutschland* berichtet wird. Wäre eine tolle Werbung für Görlitz.«

»Genossen, werdet nicht unsachlich«, dämpft der Leiter die Diskussion. »Bitte, Genosse Böhm, fahren Sie fort.«

»Die Auflagen des Gerichts waren eindeutig. Einweisung in die Wochenkrippe, damit die Mutter einer geregelten Arbeit nachgehen konnte. Also Schluss mit der asozialen Lebensweise und ein geordnetes Leben für das Kind.«

»Und, hat sie sich daran gehalten.«

»Die ersten Monate schon. Nadine wird am Freitag pünktlich von der Mutter abgeholt und am Montagmorgen wieder gebracht. Die Entwicklung des Kindes verläuft normal. Allerdings bemerken die Krippenerzieherinnen nach einiger Zeit, dass Nadine nicht mehr kontinuierlich zunimmt. In der Woche schon, aber wenn sie am Montag gebracht wird, ist ihr Gewicht geringer als am Freitag. Das

Eines von diesen Kindern in der Wochenkrippe ist Nadine

registriert auch der zuständige Krippenarzt. Da Nadine aber stets sauber und ordentlich gebracht wird, ihre geistigen Fähigkeiten sich gut entwickeln, sucht man den Grund nicht bei der Kindesmutter.«

»Und das war's dann, ja?«

»Nein. Die Chefin der Krippe suchte daraufhin das Gespräch mit der Mutter. Das war, sagte sie mir, nicht sehr erfreulich. Frau Krüger zeigte sich sehr reserviert, blockte ab, gab sich beleidigt.« Böhm zitiert aus seinen Notizen. »Eine ›junge, unreife, oberflächliche Frau‹, ›wenig kooperativ und verständnisvoll‹. Da sie sich schwer zugänglich zeigte, habe sich die Krippenleiterin nach Absprache mit dem Krippenarzt – dem Chefarzt der hiesigen Kinderklinik – zu einem unangekündigten Hausbesuch entschlossen. Die Wohnungseinrichtung sei zwar spartanisch, aber ordentlich gewesen. Die beiden älteren Kinder, die sie erstmals sah, machten einen gesunden und aufgeweckten Eindruck. Frau Maruth kochte gerade einen Gemüseeintopf. Dan habe sie sich die Kinderbettchen zeigen lassen und moniert, dass Nadine in einem Wäschekorb schlief. Man habe kein Geld für ein weiteres Kinderbett, sagte sie, worauf die Krippenleiterin veranlasste, das Frau Krüger ein reparaturbedürftiges aus der Krippe einschließlich Matratze erhielt. Sie habe ja nicht erwartet, dass ihr dafür Frau Krüger dankbar um den Hals fiele. Doch ein wenig mehr als die gezeigte Gleichgültigkeit wäre durchaus angemessen gewesen.

Die Chefin hat in der Folgezeit wiederholt, zumeist am Montag, Frau Krüger daheim aufgesucht, also sehr verantwortungsvoll und umsichtig gehandelt. Denn: Diese lieferte nicht mehr, wie vereinbart, Nadine am Morgen in der Einrichtung ab. Gegen 10 Uhr wäre darum sie oder eine Erzieherin in die Hainbergstraße gefahren und hätte das Kind abgeholt. Die Unregelmäßigkeiten begannen, nachdem sie ihre Arbeit in der Wäscherei hingeschmissen hatte, die sei ihr zu anstrengend gewesen.«

»Da hätte sie doch erst recht Zeit gehabt, das Kind pünktlich in der Krippe abzuliefern«, ruft einer.

»Eben nicht. Sie sei auf Arbeitssuche, erklärte sie der Krippenleiterin, die zunehmend wütender wurde, was ich verstehe. Sie spielt mit dem Gedanken, dies im Monatsbericht für die Jugendhilfe anzumerken, unterlässt es dann aber, weil sie fürchtet, das Gericht würde sofort die Bewährung als gescheitert erklären und Maruth Krüger die ausgesprochene Haftstrafe antreten lassen. Was, so fragte die Erzieherin, geschieht dann mit den beiden anderen Kindern?«

»Wenn sie weniger Skrupel gehabt und es gemeldet hätte, wäre die Krüger eingerückt und Nadine würde noch leben, das ist traurige Wahrheit«, ruft einer.

»Hat es zu jener Zeit schon Verletzungen und Hinweise auf Misshandlungen gegeben?«, will ein anderer wissen.

Böhm schüttelt den Kopf.

»Männer?«

»In jener Zeit trat eben jener Hartwig in ihr Leben. Das merkte man auch in der Krippe. Man hatte den dürren Brillenträger schon wiederholt mit ihr gesehen.«

»Folgen?«

»Keine. Aber das Misstrauen der Erzieherinnen gegenüber Nadines Mutter nimmt stetig zu. Sie lügt, hintergeht, ist nachlässig, hält Verabredungen nicht ein. Ihr Ruf ist nicht sonderlich gut. Aber Nadine wird sehr gemocht in der Krippe. Ein hübsches, aufgewecktes Kind.

Als im Spätherbst letzten Jahres Frau Krüger an einem Montag mal wieder nicht erscheint, setzen sich die Leiterin und ihre Stellvertreterin ins Auto und fahren die ihnen längst vertraute Strecke. Auf ihr Klingeln erscheint eine ältere Frau aus dem Vorderhaus. Sie sagt, Frau Krüger sei in der Stadt zum Einkaufen.

Die beiden Frauen treffen Nadines Mutter tatsächlich beim Bummeln. Zur Rede gestellt, erklärt sie frech, auf

Arbeitssuche zu sein. Und wo sei die Tochter? Bei der Mutter ihres Freundes. Daraufhin hat die Leiterin der Krippe erklärt, sie würden jetzt gemeinsam in die Hainbergstraße fahren und Nadine abholen. Wenn sie sich widersetze, würde sie als Leiterin der Einrichtung Meldung machen. Das Maß sei voll.«

»Schon lange«, tönt es von den Stühlen.

»Maruth Krüger erklärte sich einverstanden, sie müsse aber noch ihr Bewerbungsgespräch absolvieren, die beiden sollten so lange hier warten. Dann verschwand sie in einem HO-Laden. Die Zeit verstrich, und als sie nicht wiederkehrte, fragten sie im Geschäft nach. Natürlich hatte sie die beiden Frauen geleimt – es gab kein Personalgespräch.« Böhm verkürzt seinen Bericht, obgleich er an den Reaktionen merkt, wie die Genossen daran interessiert sind. Die beiden Frauen seien dann erneut in die Wohnung gefahren, hätten die Krüger und Nadine angetroffen, das Mädchen an sich genommen und es in die Krippe gebracht. Wie sich zeigte, sollte das die letzte Woche sein, die das Kind in der Obhut der Erzieherinnen verbrachte.

»Dann habe ich der Leiterin der Krippe die Bilder vorgelegt, damit sie die Tote identifiziere. Sie ist fast zusam-

Nadine: letzte Woche in der Krippe, letzte Aufnahme

mengebrochen. Schrie immer wieder: Nein, das kann nicht wahr sein, was hat sie nur aus dem Kind gemacht!«

Am folgenden Tag gibt es gewissermaßen eine konzertierte Aktion in der Untersuchungshaftanstalt. Zeitgleich wird Oberleutnant Schreiber Udo Hartwig vernehmen, während ein Mitarbeiter der MUK aus Dresden sich Maruth Krüger vornimmt.

Im Vernehmungszimmer wird Hartwig vorgeführt. Er pflanzt sich lässig auf den Stuhl. Vielleicht ist das auch nur seiner Körpergröße geschuldet, dass es stets ein wenig schlaksig erscheint. Er gibt bereitwillig zu Protokoll: Zwanzig Jahre ist er alt, 1959 geboren, und ein guter Arbeiter – zuletzt in der Städtischen Großwäscherei. Er selbst habe noch keine Kinder, aber die seiner Freundin wie die eigenen betrachtet. Seine Eltern leben schon viele Jahre in Görlitz. Er hat noch sechs jüngere Geschwister. Die Familie wohnt im Vorderhaus. Seine Mutter arbeitet bei der Bahn, der Vater ist Invalidenrentner. Die beiden kommen gut mit Maruth aus, man hilft sich gegenseitig. So sind auch die älteren beiden Kinder von Maruth oft in der Wohnung bei seinen Eltern.

Der Vater lernte seine Frau, also Hartwigs Mutter, in den 50er Jahren kennen, als er bei der Wismut war. Darum war er auch nur selten zu Hause. Dann erkrankte der Vater ernsthaft erkrankt. Die Lunge macht nicht mehr mit. Langwierige Krankenhausaufenthalte und Kuren an der Ostsee bringen Besserung, aber keine vollständige Heilung. So wird er Invalide. Die Rente von der Wismut ist recht ordentlich. Doch die Mutter ist mit den sieben Kindern, dem Haushalt und der Arbeit überfordert und sucht Trost im Alkohol.

Keiner der Erwachsenen kümmert sich um die Kinder und deren Schularbeiten; sie werden gemacht oder auch nicht. Udo hält sich mehr als seine jüngeren Geschwister an die Normen in der Schule. Seine Leistungen sind ausreichend, und so schafft er es bis zur achten Klasse, ohne einmal sitzengeblieben zu sein. Wegen seiner Kurzsichtigkeit wird er gehänselt. Er trägt es mit Fassung. Er gilt als still und unauffällig, weshalb er von vielen geschätzt wird. Etwa von den Kolleginnen der Mutter bei der Bahn.

Udo Hartwig beginnt nach der Schule eine Lehre in der Großwäscherei. Auch hier bemüht er sich. Das wird anerkannt. Auch, dass Udo nie zu spät kommt und bereitwillig auch Sonderschichten fährt. Die Ausbilder kümmern sich um ihn. Er bekommt eine eigene kleine Wohnung vermittelt, damit er aus dem häuslichen Milieu herauskommt, das allgemein als nicht gut gilt.

Er bleibt auch nach Abschluss seiner Lehre in der Wäscherei. Die Kollegen akzeptieren ihn. Und das Wichtigste für ihn: Er verdient gut, während andere gerade erst einmal die Lehre beenden.

Kurz nach seinem 18. Geburtstag lernt er beim Tanz Maruth Krüger kennen, die zwar im gleichen Betrieb, aber in einer Filiale in der Stadt arbeitet. Und sie ist sechs Jahre älter als er. Udo begleitet sie bis vor ihre Haustür. Auf dem Weg erzählt sie ihm von den beiden Kindern, die sie aus der Ehe mit einem Elektriker hat. Die Ehe wurde geschieden. Darüber verlor sie den Kopf und nahm gleich einen neuen Freund, um sich zu trösten. Der war toll, erzählt sie, doch er wollte sie nicht heiraten. Aber ein Kind hat er ihr trotzdem gemacht, dieses widerliche Schwein. Nun säße sie mit ihren drei Kindern fest und müsse alles allein bewältigen. Udo ist gerührt von soviel Aufopferung und davon, wie sie alles packte. Obgleich er sie um Haupteslänge überragt, blickt er zu ihr auf. Er himmelt sie an.

Das ist, sollte man meinen, der Beginn einer wunderbaren Liebe.

Tatsächlich aber, so hört der aufmerksame Oberleutnant Schreiber aus der wortreichen Erzählung heraus, der Anfang einer unseligen Partnerschaft. In der Maruth Krüger, die Intelligentere, sich den unbedarften Mann unterwirft, ihn sich hörig macht. Dazu bedient sie sich der gesamten Klaviatur, die ihr als Frau zur Verfügung steht.

Schon bald ziehen beide mit Maruths Kindern in die leer stehende Wohnung im Hinterhaus seiner Eltern. Die beiden älteren Kinder von Maruth sind oft bei der Oma im Vorderhaus, Nadine in der Woche in der Krippe.

Udo bereiten die Kinder keine Probleme, er ist an den Umgang mit kleineren Kindern durch seine Geschwister gewöhnt. Er hat einen freundlichen Umgang mit allen dreien, kauft ihnen Spielzeug und freut sich mit ihnen. Udo gibt regelmäßig seinen gesamten Verdienst für »seine Familie« hin.

Schreiber hakt nach. »Sie leben also sehr zufrieden mit ihrer Partnerin und den Kindern zusammen, wenn ich das richtig verstehe?«

»Ja, sehr zufrieden«, sagt Udo Hartwig und erzählt, was für eine tolle Frau er in Maruth gefunden habe. Im Bett sei sie eine Granate. Dafür liest er Maruth jeden Wunsch von den Augen ab.

»Auch wenn es um ihre Kinder geht?«, wirft Schreiber ein.

»Natürlich, was denken Sie. Maruth braucht meine Hilfe. Die Kerle haben sie sitzen lassen mit den Sorgen und Kindern. Die beiden Großen sind ja ganz ordentlich, aber Nadine parierte überhaupt nicht. Kein Wunder, der Vater soll auch nicht ganz dicht gewesen sein.«

»Kennen Sie ihn?«

»Nein, ich will ihn auch nicht kennenlernen. Es reicht mir schon, was Maruth über ihn berichtete. Und Nadine schien das ganze Ebenbild zu werden.«

»Hat Ihnen das Maruth eingeredet?«

»Das sah man doch.«

»Aha«, sagte Schreiber. »Woran?«

»Na, wenn wir allein sein wollten, quengelte sie. Sie störte uns immer, wenn wir im Bett waren. Als wollte sie verhindern, dass wir uns liebten. ›Das ist die späte Rache von diesem Arsch‹, schrie Maruth dann. Manchmal bekam sie richtige Heulkrämpfe, wenn sie an diesen Typen erinnert wurde. ›Mach doch was!‹, rief sie, ›ich ertrag das nicht länger‹.«

»Und? Machten sie was?«

»Ja.«

»Was?«

»Ich habe dann Nadine geschlagen.«

»Sie allein? Hat Ihre Freundin auch geschlagen?«

»Nur wenn sie was getrunken hatte.«

»Trank sie oft.«

»Naja, am Wochenende haben wir uns schon gern einen auf die Lampe geschüttet.«

»Und dann haben sie zusammen auf das Mädchen eingeprügelt?«

»Maruth nahm manchmal den Siebenriemer. Und wenn die Haut aufplatzte und das Blut lief, sagte sie: ›Siehst du, Mäuschen, sie blutet wie ein Schwein. Ja, sie ist ein Schwein, genau wie ihr Vater!‹«

»Das war ein hilfloses Kind, das sich nicht wehren konnte. Hatten Sie nie Skrupel?«

»Was heißt das?

»Na, ob Sie nicht davor zurückschreckten, so etwas zu tun, ein Kind zu quälen.«

»Ach, wenn wir so richtig schön besoffen waren, machte das sogar Spaß.«

»Wann fing das an?«

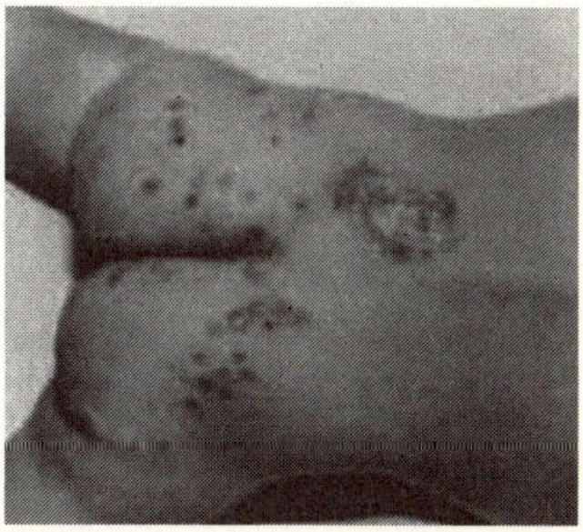

Zigarettenkippen einfach aufs Gesäß ausgedrückt – ein »lebender« Aschenbecher

»Keine Ahnung.«

»Hatten Sie nicht Angst, dass man die Flecken und Striemen in der Krippe bemerken könnte?«

»Angst nicht. Aber wir haben uns anfangs vorgesehen. Solange sie in der Krippe war. Da hat Maruth sich anders an ihr gerächt. Sie hat dann Schnitten mit Creme geschmiert und ihr die zu essen gegeben.«

»Creme? Sie meinen Nudossi?«

»Nee, richtige Creme, ich glaube, da stand Florena auf der Dose. Manchmal hat sie gleich gekotzt, da war das Thema Essen fürs Wochenende erledigt. Ab Montag konnte sie sich ja wieder vollfressen.«

»Haben Sie schon mal eine Hautcreme gegessen?«

»Nein. Warum sollte ich?«

»Aber Nadine musste es.«

»Ja, das war die Rache dafür, dass sie die Tochter eines Verrückten war und uns auf die Nerven ging.«

»Woher stammen die Brandverletzungen?«

»Welche Brandverletzungen?«

»Hören Sie: Nadines Po war mit Brandnarben und frischen Wunden übersät.«

»Das war ich nicht. Ich habe nur auf den Unterarmen meine Zigaretten ausgedrückt. Auf dem Po machte es Maruth. Das zischte erst, dann roch es nach verbranntem Fleisch.«

Schreiber würgt es. »Und was war mit Nadine?«

»Erst schrie sie wie am Spieß, dann war sie ruhig.«

»Weil sie ohnmächtig geworden war.«

»Kann sein. Wir hatten aber endlich Ruhe. Verstehen Sie: Ruhe. – Übrigens: Kann ich mal eine Zigarette haben, bitte?« Hartwig schielt auf die Schachtel, die vor Schreiber liegt. Der ringt mit sich, schiebt dann die Packung und die Streichholzschachtel aber doch über den Tisch. Feuer flammt auf, die Spitze glimmt, Hartwig zieht den Rauch tief ein und bläst dann genüsslich den Qualm in die Luft.

»Drücken Sie jetzt die Zigarette aus. Auf Ihrem Unterarm. Los, machen Sie.«

»Warum sollte ich?«

»Drücken Sie. Haben Sie den Mut.«

»Ich bin doch nicht bescheuert. Das tut doch wahnsinnig weh.«

»Ach, und Nadine tat es nicht weh, was!« Schreiber ist außer sich und dicht dran, die Vernehmung abzubrechen. Was ist das nur für einfältiger, herzloser Pinsel.

»Sagen Sie, was es mit dem Schrank auf sich hat.«

»Welcher Schrank?«

»In Nadines Kammer steht ein Schrank mit Schiebetüren. Drinnen hängen zwei Stricke mit Schlaufen.«

»Ach der.«

»Was bedeuten die Schlaufen?«

»Die bedeuten nichts.«

»Ich meine, wozu dienten sie?«

»Das war unser Erziehungsschrank. Wer nicht parierte, kam in den Schrank. Die Großen wussten Bescheid, denen musste man nur drohen. Nadine musste es spüren. Sie hing öfter in den Seilen.«

»Wie lange?«

»Bis der Kopf rot wie ein Ballon war, dann haben wir sie rausgelassen.«

»Wer ist auf die Idee gekommen?«

»Maruth. Nach einer saugeilen Nummer. Maruth liebt Fesselungsspiele. Sie kommt besonders wild, wenn sie mich ans Bett gefesselt hat und ich mich nicht wehren kann. Dann sitzt sie auf mir wie auf einem Thron. Das gefällt mir. Danach kam sie auf die Idee mit dem Erziehungsschrank.«

»Hat Nadine nicht geschrien, wenn sie dort kopfüber im Schrank hing?«

Hartwig schüttelt den Kopf und macht einen langen Zug. »Wenn sie so hing, kriegte sie keine Luft. Deshalb konnte sie auch nicht schreien.«

Schreiber ist speiübel, er braucht jetzt ein Glas Wasser. Doch wenn er sich eins bringen lässt, will der auch eins. Aber Schreiber will ums Verrecken nicht diesem Schwein eine menschliche Geste widerfahren lassen. Nicht mit ihm. Der soll verdursten und in die Hölle fahren.

»Sagen Sie, was passierte am 13. Januar?«

»Wir wollten Schluss machen.«

»Sie oder Ihre Freundin?«

»Ich. Nadine machte unsere schöne Beziehung kaputt. Sie war der Schatten der Vergangenheit, das Gespenst von gestern, der Elektriker, der immer dazwischenfunkte.«

»Gab es dafür einen besonderen Anlass?«

»O ja.« Hartwigs Augen bekommen plötzlich eine auffälligen Glanz. Er lächelt. »Maruth sagte mir, dass sie schwanger sei. Da war für mich klar: Unser Kind durfte nicht neben diesem Bastard aufwachsen, diesem Abkömmling eines Gauners. Der war zu Maruth hundsgemein und sein Kind war es auch. Also gab es für mich nur eins – es musste weg. Am Sonnabend, also am 13. Januar, hat Nadine keinen Mucks mehr gesagt, wir hofften, dass sie bereits hinüber war. Doch Maruth stellte fest, dass sie noch atmete. Ich wollte sie noch einmal in den Schrank hängen, aber dann kam Maruth auf die Idee mit dem Essen. Damit man nicht annimmt, wir hätten sie verhungern lassen. Ich habe sie also gehalten, sonst wäre sie umgekippt, und Maruth hat ihr Grießbrei in den Mund gestopft. Löffel für Löffel, aber Nadine schluckte den Brei nicht hinunter. Da hat ihr Maruth einen Klaps auf den Rücken gegeben. Da lief sie blau an. Maruth schrie mich an, ich soll mitmachen, aber ich konnte nicht. Irgendwie hatte ich auf einmal Angst. Da ist es passiert: Nadine ist beim Klopfen auf den Rücken zur Seite gekippt und auf den Boden gefallen. Den Rest kennen Sie ja.«

»Sie sagen, Ihre Freundin ist schwanger? In welchem Monat ist sie denn?«

»Im dritten.«

»Für heute machen wir Schluss, wir sehen uns morgen wieder.«

In seinem Büro füllt er ein Formular aus. Udo Hartwig muss unbedingt einem Psychiater vorgeführt werden.

Bei der nächsten Sitzungsrunde der Einsatzgruppe, an der auch wieder Mitarbeiter der Dresdner MUK teilnehmen, liegen etliche Befragungsprotokolle von Zeugen auf dem Tisch. Für die Nachbarn gelten die beiden als unauffällig, ruhig und im Erscheinungsbild ordentlich. In den Kindereinrichtungen, die von den beiden großen Kinder besucht werden, spricht man weniger gut über sie. Man habe auf sie besonders Augenmerk lenken müssen.

Die ärztlichen Untersuchungen sind lückenlos nachweisbar und bestätigen die Aussagen der Erzieherinnen. Die Zeugenaussage von Nadines Kinderarzt steht noch aus. Die Leute vom Jugendamt, die das Sagen haben, bleiben gelassen. Der Bericht wird für ihr Amt positiv ausfallen, das hat der Leiter schon angekündigt. Das ist durchaus erklärbar, denn wenn es keine gravierenden Feststellungen an den Kindern – auch bei Nadine – gegeben hat, erfolgten auch keine Meldungen an das Jugendamt.

Das sehen die Ermittler ebenso. Aus den bisherigen Feststellungen ergab sich, dass die Leiden erst begannen, als Nadine nicht mehr in die Krippe gebracht wurde.

Auch die Zeugenaussage des leiblichen Vaters von Nadine steht noch aus.

So konzentrieren sich die Kriminalisten auf die Haupttäterin: Maruth Krüger. Schreiber macht darauf aufmerksam, dass sie im dritten Monat sei.

»Was soll das denn?«, sagt der K-Leiter.

»Ganz einfach: Drei Monate wurde Nadine massiv gequält. Nadine musste sterben, weil ein neues Kind unterwegs ist.«

»Das ist doch pervers!«

»An diesem Fall ist alles pervers, Genossen«, ruft Schreiber in den Saal.

Die Befragung von Hartwigs Eltern bringt keine neuen Erkenntnisse. Sie bestätigt das, was Udo Hartwig berichtete. Für Nadine interessierten sie sich nicht. Die beiden Großen mischten sich unter die anderen. Mitunter tobten also acht Kinder durch die Wohnung im Vorderhaus. Der Vater schaltet einfach ab, wenn es ihm zuviel wird, und die Mutter klärt das Problem auf ihre Weise, indem sie zur Flasche greift. Zu essen gibt es genug und die Wohnung ist auch leidlich sauber.

Ob sie wissen, was sich im Hinterhaus abspielt, wird nie festgestellt. Verbürgt ist, dass die Mutter wiederholt ihren Sohn und dessen Freundin aufforderte, Nadine ausreichend zu füttern. Aber darin erschöpfte sich das großmütterliche Interesse. Die Frau ist mit ihrer eigenen Situation nachweislich überfordert. Woher soll sie da die Kraft nehmen, sich auch noch um den Haushalt und die Familie ihres ältesten Sohnes zu kümmern.

Nein, seelisch lebt die Frau am Limit wie so viele in der Stadt.

Am Abend des 13. Januar war die Frau mit einer Mehldose und einigen Eiern nach hinten geeilt. Sie habe Eierkuchen machen wollen, bevor sie zur Schicht ging, gibt sie zu Protokoll. Da habe sie Nadine auf dem Fußboden liegen sehen, doch Maruth habe sie beruhigt, das wäre nichts. Sie hätten sie füttern wollen, doch sie habe sich immer wieder zu Boden geworfen. Man dürfe sie nur nicht beachten, dann käme sie wieder zu sich und würde vernünftig mit ihnen reden.

Sie mache sich jetzt natürlich Vorwürfe, sagt Frau Hartwig, dass sie nicht gleich den Arzt gerufen und sich auf Maruths Vertröstungen eingelassen habe. Aber diese Bedenken kommen zu spät.

Justitiabel aber ist das alles nicht.

Am nächsten Tag liegt der ausführliche Untersuchungsbericht des Gynäkologen auf dem Tisch. Maruth ist im zweiten Monat schwanger. Damit kommen neue Aspekte für die Tat selbst und die Vorgangsbearbeitung auf. Alle sind sich einig: Ehe der Mutterschutz für die Täterin wirksam wird, muss sie für ihre abscheuliche Tat verurteilt werden. Es sei denn, die beiden mit einem Gutachten beauftragten Psychologen bescheinigen ihr Unzurechnungsfähigkeit. Das aber bezweifeln Kriminalisten und Staatsanwalt gleichermaßen.

Im gleichen Raum der U-Haftanstalt wird Maruth Krüger vernommen. Sie nimmt auf dem gleichen Stuhl Platz, auf dem bereits Udo Hartwig saß. Sie sitzt aufrecht, den selbstbewussten Blick aus ihren blauen Augen auf den Vernehmer gerichtet. Da ist nicht der leiseste Hauch von Verzweiflung oder gar Reue. Ihr Auftritt ist die Inkarnation der Frage: Was wollt ihr eigentlich von mir?

Schreiber lässt sich den Lebenslauf erzählen.

Sie wird 1953 in Görlitz geboren, es folgen drei weitere Geschwister. Die Eltern sind berufstätig. Maruth ist ein lebhaftes Mädchen, klein und zierlich, niedlich anzusehen. Der Vater lernt eine neue Frau kennen, lässt sich scheiden und geht 1957 mit der neuen Frau in den Westen. Nun muss die Mutter allein für die drei Kinder sorgen, ein viertes kommt ein paar Jahre später dazu. Zwar sorgt die Mutter für das Wohl der Kinder, doch die Schmach über das Verlassensein macht sich in ihr breit. Zuflucht findet sie im Alkohol. Tagsüber im Betrieb, abends dann die Kinder und später wechselnde Liebhaber. Die kleine Maruth verfolgt das mit Interesse. Bald unterscheidet sie selbst zwischen »tauglich« und »blöd« bei den Kerlen. Bei den Tauglichen setzt sie sich in Szene. Sie ist besonders nett und höflich und die Liebhaber der Mutter honorieren das mit Geld für Eis oder einer Kinokarte. In der Schule ist sie nicht die Beste, die Leistungen sind aber passabel. Das wiederum ist der jungen Klassenlehrerin zu verdanken, die sich aufopfernd um das Mädchen kümmert und zur Ordnung anhält. Maruth findet die Lehrerin auch nett und ihr zuliebe strengt sie sich an. In der achten Klasse hat sie keine Zeit mehr zum Lernen und geht ab. Sie lernt Näherin und arbeitet am Band und im Schichtsystem. Hat sie frei, geht sie in die Jugendgaststätte. Vor den Jungs hat sie keine Scheu. Außerdem wirkt sie mit ihrer Größe sehr schutzbedürftig. Damit spielt sie gern. Maruth weiß sehr wohl, was sie will oder nicht. Sie lernt Richard kennen. Der arbeitet als Elektriker im Maschinenbau, ist drei Jahre älter als sie, hat Geld und sieht gut aus. Nicht lange, dann ist Maruth von ihm schwanger. Richard ist gut erzogen und so ist es selbstverständlich, dass geheiratet wird. Auch eine passende Wohnung findet das junge Paar schnell. Maruth ist froh, von zu Hause wegzukommen. Sie ist knapp neunzehn, als das erste Kind geboren wird. Maruth hat alles im Griff. Das soll heißen, sie kommt mit Mann, Kind, Wohnung und sich selbst sehr gut zurecht.

Das ändert sich, als etwas später das zweite Kind geboren wird. Diesmal ist es ein Mädchen. Der Junge, gerade ein reichliches Jahr alt, braucht noch die ganze Zuwendung seiner Mutter, und das Neugeborene erst recht. Da bleibt nicht mehr viel Zeit für den Mann und gar keine für sie selbst. Das ist nichts für Maruth. Am liebsten geht sie mit den Kindern auf den Spielplatz, auch wenn die beiden noch nichts davon haben. Aber Maruth hat ein Ziel und vor allem Abwechslung mit anderen jungen Frauen. Daheim bleibt die schmutzige Wäsche stehen und das Essen wird nicht gekocht. Der Mann macht ihr Szenen, sie gelobt Besserung. Eine Weile hält das an, doch dann fällt sie wieder in den gleichen Trott. Aber auch der Mann hält nicht viel von der Hausarbeit. Er denkt nicht daran, seiner Frau zu helfen. Lieber verdrückt er sich vor dem Kindergeschrei in seine Stammkneipe. Dann wird bis spät in die Nacht Skat gespielt und gezecht. Maruth wartet im Bett vergebens auf ihn. Da läuft auch nichts mehr mit dem ständig angetrunkenen Mann, der am frühen Morgen wieder zur Arbeit muss. Dieser Zustand dauert bis 1975. Dann wird die Ehe geschieden. Maruth geht wieder arbeiten, die Kinder sind im Kindergarten. Die neue Arbeitsstelle ist die Wäscherei. Maruth kommt mit der Arbeit ganz gut klar. Auch wenn sie mit ihrem schnippischen Ton oftmals bei Vorgesetzten und Kolleginnen aneckt, läuft es halbwegs rund.

Die Kinder sind tagsüber umsorgt und abends müssen sie nach dem Essen ins Bett. Sie sind sehr ruhig und relativ ausgeglichen. So ist es nur eine Frage der Zeit, dass sich Maruth wieder auf Eroberungstour in die Disko macht. Alles, was sie meint versäumt zu haben, will sie im Eiltempo nachholen. Eine Bekanntschaft jagt die andere. Mit der Pille als Sicherheit schreckt sie vor keinem Abenteuer zurück. Partnertausch und Gruppensex, die ganze Bandbreite des in Görlitz Möglichen wird mitgenommen. Doch zur Arbeit erscheint sie pünktlich und die Kinder kommen im ordentlichen Zustand im Kindergarten an.

Nach einer gewissen Zeit hat Maruth an dem ausschweifenden Leben keinen Gefallen mehr. Der Grund ist plausibel: Sie hat sich in einen gut aussehenden Frank verliebt, den späteren Vater von Nadine. Den will sie haben, unbedingt. Frank ist nicht so großkotzig wie die meisten in der Jugendgaststätte, eher zurückhaltend. Er kommt mit zwei Freunden, trinkt an der Bar ein paar Drinks und geht wieder – ohne zu tanzen oder Sprüche abzulassen. Für Maruth hat er kaum einen Blick, aber auch nicht für andere Frauen. Maruth wandelt sich in kürzester Zeit vom schrillen Party-Vamp zur zurückhaltenden Frau. Die Freunde sehen die Veränderung mit Erstaunen. Maruth schwört sie darauf ein, alles Gewesene zu vergessen. Unauffällig, wie aus Versehen, schiebt sich Maruth immer wieder an der Bar an ihn heran. Bis er sie nicht mehr übersehen kann. Maruth hat sich sorgfältig zurecht gemacht. Im neuen Minirock, die Haare geföhnt und hoch gesteckt, sieht sie umwerfend aus. Maruth setzt ihr bezauberndes Lächeln auf und stellt sich Frank vor. Er reicht ihr die Hand über sein Glas hinweg – das Eis ist gebrochen. Beim nächsten Schnulzenhit fordert sie ihn zum Tanzen auf. Frank ist etwas unschlüssig, denn tanzen ist nicht gerade seine Welt. Doch Maruth lässt nicht locker – er gibt nach. Sie schmiegt sich eng an ihn. Ihre Freundinnen schauen neidisch zu.

In der Folgezeit kommt es zu neuen Verabredungen. Einmal ins Kino oder zu einer Veranstaltung in die Stadthalle. Maruth schwebt auf Wolke 7, denn der Mann an ihrer Seite gefällt vielen. Frank will Ingenieur für Elektronik werden. Deshalb studiert er an der hiesigen Hochschule. In einem Jahr wird er mit dem Studium fertig sein und zurück nach Bautzen gehen. Die Ingenieurschule ist nicht weit entfernt von ihrem Betrieb. So können sich die beiden ungestört auch am Tag treffen.

Maruth Krüger bricht an dieser Stelle in einen hysterischen Weinkrampf aus. Schreiber ist ratlos, immerhin ist die Frau schwanger.

»Wie wär es mit einem Kaffee«, fragt er vorsichtig.

»Ja, bitte. Darf ich auch eine rauchen?« Der Wunsch kann erfüllt werden. Tief zieht Maruth den Rauch ein. Die Tränen versiegen. Inzwischen steht die Kaffeekanne auf dem Tisch. Sie nimmt einen kräftigen Schluck von dem heißen Gebräu, dann noch einen, und die Welt ist für sie wieder in Ordnung.

Maruth Krüger fährt fort:

Frank ist ihre große Liebe, doch er will nichts von ihr wissen. Was sie auch anstellt, Frank sieht in erster Linie sein Studium und will Maruth als Abwechslung dazu. Sie haben beide schöne Stunden mit Kerzen, Sekt und Sex, doch für den Alltag reicht es nicht. Maruth bemüht sich, gebildet zu sprechen – umsonst, Frank gibt seine lockere

Art, mit ihr umzugehen, nicht auf. Da greift Maruth zu einer List: sie »vergisst« die Pille. Keinen Monat später ist sie schwanger. Sie ist selig vor Glück. Nun muss sie sich etwas ausdenken, etwas Schönes, Niveauvolles, versteht sich, um Frank damit zu überraschen. Sogar das gelingt ihr. Sie bringt das Kunststück fertig und bestellt im »Stadt Dresden«, der Renommiergaststätte in der Stadt, einen Tisch für zwei Personen. Der Mann hinter dem Empfangstresen schaut verstohlen über den Rand seiner Brille. Hier ordern nur Chefs persönlich Plätze, im Notfall ihre Sekretärinnen. Sie aber hat er noch nicht gesehen.

Maruth platzt fast vor Stolz, als sie ihrem Frank die Einladung nebst Platzreservierung überreicht. Frank ist in der Tat überrascht. Und er freut sich sogar ehrlichen Herzens. Maruth gibt für diesen Abend ihr ganzes Erspartes hin. Sie macht sich für Frank besonders schön, und der erkennt das auch an, macht ihr Komplimente. Sie sitzen am Tisch, im Hintergrund spielt Musik, die zu Herzen geht. Sie trinken Rotwein und schauen sich tief in die Augen. Und dann offenbart Maruth ihr Geheimnis.

Frank ist erwartungsgemäß erst einmal überrascht. Wütend oder ärgerlich, wie Maruth es angstvoll erwartet hat, wird er nicht. Er kann sich alles nur nicht so recht vorstellen, wie das gehen soll, er als Student und Vater – und demzufolge – von der Gesellschaft erwartet – eine feste Bindung. Dazu auch noch mit zwei weiteren Kindern von Maruth. Dass er das nicht kann – und auch will –, sagt er ihr unverblümt.

Schreiber nickt. Genau so hat es der Mann zu Protokoll gegeben. Er hat nicht die Absicht, sich zu binden, schon gar nicht an diese Frau. Er hat seinen Spaß mit ihr, sie war im Bett Spitze und nicht so verklemmt wie jene, die er bisher hatte. Aber als Basis für ein gemeinsames Leben schien ihm das zu wenig. Das war's. Adios.

Frank bekennt sich zu dem von ihm gezeugten Kind, aber nicht zu Maruth und den anderen zwei Kindern. Die

Schwangerschaft nimmt ihren Verlauf. Und mit jedem weiteren Monat wächst die Wut auf Frank. Nadine ist ein gesundes, kräftiges Mädchen mit blonden Kringellocken, großen blauen Augen und Grübchen in den Wangen wie ihr Vater. Hebamme und Kinderschwestern sind begeistert von dem Baby. Nur die Mutter sieht das Kind und weint bitterlich. Dann kommt der Vater in die Klinik. Er kommt mit einem großen Strauß roter Rosen, eine wahre Rarität außerhalb der Saison. Auch er ist begeistert von seiner Tochter und küsst deren Mutter bewegt. Acht Tage später holt er beide mit dem Taxi aus der Klinik ab. Wenige Tage später beichtet Frank ihr dann, dass er ins Ausland, in die Sowjetunion, an die Trasse gehen wird. Dort kann er ein Praktikum absolvieren und später in eine gute Position eingesetzt werden. Für Nadine wird er immer sorgen, darum braucht sich Maruth keine Gedanken zu machen. Alles andere hat für ihn keinen Sinn – und daraus hat er nie ein Hehl gemacht. Sagt es und verschwindet.

Für Maruth bricht eine Welt zusammen. Sie möchte sterben, nicht mehr da sein. Doch drei Kinder brauchen ihre Mutter. Sie hat alles auf eine Karte gesetzt und verloren. In ihr gärt der Hass auf den Mann, der sie verschmähte. Und im gleichen Maße überträgt sie diesen Hass auf dessen und ihre Tochter, die klein und hilfebedürftig in der Wiege liegt. Von Tag zu Tag wird sie ihrem Vater ähnlicher, fatal für das unschuldige Baby. An ihr wird sich Maruth rächen. Nadine liegt in der Holzwiege und schreit – nach ihrer Mutter, nach dem Fläschchen, nach sauberen Windeln. Doch ihre Mutter hört sie nicht. Sie will es nicht hören. Am liebsten würde Maruth die Tür hinter sich verschließen und fort gehen, auf und davon. Die Geschwister von Nadine schaukeln das Baby, damit es aufhört zu weinen.

Zur Vorstellung in der Mütterberatung braucht es zwei Vorladungen. Dann erscheint Maruth mit dem Kind. Die

Ärztin sieht Nadine, untersucht sie und macht Meldung über den Zustand des Kindes. Und es wird umgehend von Staats wegen reagiert: Maruth Krüger kommt für ihr Verhalten als Mutter vor Gericht. Es ist ein kurzer Prozess. Maruth zeigt Reue. Ihr kommt zugute, dass die beiden älteren Kinder gut versorgt sind und im häuslichen Bereich Ordnung und Sauberkeit herrschen. Sie wird sich außerdem um Arbeit bemühen. Staatsanwalt und Jugendhilfe werden sich einig, es mit ihr noch einmal zu probieren, bevor man ihr Nadine wegnimmt und in ein staatliches Kinderheim gibt. Das Gericht folgt dem und verurteilt sie auf Bewährung. Allerdings ist Bedingung, dass Nadine in der Wochenkrippe untergebracht wird. Das ist nötig, um die zuverlässige Grundversorgung des Babys zu sichern. Damit sind alle einverstanden; am meisten Maruth Krüger, die ihre Zustimmung gibt. Ungeklärt bleibt jedoch ihr gestörtes psychisches Verhalten zu dem Kind. Man setzt in der DDR der 70er voraus, dass eine 24-jährige Frau ihr Leben »im Griff« hat. Probleme, entstanden aus Ängsten, persönlichen Konflikten oder gar Liebeskummer, die gibt es nicht. Zumindest hat man für solche Bagatellfälle keine Zeit, denn es stehen höhere, gesellschaftliche Aufgaben auf dem Plan. Und wer fleißig mitarbeitet, so die Meinung der Führung, vergisst darüber die kleinen Nebensächlichkeiten. Ein grundlegender Irrtum, zumindest was Maruth betrifft.

Und in der Tat, jetzt wirkt sie zum ersten Mal unsicher. Oberleutnant Schreiber merkt den Stimmungswechsel sofort und lässt ihr Zeit.

»Ich habe wirklich gewollt, dass alles gut wird, glauben Sie mir. Es lief auch eine ganze Zeit sehr gut. Nadine brauchte ich die ganze Woche über nicht zu sehen, nur zum Wochenende.«

Ihre Wut habe sich von Monat zu Monat gesteigert, als Nadine immer mehr zum Ebenbild ihres Vaters, des »verruchten Verräters«, wird. Es wühlt in ihr. Und so kommt es, dass Nadine am Wochenende zwar notdürftig versorgt wird, aber keinerlei Sonderzuteilungen an Zärtlichkeiten oder Leckerbissen wie ihre Geschwister bekommt. Schon in dieser Zeit probiert Maruth Krüger aus, die ersten kleinen Brotbissen mit Florena-Creme zu schmieren. Das geschieht immer dann, wenn sie mit einer Wutattacke zu kämpfen hat. Und das ist Samstagabend, wenn andere zum Tanzen gehen. Der nächste Mann, das schwört sie sich in solchen Momenten, der nächste gehorcht nur mir.

Und wenig später findet sie Udo. Sie hat sich den Typen in der Disko sehr genau angesehen. Er ist nicht so ein toller Hecht wie Frank, zurückhaltend und schüchtern. Sie hat ihn bereits in der Wäscherei mehrfach gesehen. Er trägt Brille, ist schlaksig und unauffällig. Dass er sechs Jahre jünger ist als sie, erfährt sie von ihm selbst. Da sie aber wesentlich jünger geschätzt wird, fällt für sie das nicht ins Gewicht. Dieser Mann ist lenkbar und sie in ihrem Element. Endlich hat sie gefunden, was sie schon immer gesucht hat: einen Mann, der ihr bedingungslos gehorcht, der sie anbetet. Und sie weiß sehr genau, wie sie ihren Udo umgarnt und gefügig macht – nämlich im Bett.

Als Maruth mit Udo zusammen zieht, kümmert sich Udo um alle und alles – auch um die Hausarbeit in der Wohnung. Am meisten aber natürlich um sie. Und das tut ihr gut. Sie verwöhnt Udo mit Sexspielereien, von denen er nur zu träumen wagte. Was für ihn atemberaubende Spielerei ist, das ist für Maruth allerdings ernst. Über Umwege hat sie sich aus dem Intershop in Berlin chromblinkende Handfesseln und ähnliches »Spielzeug«, was es in der tristen Provinz nicht gibt, besorgt. Udo stöhnt vor Lust, wenn er gefesselt und nackt vor ihr liegt, Maruth schlägt auf ihn ein, nicht schlimm, nur ganz leicht, aber voller Genugtuung. So wird es selbst jetzt noch in der Vernehmung deutlich: der Drang, anderen Menschen körperlichen Schmerz zuzufügen.

Das Haus, in dem Nadine zu Tode gequält wurde, fiel in den 90er Jahren der Abrissbirne zum Opfer. So sieht der Ort heute aus

An einem trüben Novembertag kommt Maruth vom Frauenarzt. Der hat nur bestätigt, was sie bereits weiß: sie ist erneut schwanger. Diesmal von Udo. Maruth ist weder schockiert noch glücklich. Sie wird das Kind behalten – schon wegen Udo. Diesmal ist es eine Art Garantie, dass sie weiter in gesicherten Verhältnissen, ohne selbst richtig schuften zu müssen, leben kann. Udo ist begeistert, er liegt ihr zu Füßen. Alles prima, doch es gibt einen Wermutstropfen – und der ist Nadine. Maruth braucht gar nicht lange zu debattieren, Udo versteht sie sofort. Das Kind muss weg und zwar schnellstens. Maruth sieht Schreiber ab: »Sie verstehen das doch, was ich meine?«

»Nein, beim besten Willen nicht!«

»Das Kind von Frank konnte auf keinen Fall mit dem Kind von Udo aufwachsen, basta!«

»Damit geben Sie also zu, Nadine vorsätzlich getötet zu haben. Verstehe ich Sie richtig? Und ihr Freund Udo hat sich daran beteiligt?«

Maruth sieht stumm auf die Tischplatte.

»Ich warte auf die Antwort!«

»Das wissen Sie doch längst. Warum fragen Sie dann?« Und nach einer Pause: »Ja, sicher, mag sein – wir haben Nadine aus dem Weg geräumt. Sind Sie jetzt zufrieden?«

Die Kontrolllampe des Tonbandgerätes blinkt rot auf. Das Band ist abgelaufen.

Zur selben Stunde wird auf dem Städtischen Friedhof Nadine beerdigt. Ihre Mutter nimmt die Information ohne Regung zur Kenntnis. Es interessiert sie nicht. Udo reagiert etwas emotionaler.

Ein kleiner Trauerzug nur bewegt sich hinter dem weißen Kindersarg. Udos Eltern mit zwei Geschwistern sind gekommen, Maruths Mutter und die Leiterin der Wochenkrippe. Das sind schon alle. Auf dem Grab liegen bereits Blumensträuße von Menschen, die aus irgend einem Grunde mehr über den Fall wissen als die Bewohner von Görlitz.

Maruth Krüger und Udo Hartwig werden wiederholt vernommen. Der feste Vorsatz, dass zweijährige Mädchen zu töten, wird immer deutlicher; die Methodik tritt immer grausamer zum Vorschein. Es geht nicht »nur« ums Töten, sondern um qualvolle Leiden. Sie wollen Schmerzen zufügen. Eiskalt ersannen Maruth und Udo immer neue Foltermethoden und wandten diese auch rücksichtslos an. Beide sprechen offen und ohne Skrupel darüber.

»Wir haben auf dem Gesäß Ihrer Tochter großflächig vernarbte Brandwunden festgestellt, wie kommen diese zustande? Äußern Sie sich dazu!«, wird Maruth Krüger aufgefordert.

Wie so oft setzt sie ihre schnippische Miene auf. »Kann ich jetzt nicht mehr genau sagen, vielleicht vom Badewasser. Sie tat ja immer so empfindlich.«

»Davon kommen keine abgegrenzte Brandwunden.«

»Ja, ich entsinne mich, es war so kalt im Dezember, Nadine fror und ich wollte ihr etwas Gutes antun. Da habe ich sie in die große Abwaschschüssel mit warmen Wasser gesetzt und den mit ihr auf den Herd. Ich habe mir nicht überlegt, dass die olle Blechschüssel gleich so heiß wird. Na ja, als Nadine dann so grässlich schrie, wusste ich, was los ist, und habe sie gleich vom Herd heruntergenommen, das können Sie mir glauben.«

»Was haben Sie mit dem Kind dann gemacht?«

Maruth zieht die Schultern hoch. »Was schon, ich hab sie herausgenommen, war nicht ganz einfach, können Sie sich ja denken. Udo kam noch dazu. Wir haben ihr den Hintern so gut es ging eingeschmiert, sie in eine Decke gewickelt und ins Bett gelegt, fertig. Geschrien hat sie dann nicht mehr.«

In den Vernehmungen spielt der zweitürige Kleiderschrank mit Schiebetüren eine zentrale Rolle. Selbst die zwei älteren Geschwister von Nadine haben ungeheuren Respekt davor. Ihnen wurde von klein auf bei Ungehorsam mit Strafen gedroht. »Wenn du nicht hörst, kommst du in den Schrank!«

Maruth hat es mit dem Sohn schon durchexerziert, als er noch jünger war. Der weiß Bescheid, wenn das Wort »Schrank« fällt. Er verschwindet ganz schnell ins Vorderhaus, wo es viel gemütlicher ist und ohne Strafe zugeht. Die Schwester folgt ihm auf den Fuß. Sie ist zwar erst vier, aber schon so helle, dass sie ihrem Bruder vertraut und mit ihm verduftet.

Für Nadine gibt es kein Entrinnen. Sie ist ihren Peinigern ganz ausgeliefert. Und die handeln. Sie bereiten sich auf einen gemütlichen Abend vor. Das Abendbrot, mit Schnitzel und Salat, haben sie bereits hinter sich. Auf dem kleinen Tisch vor der Couch steht die Flasche »Nordhäuser«, im Fernsehen beginnt die Abendsendung. Im Bett in der Ecke des Zimmers weint Nadine leise vor sich hin. Sie hat Hunger, aber noch mehr plagt sie der Durst. Doch ihre Mutter interessiert das nicht. Sie will ihre Ruhe. Nadine hört nicht auf zu weinen. Nach dem zweiten Glas Klaren ist es Maruth zuviel. Sie springt vom Sessel auf, zerrt Nadine aus dem Bett und schleift sie vor den Schrank. Bis dahin ist Udo ruhig in seinem Sessel geblieben. Er ist einfach nur müde. Maruth ist das aber egal. Sie ruft ihn herzu. Udo stellt sich neben sie und winkt nur ab, er hat heute keine Lust zum Exerzieren. Das lässt Maruth kalt. Der Mann fügt sich, er will keinen unnötigen Zank wegen diesem Bastard. Er kennt seine Aufgabe, nämlich die Schiebetüren öffnen und schließen. Maruth nimmt das Kind zwischen ihre Beine und schiebt es mit dem Kopf in den Schrank. Udo arbeitet auf Kommando – Schiebetüren auf und zu, auf und zu. Der Halsbereich wird auf diese Art und Weise von beiden Seiten extrem zusammengedrückt. So geht es nur eine kurze Zeit, dann ist Nadine bewusstlos. Beide Halsseiten sind durch den Druck dunkelblau verfärbt. Udo bringt sie ins Bett. Heute Abend ist er irgendwie froh, dass sie noch lebt.

Die Übung mit den Schiebetüren gefällt ihm nicht sonderlich. Im Gegensatz zu seiner Liebsten, der gefällt diese Folter ungemein. Udo atmet kurz durch, zumindest für diesen Abend ist Ruhe angesagt. Während er sich die Bettdecke über den Kopf zieht, denkt er mit Verwunderung darüber nach, wie ein kleines Mädchen derart körperliche Qualen aushalten kann, ohne zu sterben. Wenn es doch endlich soweit wär! Dann hätte sie und auch er endlich Ruhe vor dem ewigen Gezeter.

Doch so leicht stirbt es sich nicht. Zumindest trifft das für die zweijährige Nadine zu, die vor der Qualsucht ihrer Mutter kerngesund gewesen ist. Allerdings schwinden ihre Kräfte von Tag zu Tag. Abwehrreaktionen gibt es kaum. In einem Zustand zwischen Ohnmacht und Wachzeiten vegetiert sie teilnahmslos dahin. Die beiden Geschwister machen um Bett oder Kasten, je nachdem wohin die Mutter sie gerade verfrachtet hat, einen Bogen. Sie sprechen auch mit niemandem darüber, weder bei Freunden noch im Kindergarten, aus Angst, ihre Mutter könnte davon erfahren. Dann droht ihnen ein gleiches Schicksal. So jedenfalls sind sie darauf eingestimmt worden.

So reiht sich ein Detail der langsamen und vorsätzlichen Tötung an das andere. Die Akten der beiden Täter sind fast komplett. Genau wie die Unterlagen der zahlreichen Zeugenaussagen. Es fehlt nur noch ein letztes Teil: der exakte Ablauf des Tages, an dem Nadine stirbt. Bis auf kleine abweichende Einzelheiten sind sich die Täter in ihren Aussagen wieder einmal einig.

Es will nicht richtig Tag werden, an jenem Samstagmorgen. Maruth und Udo faulenzen im Bett. Die Uhr zeigt die zehnte Stunde an. Udo rekelt sich als Erster hoch und schaut zum Fenster hinaus. Schnee, nichts als Schnee ist draußen zu sehen. Vom Himmel fällt noch mehr herab. Er wendet sich zu Maruth, die sich nackt im Bett dehnt und streckt, die halblangen lockigen Haare bedecken ihr Gesicht.

Er weiß: dieser Frau ist er verfallen. Was immer sie von ihm verlangen sollte, er würde es für sie tun. »Schnecke, steh auf, es wird Zeit«, spricht er sie leise an, beugt sich zu ihr herunter und gibt ihr einen schmatzenden Kuss auf die Brust. Maruth lacht belustigt auf und gähnt lang und breit. »Och, schon, warum denn, es war doch so schön«, mault Maruth.

»Wo sind die Großen?«, fragt Udo. Blöde Frage, merkt er gleich, wer soll die Antwort geben= In der Küche stehen die leeren Tassen der beiden, daneben die Teller, voll mit Brotkrümeln. Also haben sie sich, wie so oft, selbst gekümmert, registriert Udo erleichtert. Er weiß: Jetzt hocken sie wieder vorn, bei seinen Eltern. Hinter ihm schlurft Maruth ins Bad. Sie hat bereits mitbekommen, dass die Großen fort sind. Das ist im Moment aber nur nebensächlich für sie. Vielmehr kämpft sie gegen die aufkommende Schwangerschaftsübelkeit.

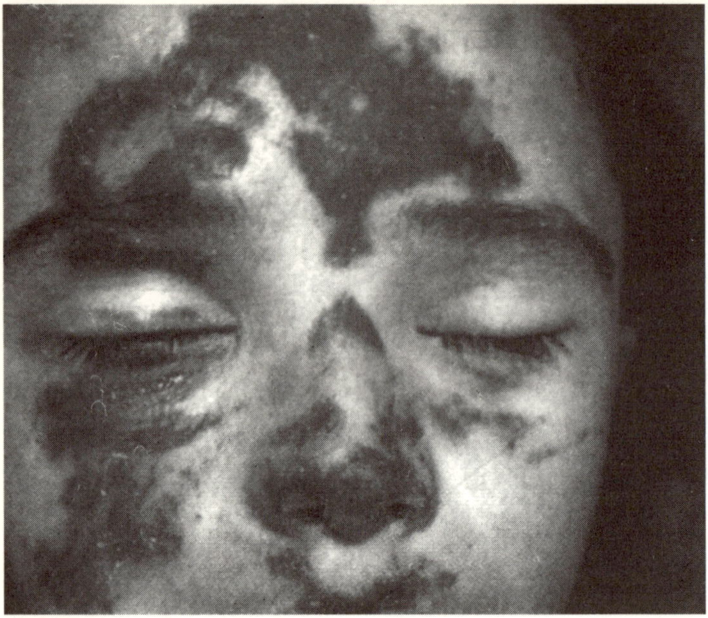

Die Spuren der Täter

Kaum geht es ihr wieder besser, konzentriert sich das Denken wieder auf Nadine, die im Bett liegt und heute noch keinen Laut von sich gegeben hat. Maruth schleicht sich zum Bett hinüber. Nadine liegt dort mit geschlossenen Augen, die Lider stark angeschwollen, die Lippen blass und bläulich verfärbt. »Sie wird doch nicht etwa hinüber sein?«, hofft sie. Doch ihre Hoffnung zerstiebt, als sie ihre Tochter leicht anstößt und das Mädchen versucht, die Augen zu öffnen. Maruth lässt enttäuscht von ihr ab.

»Wie lange soll dieser Zustand noch dauern?«, fragt Udo unvermittelt über ihre Schulter hinweg.

Maruth zuckt ratlos mit den Schultern. »Lass sie liegen, nach dem Frühstück sehen wir weiter.« Das klingt wie ein Befehl. Udo kennt das. Und so bleibt Nadine unbeachtet liegen. Erst am späten Nachmittag, kurz bevor Udos Mutter im Wohnzimmer steht und nach Mehl fragt, wird das halbtote Kind aus dem nassen Bett herausgenommen und auf den Boden gelegt. Kaum ist die Mutter verschwunden, beginnen Maruth und Udo mit dem Füttern. Sie setzen das Kind auf den Tisch, Udo hält es mühsam aufrecht, während Maruth ihm gewaltsam den Mund öffnet und den Brei hineinstopft. Nadine ist mittlerweile viel zu schwach, um ihn zu schlucken. Maruth schlägt dem Kind auf den Rücken – nicht lang. Nadine wird blau im Gesicht und fällt zur Seite – ihre Qualen sind zu Ende.

Sie ist tot. Udo bemerkt es zuerst.

»Hol die Kinderdecke, schnell«, kommandiert er plötzlich ganz mutig. Nadine wird auf den Rücken gelegt und bleibt so, bis der Notarzt eintrifft.

Im Juni 1979 beginnen die Verhandlungen vor dem Bezirksgericht Dresden. Die Öffentlichkeit ist zugelassen. Um ihr das Verbrechen vor Augen zu führen, lässt der Richter den Anwesenden Fotos der Gequälten zeigen.

»Meine Damen und Herren, bevor jetzt die Bilder des Opfers hier im Saal auf Leinwand gezeigt werden, bitte ich diejenigen den Saal zu verlassen, die solche Fotos gesundheitlich oder psychisch nicht verarbeiten können«, wendet er sich an die Anwesenden. Und tatsächlich verlassen etliche Zuschauer den Saal.

Tiefe Erschütterung macht sich im Verhandlungssaal breit, das ist zu spüren. Maruth Krüger sitzt aufrecht. Mit wachem Blick nimmt sie die Simmung in sich auf. Sie steht zu ihrer Tat – kein Zaudern, kein Bedauern. Sie trägt weiße Jeans, die Farbe der Unschuld.

Udo Hartwig sitzt zusammengesunken auf seinen Platz. Wird er angesprochen, zuckt er zusammen. Er streitet nichts ab und beschönigt auch nichts. Sein Herz schlägt nach wie vor für Maruth Krüger.

Am 20. Juni 1979 verurteilt das Bezirksgericht Dresden die beiden Angeklagten zu einer lebenslangen Freiheitsstrafe und die Aberkennung aller staatsbürgerlichen Rechte.

Gerichtsbericht

Zu Außenseitern der Gesellschaft geworden

In den Kindern liegt die Zukunft. Deshalb unternimmt unser Staat gemeinsam mit den Eltern alles, damit die Mädchen und Jungen umsorgt und behütet aufwachsen und sich zu sozialistischen Persönlichkeiten, die später einmal die Geschicke unserer Republik lenken, entwickeln können. Die Handlungsweise der beiden Bürger aus Görlitz, die sich jetzt in einer mehrtägigen Hauptverhandlung vor dem 2. Strafsenat des Bezirksgerichtes Dresden zu verantworten hatten, ist allerdings absolut nicht typisch für unsere Gesellschaft.

Die junge Frau, 26 Jahre alt, hatte ihre kleine Tochter (knapp zweieinhalb Jahre) grob vernachlässigt, vorsätzlich die Erziehungspflichten verletzt und gemeinsam mit ihrem sechs Jahre jüngeren Freund das Kind laufend schwer mißhandelt, bis es starb.

Wir empfinden für solche Straftaten Abscheu und Empörung. Wie aber ist zu erklären, daß Menschen, die in einem sozialistischen Land aufwachsen, zu derartigen Handlungen fähig sind? Ohne Zweifel haben sich die gestörten Familienverhältnisse in den Elternhäusern negativ ausgewirkt. Wenn die Angeklagten auch wenig Elternliebe verspürten, waren sie doch nicht allein gelassen. In der Lehre und später im Betrieb kümmerten sich die Ausbilder bzw. die Kollegen um sie. Eine Zeitlang gab es bei beiden keine Schwierigkeiten, die arbeitsmäßigen Anforderungen wurden erfüllt. Im privaten Bereich deutete nichts auf Komplikationen hin.

Die junge Frau heiratete, die Kinder kamen. Und dann kam leider auch der Tag, an dem sie das erste Mal vor Gericht stand. Sie, inzwischen geschieden, hatte für zwei Kinder von ihrem ehemaligen Mann und für ein drittes aus einer neuen Bekanntschaft zu sorgen. Doch eben dieses dritte vernachlässigte sie aus Haß und Abneigung gegen den Kindesvater. Damals versprach die Angeklagte, ihre Einstellung zu ändern. Dieses Versprechen blieb aber im wesentlichen ein Versprechen.

Seit Mai 1977 lebte der mitangeklagte junge Mann mit im Haushalt. Anfangs empfand er für alle drei Kinder Zuneigung und kümmerte sich entsprechend um sie. Die Frau wußte ihn aber so zu beeinflussen, daß sich dies bald änderte und er – um ihr zu gefallen – ebenso das Kind mißhandelte.

Beide haben sich damit vorsätzlich gegen Leben und Gesundheit vergangen, obwohl ihnen klar war, welche Folgen daraus erwachsen. Sie sind durch ihre Tat zu Außenseitern der Gesellschaft geworden.

Das Bezirksgericht verurteilte gestern die beiden Angeklagten zu einer lebenslangen Freiheitsstrafe sowie zur Aberkennung aller staatsbürgerlichen Rechte.

Das Urteil ist noch nicht rechtskräftig.

Ute Himmer

Gerichtsbericht in der Sächsischen Zeitung, *23. Juni 1979*

Das Urteil wird von der Bevölkerung weit über den Bezirk Dresden hinaus mit Genugtuung aufgenommen. Mehrere Tageszeitungen der DDR berichten über den Verlauf der Verhandlungen. So wird nun endlich auch in der Stadtausgabe der *Sächsischen Zeitung* über das Verbrechen aufgeklärt. Die befürchtete Resonanz kommt prompt: Zahlreiche Bürger schreiben empört an Polizei und SED. Sie wollen es jetzt genau wissen. Dem müssen sich die Gewaltigen beugen. Und was sehr selten vorkommt, geschieht – ein zusätzlicher Bericht gibt umfassend und detailliert Auskunft.

Beide Täter verbüßen in verschiedenen Strafvollzugsanstalten ihre Haft. Maruth Krügers Kind wird im Frauengefängnis Hoheneck geboren und im Heim groß gezogen.

Die Urteile werden bei Herstellung der deutschen Einheit bestätigt, Hartwig und Krüger sitzen die von einem Gericht der DDR ausgesprochene Strafen bis auf den letzten Tag ab.

Udo Hartwig begeht kurze Zeit nach seiner Rückkehr nach Görlitz Selbstmord.

Der gegenwärtige Aufenthaltsort von Maruth Krüger ist nicht bekannt.